商业银行
不良资产清收处置

刘红林 ◎ 著

中国金融出版社

责任编辑：王效端　王　君
责任校对：李俊英
责任印制：陈晓川

图书在版编目（CIP）数据

商业银行不良资产清收处置/刘红林著. —北京：中国金融出版社，
2020. 12
ISBN 978 - 7 - 5220 - 0786 - 1

Ⅰ. ①商…　Ⅱ. ①刘…　Ⅲ. ①商业银行—不良资产—资产管理—中国
Ⅳ. ①F832. 332

中国版本图书馆 CIP 数据核字（2020）第 172950 号

商业银行不良资产清收处置

SHANGYE YINHANG BULIANG ZICHAN QINGSHOU CHUZHI

出版
发行　**中国金融出版社**

社址　北京市丰台区益泽路 2 号
市场开发部　（010）66024766，63805472，63439533（传真）
网 上 书 店　www. cfph. cn
　　　　　　（010）66024766，63372837（传真）
读者服务部　（010）66070833，62568380
邮编　100071
经销　新华书店
印刷　保利达印务有限公司
尺寸　180 毫米×250 毫米
印张　17. 5
字数　260 千
版次　2020 年 12 月第 1 版
印次　2023 年 5 月第 4 次印刷
定价　64. 00 元
ISBN 978 - 7 - 5220 - 0786 - 1
如出现印装错误本社负责调换　联系电话（010）63263947

谨以此书，献给那些长期和我并肩战斗，
清收处置不良资产的兄弟姐妹们！

前　言

　　不良资产，是商业银行业务经营的副产品。但不同的历史时期和同一时期不同的商业银行，其不良资产情况是不一样的。过多的不良资产和过高的不良率，给商业银行的经营发展、社会形象和市值，都会带来诸多的负面影响；因此，资产质量的管理和不良资产的清收处置，受到了监管机构、商业银行的高度重视，是商业银行风险管理和经营管理的重要内容。

　　2015 年，我有幸被一家股份制商业银行总行外派到一家一级分行，先后担任行长助理和副行长，并兼任纪委书记，分管风险管理、纪检监察等板块。其时，该分行资产质量持续下降，操作风险也交织发生。面对这种局面，在总行的领导下，在分行党委和经营班子的支持下，在分行各级机构，特别是资产保全条线和风险管理条线的支持投入下，我直面前所未有的困境，不推卸不躲避，以"功成不必在我，担当自我而起"的勇气和担当，积极落实总行战略方针和管理要求，通过采取"大刀阔斧压降不良资产、刚柔并济处置外部事件、乱世重典打击违规行为、强制高压重塑合规文化"的管控举措，经过几年的煎熬与努力，基本把分行的风险关进了笼子，各类风险事件都得到妥善处置，并推动了分行重回良性发展轨道。

在处置一件件具体不良资产的同时，我也在时时思考：商业银行为什么会产生不良资产？为什么不同的商业银行，其资产质量表现不一？合理的资产质量和不良率的容忍标准是什么？怎样才能更好地管控好资产质量？怎样才能更好地清收处置好不良资产？

2020年春节后，我又调回了总行。回来后，恰逢新型冠状病毒疫情爆发，居家期间我有时间对资产质量管理和不良资产清收处置作进一步系统思考。通过对过去工作的回顾，对于资产质量管理和不良资产的清收处置，我主要有四点想法：一是不良资产不可怕。不良资产是商业银行业务经营的副产品，总会存在于商业银行经营发展中，无非是多是少、是高是低的问题。而且商业银行的不良资产具有两面性。不良资产会给商业银行带来利润侵蚀消耗、社会形象受损、员工收入下降等种种负面影响；但在后续的清收处置中，如果处置得当，也可以回补利润，给商业银行带来正向的贡献。因此，对于不良资产没必要有惧怕心理。二是不良资产要适度。不良资产不可怕，并不代表对其没有限度；而是要将其控制在一定的容忍度之内。不同的商业银行，由于其战略定位不同、主要的资产类客户群体不同、不良率肯定会有所不同。理想的不良率是比同类的商业银行低一点点。三是不良资产的清收处置要有系统思维。不良资产的清收处置没有"一招鲜"的清收处置技术，而是一场持久战，需要扎扎实实地做好每一件清收处置；但作为商业银行不良资产清收处置的管理者来说，除重视具体的处置技术外，还要有系统思维，要在完成指标任务、提高处置效益、清收回补利润、处置次生风险等因素中综合考虑。而且，不良资产的清收处置思维比清收处置技术要更为重要和关键。四是不良资产要清收更要防范。要从商业模式、客户选择、授信方案、贷后管理等环节真下功夫、下真功夫，尽量将预期外的风险事先排除。因此，不良资产的管控与清收处置息息相关，也与客户营销、授信审批、贷后管理息息相关。

在思考的基础上，我把我的所思所想整理成了《商业银行不良资产清收处置》。这本书就是对上述想法的系统化、具体化。与现有的同类书籍相比，我认为本书主要有三个特点：一是角度不同。本书更多的是从管理上，而不仅仅是从技术上系统思考不良资产的清收处置。二是素材不同。本书的内容来源于实践，又抽象于实践。本书的核心思想都来源于个人的实践，但却并不是从一个个点，而是从点抽象到面，来系统思考和描述不良资产的清收处置。三是文风不同。本书是我这几年的经历总结，饱含了我个人的感情，因而文字简练、语句通畅、一气呵成，兼具专业书籍和文学作品的文风。

当然，我也深知，知识无涯、实践无涯、思考无涯。本书仅仅是我个人的经历和思考，缺陷和不足在所难免，欢迎各位读者批评指正。

作者

2020 年 8 月

Contents **目 录**

第一章　不良资产清收处置概述

不良资产，是商业银行业务经营的必然产物，但在同一个时间段内，不同商业银行的资产质量表现不一。年度不良资产余额和不良率，是评价商业银行经营优劣的主要指标之一，也是影响其市场形象和市场表现的主要因素。有不良，必有清收。有效的不良资产清收处置不仅可以有效实现不良资产的双降，也可以成为商业银行的利润增长点。不良资产的清收处置能力，是商业银行核心竞争力的重要构成要素。构建和提高不良资产的清收处置能力，需要在管理机制、激励政策、清收技术、人心凝聚等方面有效发力，形成合力。

第一节　不良资产概述

一、不良资产的现状

（一）不良资产的内涵

商业银行的不良资产，通常又称为不良债权，或不良贷款，是指商业银行发放的，不能按预先约定的期限、利率收回本金和利息的贷款或融资。

（二）不良资产的形态

根据不同的标准，对商业银行的不良资产可作不同的分类：

1. 贷款类不良和非贷款类不良

贷款类不良，是指商业银行在贷款业务中形成的不良资产，这是商业银行不良资产的主要组成部分。非贷款类不良，则是指商业银行在代理业务、投顾业务等金融业务中形成的不良资产，以及在固定资产、实物资产等非金融业务中，因损耗而发生价值贬值所形成的不良资产。对于商业银行来说，非金融不良资产与金融不良资产相比，价值微不足道，本书略而不讲。非贷款类金融业务，又可以分为两类：一是商业银行需要承担信用风险的业务，在这类业务中形成的不良资产，商业银行自然需要自己解决；二是商业银行不需要承担信用风险，但本着以"以客户为中心"的原则，商业银行有义务、有责任来解决不良资产。不管是哪一类的非贷款类不良资产，解决的方式方法与贷款类不良资产的解决大同小异，因而，本书在以后的讲述中，除有需要，并不刻意区分贷款类不良资产和非贷款类不良资产。

2. 显性不良和隐性不良

显性不良，是指已经体现在商业银行资产负债表上的不良资产；隐性不良，是指根据五级分类标准，实际上已是不良资产，但尚未在资产负债表上体现为不良的资产，以及目前还没有成为不良，但未来大概率会成为不良的资产。

不良资产直接关系到商业银行的经营业绩和质量，向来为投资者等社会公众、监管机构所关注。其中：显性不良直接反映在资产负债表上，为监管机构、社会公众所能直接获知，对其的关注焦点是清收处置；隐性不良只有商业银行内部所知，甚至内部也不一定非常清楚，因而，其是否存在以及规模有多大，为监管机构、社会公众所重点关注。

有人认为，出于市场形象、内部考核等因素的考虑，商业银行总分行都有动力通过借新还旧、重组、展期、假转让等措施，来掩盖真实的不良情况。因此，对各家商业银行披露的不良资产数据心存疑虑，认为显性的不良只是真实不良的冰山一角，真实的不良数据永远是个谜。

其实，对于商业银行的隐性不良，大可不必过于担心。出于经营的压力，商业银行确实有动力通过借新还旧、重组等手段来延迟不良资产的暴露。但由于以下原因，这种手段的作用空间非常有限且越来越小：①监管机构不允许资产质量分类作假。个案的分类不准确有可能存在；但大规模作假，在目前的监管形势下是不可能的，即使个别地方监管机构可能有些监管疏漏，但中国银行保险监督管理委员会的监管还是非常到位的。在严厉的监管处罚下，商业银行并没有胆量在资产质量方面作假。②外部审计机构不会同意资产质量分类作假。商业银行，特别是上市的商业银行，都要聘请外部审计机构审计会计报表。在资产质量的五级分类问题上，商业银行与审计机构肯定会有分歧、有沟通，但审计机构对商业银行大规模的作假视而不见则是不可能的。③各家商业银行都是独立经营的商业主体，在资产质量五级分类上同时作假，事实上也是不可能的。④管理和评价本来就是主观的、相对的概念。评估和认定一家商业银行的不良资产时，既要看某个特定时点的静态数据，也要看一段时期内的动态数据。这个动态体现在两个方面：一是某个具体的商业银行自己和自己比，在一段时期内的变化情况；二是这家商业银行与其他商业银行相对比，在同一时期内的变化情况。关注这种动态的变化与比较，才更有意义。

对所谓"隐性不良"的担心，更多是对商业银行不良资产真实的暴露过程，和不良资产的认定依据和认定程序不完全理解所引起的。在正常贷款转为不良贷款的过程中，除极个别贷款是突然式、快速恶化，无力还本付息而被降为不良外，大多数不良资产是渐进式、逐步恶化而被降为不良的。在贷款业务中，无论是抵质押的硬约束，还是信用记录的软约束，大多数借款人还是在乎自己的信用记录的，因此，在出现还款困难时，会想方设法归还贷款，本金还不了，就先还些利息或少还些本金。在这种情况下，贷款银行想退出已经来不及了，但也没权利拒绝借款人还利息或少还些本金，多数情况下只能采取逐步压降退出或还息续本的措施，借款人也会希望贷款银行不将其降为不良。对于这样的贷款资产，商业银行除出于增提拨备、调节利润而降为不良外，一般都划为关注类。归为关注类的贷款，少部分经借款人努力脱困又恢复正常外，大部分借款人会逐步恶化到连支付利息的能力都没有。等到借款人实在无力还息而欠息时，商业银行才会将其降为不良。也就是说，从借款人出现归还本金困难到无力付息，是有一个过程的，这个过程有长有短，但会影响到贷款的五级分类。这种逐渐恶化的过程，不仅适用于个体的借款人，也适用于多个借款人。这个借款人经营状况逐步恶化、贷款五级分类逐步下迁的情况，本来是客观的，符合资产质量变化实际情况，但容易被一些人认为是商业银行在隐匿不良资产，进而认为商业银行存在大量的隐性不良。这种认识，其实是一种误解。当然，在考察一家商业银行的资产质量时，除关注其账面不良外，还要关注其关注类贷款的规模，这也是非常必要的。

3. 存量不良和潜在不良

存量不良，是已经确认为不良的资产；潜在不良，是还没有确认为不良，但有可能在不久的将来下迁为不良的资产。

潜在不良，即如前面所讲，在关注类贷款中，有一部分贷款会随着时间推移恶化为不良。在一些商业银行内部，这些关注类贷款也称为有问题贷款。

虽然没有经过数据验证，但根据经验来看，关注类贷款有多半会逐步恶化而下迁为不良。这类贷款和不良资产一样，都是商业银行的毒瘤，因而，对这类贷款除不归为不良资产外，商业银行需要对其单独分类，采取相应的管理措施，做到心中有数，早发现、早预判、早行动。对借款人能脱困的，和借款人共渡难关，一起走出困境；对借款人脱困无望的，不能心存侥幸，该降为不良就应及时降为不良，该清收时就要果断清收。

4. 表内不良和表外不良

表内不良，即在某个特定的时间点，在商业银行资产负债表上体现的不良；表外不良，即已是不良资产，但不在商业银行的资产负债表上体现。

表内不良，是通常所讲的商业银行不良资产的余额，计算不良率等指标时，即以该数据为准。表外不良，则可能存在三种类型：一是已核销的不良资产；二是已真实转让出表，但商业银行仍负有清收责任的不良，如不良资产证券化等；三是已出表，但商业银行不仅负有清收职责，且对收回金额负有直接或间接、显性或隐性担保转让的不良。在这三种不良中，第一、第二种，都是合法合规的，其中第一种，收回后就是商业银行的利润，对于第二种，商业银行需根据"委托清收合同"的要求，履行清收责任；麻烦的是第三种。第三种类型的转让出表，俗称假转让，外界一般都难以知晓，但因其无法全额收回，又无法回表等原因，导致其对商业银行的后续负面影响比较大。这种假转让，在过去一段时期曾有所出现，近几年随着监管形势的严厉，应该不会再发生了。对假转让的具体情况，将在本书第三章第二节中作进一步介绍。

（三）不良资产的特点

通过对不良资产在时间、地域、银行类型、企业行业等维度的数据分析，我国商业银行的不良资产呈现以下几个特点。

1. 总体数量上：不良资产余额和不良率持续上升，难言见底

从总体上看，2001 年至 2010 年，伴随着我国经济的持续快速增长和国有大型银行的股份制改造，我国商业银行的不良资产余额和不良率持续下降。但自 2011 年起，随着我国经济进入新常态，特别是外向型经济结构调整、实体企业去杠杆等改革的深入，商业银行的资产质量也随之恶化，并持续至今。在此期间，商业银行的不良资产和不良率呈现两个特点：①多年来持续上升（具体数据见表 1-1）。其中，不良率从 1.0% 上升到 1.86%，增幅 86%；不良余额则从 4279 亿元增加到 24100 亿元，增幅为 463.22%。个别银行甚至出现经营困难而不得不被托管。②从趋势上看，似乎还没有见顶。尤其是 2020 年初的新冠肺炎疫情，预计将对商业银行资产质量有较大的影响，至于影响的实际大小，还需要观察。

表 1-1　　　　2001—2019 年商业银行不良资产余额与不良率

年份	不良贷款余额（亿元）	不良贷款率（%）
2001	17600	25.37
2002	20000	26.1
2003	24406	17.8
2004	17176	13.21
2005	13133.6	8.61
2006	12549.2	7.09
2007	12684.2	6.17
2008	5635	2.4
2009	5067	1.6
2010	4336	1.1
2011	4279	1.0
2012	4929	1.0
2013	5921	1.0
2014	8426	1.20
2015	12744	1.67
2016	15123	1.74
2017	17100	1.74
2018	20300	1.83
2019	24100	1.86

数据来源：根据公开数据整理，其中：2001—2004 年的数据是国有大型银行的数据。

2. 地区分布上：从东南沿海向内地蔓延

梳理 2005 年至 2018 年内地各省（自治区、直辖市）不良资产余额和不良资产率的情况，在地区分布上（具体数据见表 1－2、表 1－3），不良资产呈现以下几个特点。

（1）从不良资产余额看，经济发达地区的省（自治区、直辖市）长期排名靠前。其中：①广东、浙江、江苏、山东、四川基本上始终位于前五；上海、福建、辽宁在少量年度进入前五。②2005 年至 2011 年，广东位居第一；2012 年至 2016 年，浙江位居第一；2017 年至 2018 年，山东位居第一。这组数据说明：①这些省（自治区、直辖市）都是经济总量大省，银行贷款总量大，其不良资产余额自然也多。②排名第一的省（自治区、直辖市），由广东到浙江，再到山东，反映了经济结构调整的顺序，即首先在东南沿海爆发，再逐渐蔓延到东北地区、中部地区、西部地区。

（2）从不良率看，东北和西部省（自治区、直辖市）长期高居榜首。其中：①2005 年至 2018 年，不良率均值排名前十的省（自治区、直辖市）依次是：黑龙江、吉林、海南、河南、新疆、西藏、辽宁、甘肃、湖南。②2008 年至 2018 年，不良率均值排名前十的省（自治区、直辖市）依次是：四川、山西、内蒙古、青海、吉林、辽宁、黑龙江、山东、甘肃、江西。③浙江较为例外，2012 年、2013 年连续排名第 1 位，2014 年排名第 2 位，2015 年排名第 3 位，2016 年排名第 6 位，2017 年排名第 21 位，2018 年排名第 27位。这组数据说明：一是在东北、西部地区，虽然东北振兴、西部大开发实施了多年，但经济体量小、企业竞争力弱、企业抗风险能力差等局面还没有得到有效改变；二是浙江在 2012 年至 2016 年，不仅不良资产余额排名第一，不良率也排名第一或名列前位，反映了浙江经济结构调整和企业受冲击的激烈程度都比较大，而 2017 年、2018 年浙江的不良率降至 20 名以外，反映了其经济结构调整基本到位，经济逐步复苏，经济重新活跃，不良资产处置的空间大、办法多。

3. 暴露时间上：持续多年、阴魂不散

自 2012 年不良资产余额增长以来，到 2019 年底共八年时间，清收处置工作艰苦卓绝、成效斐然，但商业银行不良资产的余额和不良率，都还没有

表1-2　各省（自治区、直辖市）不良余额情况

单位：亿元

序号	地区（机构）	2005年	2006年	2007年	2008年	2009年	2010年	2011年	2012年	2013年	2014年	2015年	2016年	2017年	2018年
1	总行	171.48	330.42	356.20	210.60	210.90	341.10	325.60	383.20	416.50	418.30	605.90	841.90	987.80	1160.01
2	北京	539.24	490.75	387.30	226.60	190.40	209.30	208.10	173.60	176.90	293.00	366.30	260.20	274.10	262.12
3	天津	214.21	227.83	232.70	115.00	108.60	128.70	107.90	97.60	121.80	190.60	304.00	375.80	525.50	758.16
4	河北	595.89	566.04	578.20	187.00	149.30	119.30	103.30	94.50	108.00	146.20	272.30	502.20	619.90	787.95
5	辽宁	871.54	827.47	763.60	248.80	197.70	174.00	190.70	208.80	233.10	362.60	444.30	606.20	928.50	1470.67
6	上海	474.46	432.81	366.20	237.10	230.50	209.70	179.70	237.80	313.10	370.70	397.30	307.70	281.20	340.52
7	江苏	646.20	562.49	478.50	311.40	293.80	326.80	360.20	528.90	717.50	848.00	1104.40	1146.10	1148.60	1302.89
8	浙江	279.09	236.48	198.00	259.50	334.20	319.70	387.20	790.50	1035.70	1219.90	1600.70	1568.10	1305.80	1112.97
9	福建	259.35	229.37	198.80	120.30	105.50	90.40	98.40	135.80	246.30	454.10	719.20	782.40	646.80	531.68
10	山东	749.77	753.75	738.60	287.10	262.90	267.50	280.50	346.20	426.70	716.80	1081.10	1321.10	1726.80	2495.72
11	广东	2193.50	1772.86	1383.60	569.00	540.80	582.40	561.90	521.20	541.90	802.20	1151.50	1300.90	1352.50	1588.16
12	海南	152.12	144.07	137.10	19.00	15.10	10.90	11.40	9.40	10.30	14.20	21.90	27.70	33.70	83.99
13	山西	291.38	267.94	361.90	161.80	138.70	105.30	106.40	91.50	107.20	196.40	315.10	409.50	407.30	434.63
14	吉林	359.85	346.71	346.10	99.60	76.80	59.20	48.40	47.20	58.90	93.30	140.20	290.10	347.30	401.23
15	黑龙江	567.80	579.69	556.90	103.20	75.50	51.00	52.90	48.30	53.20	110.00	138.50	182.60	237.70	250.38
16	安徽	258.59	356.62	367.00	82.80	74.80	72.60	89.60	114.90	147.10	219.10	362.30	357.90	402.00	562.13
17	江西	263.26	274.15	285.60	82.80	68.20	66.40	64.80	92.10	116.70	158.30	268.30	357.80	433.30	617.40

续表

序号	地区（机构）	2005 年	2006 年	2007 年	2008 年	2009 年	2010 年	2011 年	2012 年	2013 年	2014 年	2015 年	2016 年	2017 年	2018 年
18	河南	798.10	829.93	878.40	150.20	127.20	124.80	123.50	119.50	127.90	178.50	316.80	473.90	571.50	1051.74
19	湖北	506.40	447.71	448.80	101.40	106.60	106.80	120.30	116.60	161.10	236.70	341.20	415.80	434.90	500.79
20	湖南	454.45	434.92	437.50	114.90	105.70	112.00	100.80	97.50	122.30	166.80	287.60	361.60	464.40	480.59
21	重庆	223.27	188.22	160.20	65.90	54.70	84.40	68.50	58.40	51.70	75.90	180.30	256.30	267.40	283.72
22	四川	515.53	538.96	555.00	497.30	302.70	259.40	214.10	194.90	173.00	319.80	573.40	763.90	951.10	930.38
23	贵州	154.83	150.93	142.20	60.40	50.70	46.40	40.90	41.40	44.90	82.00	165.60	249.00	427.30	361.80
24	云南	253.62	235.60	256.20	93.00	88.10	92.40	94.00	64.60	58.20	107.80	273.60	409.70	448.00	426.38
25	西藏	28.37	28.29	35.90	8.40	7.50	12.00	7.60	4.30	4.50	3.50	4.30	6.00	9.20	11.35
26	陕西	343.54	355.22	346.30	113.90	111.60	92.50	89.90	75.30	77.70	143.10	319.70	389.90	377.20	337.98
27	甘肃	175.30	165.10	187.80	55.70	46.40	36.80	33.30	24.70	23.40	25.30	85.80	155.30	336.10	480.35
28	青海	75.26	76.11	70.60	20.90	20.20	27.70	24.70	21.50	21.70	25.30	57.40	72.00	90.60	97.84
29	宁夏	57.78	55.60	58.70	8.20	6.20	9.10	17.40	14.90	22.10	37.50	54.50	77.40	97.00	168.79
30	新疆	271.44	248.04	260.90	58.40	51.60	41.00	37.50	50.10	46.70	60.00	83.00	125.40	138.40	155.12
31	广西	221.34	211.35	253.70	84.90	67.10	54.40	52.70	46.40	61.10	113.80	246.90	242.20	223.10	249.71
32	内蒙古	204.79	184.03	181.50	66.30	44.70	42.50	38.10	52.00	78.30	221.20	441.10	438.90	507.80	494.27

注：其中：总行，是指有些商业银行将出账机构是总行，但将借款人不一定是总行所在地的贷款单列统计。

数据来源：根据公开数据整理。

表1-3　各省（自治区、直辖市）不良率情况

单位：%

序号	地区（机构）	2005年	2006年	2007年	2008年	2009年	2010年	2011年	2012年	2013年	2014年	2015年	2016年	2017年	2018年	均值
1	黑龙江	24.77	23.39	24.60	4.90	2.52	1.42	1.17	0.93	0.91	1.55	1.72	2.04	2.40	2.30	6.76
2	吉林	20.19	17.45	18.61	5.08	2.75	1.36	0.94	0.80	0.87	1.14	1.47	2.68	3.00	3.11	5.68
3	海南	24.50	21.40	19.32	2.56	1.58	0.90	0.78	0.55	0.49	0.55	0.69	0.73	0.80	1.60	5.46
4	青海	18.42	16.96	15.46	4.06	2.76	2.61	1.93	1.32	1.08	1.00	1.90	2.10	2.40	2.34	5.31
5	河南	17.09	15.99	16.80	2.79	1.73	1.27	1.10	0.91	0.82	0.97	1.48	1.84	1.90	2.93	4.83
6	新疆	17.63	15.52	16.47	3.83	2.52	1.37	1.04	1.12	0.80	0.84	1.00	1.40	1.40	1.39	4.74
7	西藏	16.38	14.34	16.60	3.96	3.07	4.03	1.95	0.70	0.45	0.23	0.23	0.27	0.30	0.42	4.50
8	辽宁	14.22	11.90	12.25	3.64	2.15	1.35	1.31	1.20	1.18	1.46	1.64	2.09	2.90	4.12	4.39
9	甘肃	13.41	11.84	13.43	3.76	2.39	1.57	1.19	0.72	0.55	0.47	1.13	1.77	3.40	4.44	4.29
10	湖南	15.14	12.70	12.05	2.85	1.86	1.47	1.12	0.91	0.99	1.16	1.67	1.75	1.90	1.73	4.09
11	江西	12.95	11.66	11.48	3.13	1.80	1.24	1.03	1.19	1.28	1.44	2.08	2.22	2.30	2.76	4.04
12	四川	10.99	9.84	9.52	7.27	3.13	1.82	1.30	1.02	0.79	1.26	2.00	2.33	2.50	2.17	4.00
13	山西	10.43	8.60	11.02	4.57	2.86	1.68	1.45	1.04	1.04	1.70	2.34	2.72	2.40	2.32	3.87
14	陕西	12.70	11.80	10.91	3.18	2.23	1.35	1.10	0.77	0.68	1.08	1.99	2.23	2.00	1.55	3.83
15	河北	13.99	11.57	11.43	3.42	1.85	1.11	0.84	0.66	0.64	0.74	1.18	1.87	2.00	2.24	3.82
16	内蒙古	11.56	8.30	7.94	2.51	1.16	0.82	0.57	0.66	0.88	2.16	3.97	3.57	3.80	3.53	3.67
17	安徽	11.82	9.97	10.20	2.11	1.39	0.88	0.91	0.96	1.03	1.30	1.86	1.60	1.60	1.92	3.40

续表

序号	地区（机构）	2005年	2006年	2007年	2008年	2009年	2010年	2011年	2012年	2013年	2014年	2015年	2016年	2017年	2018年	均值
18	湖北	12.68	9.88	9.15	1.92	1.48	1.12	1.06	0.87	1.02	1.28	1.58	1.68	1.50	1.55	3.34
19	宁夏	10.93	9.05	9.96	1.19	0.62	0.66	1.06	0.75	0.84	1.20	1.58	2.05	2.30	3.72	3.28
20	贵州	9.14	7.92	7.51	2.92	1.93	1.25	0.95	0.78	0.69	0.97	1.60	2.02	3.00	2.11	3.06
21	山东	7.67	6.52	6.33	2.20	1.49	1.14	1.01	1.07	1.17	1.72	2.32	2.48	3.00	3.98	3.01
22	广西	9.87	8.15	8.75	2.60	1.43	0.91	0.77	0.59	0.69	1.13	2.18	1.91	1.60	1.47	3.00
23	广东	11.47	8.43	6.38	2.42	1.68	1.36	1.16	0.93	0.86	1.15	1.43	1.38	1.30	1.29	2.95
24	云南	8.71	6.69	6.66	2.15	1.50	1.26	1.14	0.69	0.56	0.94	2.18	3.07	3.00	2.47	2.93
25	天津	5.91	5.32	5.26	2.25	1.43	1.16	0.87	0.70	0.79	1.11	1.60	1.79	2.30	3.12	2.40
26	福建	5.67	3.97	2.98	1.60	1.06	0.70	0.64	0.76	1.22	1.94	2.77	2.73	2.10	1.58	2.12
27	重庆	8.32	6.00	4.65	1.57	0.90	0.91	0.63	0.46	0.35	0.46	0.99	1.28	1.20	1.12	2.06
28	江苏	4.75	3.44	2.82	1.61	1.10	0.86	0.81	1.04	1.23	1.31	1.55	1.42	1.30	1.28	1.75
29	浙江	2.06	1.43	1.07	1.19	1.16	0.86	0.91	1.68	1.98	2.04	2.50	2.26	1.70	1.23	1.58
30	北京	4.43	3.60	3.04	1.62	1.03	0.85	0.77	0.59	0.54	0.72	0.84	0.55	0.50	0.44	1.39
31	上海	3.14	2.56	2.68	1.59	1.23	0.79	0.61	0.74	0.91	1.02	1.01	0.68	0.60	0.64	1.30
32	总行	3.56	6.51	6.50	3.50	3.54	1.91	1.45	1.37	1.28	1.49	1.88	2.10	1.90	1.81	2.77

注：其中：总行，是指有些商业银行将出账机构是总行，但将借款人不一定是总行所在地的贷款单列统计。

数据来源：根据公开数据整理。

出现下降的趋势，清收处置仍没有取得最后的胜利。造成这种长期难清收的原因，主要在于：①从宏观上讲，经济结构调整必然产生不良，经济结构调整尚未结束，不良难言见底。自经济进入新常态以来，经济结构持续处于"去杠杆、加绿色、扩内需、振实体、强国企"的调整之中。在这种经济结构持续深度调整的大势下，不符合调整导向的行业、企业主体都先后受到深度的负面影响。经济结构调整有先有后，受波及的地区、行业、企业也是有先有后，不良资产伴随着这种波及态势先后产生。可以说，在经济结构调整基本结束之前，不良资产难以企稳。②从中观上讲，众多的借款人从正常到不良是交织发生的，而不是同时逾期和不良的。首先，商业银行的借款人的行业、规模、经营状况等各不相同，除个别借款人因自身原因而转为不良外，这些借款人受经济结构调整的影响，有先有后、有大有小，经营状况的恶化也就有先有后。这样，不同行业的借款人、同一行业不同的借款人的贷款，恶化为不良的时间，也就有先有后，并将持续较长时间。其次，对具体借款人来说，除极少数恶意逃废债务的借款人外，绝大多数借款人在出现经营困难、难以正常还本付息后，都会想办法挽救，都不愿意看到自己/自己的企业成为不良。商业银行出于和企业共渡难关的道义责任也好，还是出于确保完成年度资产质量管控指标也好，只要借款人有可能挽救，还是愿意给予借款人机会的。这样，在"借款人经营困难—债权银行施以援手—贷款终成不良"的过程中，时间一晃就是数年。③从微观上讲，不良资产的清收处置需要时间。商业银行不是黑社会，清收程序必须合法合规。在启动清收程序后，无论是自催自收还是委托清收，无论是诉讼拍卖还是协议处置，都有众多程序、系列要求。在债务人配合时，走完这些程序需要一年半载；在债务人不配合时，没有三五年是难以了结的。

　　由于上述原因，商业银行不良资产的存在必定持续暴露、长期存续。在实务中，经常会出现诸如"为什么都清收几年了，还有那么多不良资产"的疑问，或寄希望于一夜醒来，不良资产全部暴露完毕，或一招下去，不良资产就全部收回的想法等。对于这些疑问和想法所反映的压降、化解不良资产的急迫心情可以理解，但对其指责或苛求则是不应该的。

4. 银行类型上：国有大行余额最多、农商行增速最快

按照银监会统计口径，我国商业银行分为大型商业银行、股份制商业银行、城市商业银行、农村商业银行、外资银行和民营银行六类。由于民营银行目前的规模较小，且披露的数据不全，本书不对其数据进行统计和分析。

通过对五类商业银行不良数据的统计（具体数据见表1-4）可知，在银行类型上，不良资产具有以下特征：①从绝对额上看，国有大型商业银行的不良资产余额最大。这个很正常，因在所有的银行贷款余额中，国有大型商业银行的贷款余额本来就占绝大多数。②从不良率上看，农村商业银行的不良率持续最高。③从增长速度看，自2013年以来，农村商业银行的增速最快。

表1-4　　　　　各类商业银行不良余额与不良率情况

年份	国有大型银行		股份制银行		城市商业银行		农村商业银行		外资银行	
	不良额（亿元）	不良率（%）	不良额（亿元）	不良率（%）	不良额（亿元）	不良率（%）	不良额（亿元）	不良率（%）	不良额（亿元）	不良率（%）
2007	11150	8	860	2.1	512	3	131	4	32	0.5
2008	4208	2.8	657	1.3	485	2.3	191	3.9	61	0.8
2009	3627	1.8	637	1	377	1.3	270	2.8	62	0.9
2010	3125	1.3	566	0.7	326	0.9	271	1.9	49	0.5
2011	2996	1.1	563	0.6	339	0.8	341	1.6	40	0.4
2012	3059	1	797	0.7	419	0.8	564	1.8	54	0.5
2013	3501	1	1091	0.9	548	0.9	726	1.7	56	0.5
2014	4765	1.2	1619	1.1	855	1.2	1091	1.9	96	0.8
2015	7002	1.7	2536	1.5	1213	1.4	1863	2.5	130	1.2

数据来源：根据公开数据整理。

5. 行业分布上：农林牧渔业和住宿餐饮业相对集中

根据2005年至2018年行业不良率（分子、分母均是同一行业，分子是该行业表内不良余额，分母是该行业表内贷款余额，下同）的数据显示（具体数据见表1-5），在商业银行不良资产的业务条线、行业板块分布上有三个特点：①公司类贷款的不良余额和不良率，都远高于个人类贷款。②在公司类贷款中，部分行业不良率长期居高不下。排在前五位的依次是：农林牧渔业、住宿和餐饮业、批发和零售业、文化体育和娱乐业、制造业。其中：农林牧渔业行业的不良率，最高峰是2007年的47.1%，最低谷是2013年的2.27%，这期间行业平均不良率是12.96%；住宿和餐饮业的不良率，最高峰是2005年的24.94%，最低谷是2013年的1.27%，这期间的行业平均不良率

表1-5　各行业不良率情况

单位：%

序号	行业	2005年	2006年	2007年	2008年	2009年	2010年	2011年	2012年	2013年	2014年	2015年	2016年	2017年	2018年	均值
1	农林牧渔业	46.33	46.09	47.10	7.50	4.52	3.15	2.35	2.35	2.27	2.64	3.54	3.57	4.40	5.60	12.96
2	住宿和餐饮业	24.94	19.55	16.11	7.70	4.82	3.01	2.56	1.89	1.27	1.47	2.26	2.68	3.40	4.30	6.85
3	批发和零售业	20.45	17.30	13.92	4.08	2.71	1.56	1.16	1.61	2.16	3.05	4.25	4.68	4.70	5.00	6.19
4	文化体育和娱乐业	16.28	14.85	13.12	6.08	3.24	1.76	1.19	0.91	0.57	0.65	0.82	0.87	1.30	1.30	4.50
5	制造业	11.93	10.40	8.89	3.30	2.58	1.87	1.54	1.60	1.79	2.42	3.35	3.85	4.20	4.80	4.47
6	科学研究、技术服务和地质勘查业	12.73	13.60	11.16	4.17	2.98	1.88	0.93	1.05	0.68	0.66	0.80	1.12	0.80	1.00	3.83
7	租赁和商务服务业	13.54	10.61	8.02	1.84	0.90	0.73	0.60	0.47	0.29	0.33	0.53	0.52	0.60	0.60	2.83
8	居民服务和其他服务业	4.80	4.80	6.01	2.63	1.68	1.29	0.98	0.87	1.05	1.43	2.07	2.55	2.60	2.50	2.52
9	房地产业	9.20	6.61	4.91	3.35	1.93	1.26	0.97	0.71	0.48	0.50	0.81	1.04	1.10	1.10	2.43
10	信息传输、计算机服务和软件业	4.66	5.33	5.55	3.32	2.62	1.93	1.44	1.44	0.95	1.15	1.06	0.79	1.10	1.20	2.32
11	采矿业	4.81	3.74	3.27	0.68	0.38	0.25	0.27	0.22	0.31	1.04	2.33	3.57	3.70	3.30	1.99
12	建筑业	5.24	4.27	3.35	1.71	1.32	0.77	0.66	0.57	0.50	0.72	1.39	1.67	1.80	2.00	1.86
13	公共管理和社会组织	5.82	5.41	6.21	1.48	0.44	0.60	0.70	0.43	0.32	0.25	0.20	0.19	0.10	0.20	1.60
14	卫生、社会保障和社会福利业	4.33	4.31	5.68	2.60	1.61	1.03	0.73	0.46	0.18	0.11	0.12	0.16	0.30	0.50	1.58

续表

序号	行业	2005 年	2006 年	2007 年	2008 年	2009 年	2010 年	2011 年	2012 年	2013 年	2014 年	2015 年	2016 年	2017 年	2018 年	均值
15	教育	1.72	2.39	3.79	3.24	2.29	1.64	1.62	1.20	0.89	0.58	0.46	0.42	0.50	0.50	1.52
16	电力、燃气及水的生产和供应业	2.66	2.18	2.39	2.09	1.41	1.19	1.03	0.72	0.51	0.34	0.37	0.35	0.50	0.60	1.17
17	交通运输、仓储和邮政业	2.34	2.02	2.10	1.59	1.29	0.97	1.09	0.82	0.68	0.52	0.58	0.54	0.70	0.90	1.15
18	国际组织	1.51		0.98	0.00	0.00	0.00	0.00	0.00	0.00	3.80	0.00	0.00	0.00	1.50	0.60
19	水利、环境和公共设施管理业	1.97	1.40	1.27	1.14	0.37	0.39	0.33	0.19	0.11	0.08	0.12	0.16	0.10	0.20	0.56
20	金融业	2.73	1.38	0.69	0.21	0.08	0.30	0.21	0.21	0.12	0.21	0.19	0.13	0.30	0.30	0.5
21	个人贷款：汽车	—	—	9.94	5.45	2.92	1.80	1.77	2.16	2.04	2.07	2.15	2.29	1.50	1.31	2.95
22	个人贷款：其他	—	—	7.57	1.78	1.41	1.01	0.84	0.85	0.93	1.19	1.59	1.73	1.40	1.30	1.80
23	个人贷款：信用卡	—	—	2.63	2.39	2.83	1.55	1.19	1.11	1.28	1.49	1.84	1.90	1.60	1.64	1.79
24	个人贷款	3.92	3.39	2.77	1.29	0.92	0.58	0.50	0.49	0.53	0.62	0.79	0.76	0.70	0.65	1.28
25	个人贷款：住房按揭贷款	—	—	1.09	0.91	0.59	0.37	0.30	0.29	0.26	0.29	0.39	0.36	0.30	0.27	0.45

是 6.85%；批发和零售业的不良率，最高峰是 2005 年的 20.45%，最低谷是 2011 年的 1.16%，这期间的行业平均不良率是 6.19%；文化体育和娱乐业的不良率，最高峰是 2005 年的 16.28%，最低谷是 2013 年的 0.57%，这期间的行业平均不良率是 4.5%；制造业的不良率，最高峰是 2005 年的 11.93%，最低谷是 2011 年的 1.54%，这期间的行业平均不良率是 4.47%。③个人类贷款中，汽车按揭贷款不良率最高。最高峰是 2007 年的 9.94%，最低谷是 2018 年的 1.31%，这期间的行业平均不良率是 2.95%。

这一行业不良率排名榜，与日常直观感觉还是有些出入：农林牧渔业排名第一，符合日常直观感觉；制造业排名第五，虽然并不低，但多少还是有点意外，直观感觉其不良率非常高，但 14 年的平均不良率为 4.47%，似乎也可以理解；另外，采矿业的最高不良率是 4.81%，最低是 0.22%，均值是 1.99%，这个数据与日常直观感觉也有些不符。

二、不良资产的产生原因

(一) 理论界的主要观点

对于不良资产的产生原因和应对处置策略，理论界有许多解读，主要的观点有以下几个。①

1. 金融制度成因论。该种观点认为，中国现阶段的金融风险，本质上讲是一种制度风险，具有不同于发达市场经济国家的独特表现形式，即经济增长促进企业软约束投资的大规模增加，然后从制度上倒逼中央银行的货币风险，经济矛盾通过金融矛盾表现出来。其过程大体是：经济规模扩张—效益下降—拖欠银行贷款—生成金融不良资产—支付危机—中央银行增加货币供给—隐性通货膨胀—经济秩序的重新调整。由此，中国金融风险的防范与化解不是简单的技术性操作，应重点加强经济和金融制度的调整，消除生成金融不良资产的制度性根源。

2. 信用垄断与金融管制成因论。该种观点认为，目前中国的信用体系基本特点是银行垄断大部分信用供给和严厉的金融管制。在这种体系下，容易

---

① 黄茉莉. 中国商业银行不良资产处置问题研究［M］. 北京：社会科学文献出版社，2016：14 – 23.

15

发生信用抑制、风险转嫁和信贷交易的内部性。由于银行垄断了大部分信用供给，各种信用需求最终只能由银行贷款或间接性贷款来满足，在信用供给集中的同时，风险也向银行集中。在严厉的金融管制下，银行也难以通过金融创新来分散风险、转移风险，只能自己承受各种风险。另外，信用观念不强、恶意拖欠、客户质量下沉、通货紧缩等原因，都成为银行信贷交易的成本，而这种成本也难以通过定价完全转移出去，最终大部分成本都由银行自行承担。由此，应通过增加信用供给、放松金融管制来抑制银行不良资产。

3. 银行管理制度成因论。该种观点认为，我国产权制度低效率、"委托—代理"链条过长、银行寻租、信用制度缺失、不良资产处置制度安排失衡等，是中国国有商业银行不良资产的制度性根源。为此，应改革国有商业银行的产权制度，改革呆账准备金制度，建立国有商业银行自主处置不良资产的约束机制，完善不良资产处置的法律制度，建立信息公开披露制度等，来强化国有商业银行的资产质量管理和不良资产处置。

4. 国有商业银行双重功能成因论。该种观点认为，我国国有商业银行承担基本功能和公共功能两种功能。商业银行在履行基本功能时，行业性风险产生的不良资产具有普遍性和内生性；但其在履行公共性功能时，承担的政策性风险和支付的履职成本无法分摊，导致产生超额不良资产。为此，降低国有商业银行的不良资产，既要控制行业性风险，更要建立对其履行公共功能所支付成本的合理分摊机制，并从体制上逐步淡化其公共功能，从根本上解决由外生性原因造成的超额不良资产。

5. 银行集中成因论。该种观点认为，我国集中化的国有银行体制，使得国有银行不存在流动性约束，有实力为企业实施再融资，并且债权人对项目融资的收益完全内部化。因此，银行有更大的激励对企业实施再融资，并为追求高收益，对高风险企业有更高的投融资倾向，其结果就是有更高的概率产生不良资产。为此，有必要在金融领域引入竞争机制，逐步放宽市场准入，有更多的各类银行同台竞技、平等竞争，提高经营效率，借以降低不良资产。

6. 行政性垄断成因论。该种观点认为，我国现阶段银行业竞争效率低下、不良资产巨大的根本原因，是以国有制独占为基础的政府行政性垄断。所以，从根本上解决不良资产问题，在于从银行业产权制度上打破国有制的独占和垄断，以产权的多元化来改造国有银行。

7. 经济转型成因论。该种观点认为，在我国经济体制转型过程中，源于财政分权的地方政府行为的差异，和源于政治集权的银行主导型融资结构的结合，使得中国的银行业在各地区分别积累起了经济周期、金融财政化以及政策干预等原因而导致的巨额不良资产。因此，要阻止新的不良资产的产生，不能仅仅依赖金融体系的改革，还须进一步改革财政分权制度，完善分税制，实现地方政府行为的转变。

8. 混合产权制度成因论。该种观点认为，我国经济体制转轨过程中形成的"次优"均衡路径的模糊（混合）产权制度安排，使合法的产权得不到有效的保障，不仅影响了公司治理结构，也使经济主体缺乏内生的自我推动机制。这种产权制度，在银行业，其结果就是造成了银行公用地被过度放牧的悲剧。为此，需要建立健全现代银行产权制度，有效引导各种激励机制，提高市场运行效率，进而降低不良资产。

9. 多种原因成因论。该种观点认为，我国国有银行不良资产形成的原因，有七个方面：国有企业和国有银行产权改革不到位，两者之间存在"共同产权主体"；宏观经济政策不稳定，经济起伏剧烈；金融监管乏力；国有银行经营意识和风险观念淡薄，金融产品开发乏力，监督制约机制不健全；企业过度负债，经营管理不善，效益不佳；社会信用环境差，企业故意逃废债；法制不健全。为此，需要加快金融法制建设，全方位整治信用环境，推进产权制度改革，强化信贷管理，强化金融监管，提高监管效率，防止新的不良贷款产生。

（二）商业银行产生不良资产的具体原因

以上观点，从不同的角度分析了商业银行不良资产的产生原因，都相对全面和中肯。本书综合不同区域、不同银行、不同行业在近十年的不良资产率数据，对商业银行产生不良资产的具体原因，作如下分析：

1. 不良资产是商业银行业务属性的附属产品

风险就是不确定性，有不确定性就必有风险。商业银行是融通资金、经营风险的企业，在资金融通过程中，即资金在时间、空间的错配过程中，如果在错配的时间、对象、金额、方式、操作等方面出现不确定性，就会暴露风险；而风险如果管控不当，就会错配失败，其结果就是产生不良资产。

17

在经济金融活动中，商业银行经营的不确定性是客观存在的：①银行负债与资产错配，就蕴含着不确定性。银行业是高负债经营的产业，自有资金占比很小，资金来源即负债主要依靠政府机构、企业、个人的存款，收入则依靠对借款人的贷款所形成的资产。存款的兑付是刚性的，贷款的收回则是不确定的。要维持刚性兑付的负债与不确定能否收回的贷款之间的错配持续良性循环，需要满足存款人对商业银行有信心，以及商业银行对借款人的选择和监督高效准确这两个前提。但由于存款人、借款人、商业银行追求个体利益最大化，使这两个前提，有时并不能完全满足，错配也难以实现持续的良性循环：一方面，市场主体之间信息不对称，导致即使某个商业银行经营稳健，存款人也能认识到不挤兑更利于集体利益，但在面临"囚徒困境"时仍可能为降低自己个体的风险而参与挤兑；同时，商业银行作为市场主体也存在机会主义倾向，可能采取高风险、高收益的信贷策略，以致贷款质量下降；而且，商业银行可以通过借新还旧、贷款还息等手段，掩盖已经存在的风险，使其得不到及时解决并日益严重，等到这种金融风险渐进累积到超过临界点时，风险可能以连环之势爆发；另外，借款人也可能采用不正当手段，如欺骗、违反借款合同以及钻制度的空子来侵吞贷款资金，在违约责任小于违约收益时，其存在较强的违约动力而不归还借款。②金融风险具有很强的传染性。商业银行创造存款货币、扩张信用的功能使金融风险具有数倍扩散的效应，它的经营失败必将造成众多存款人和投资者蒙受损失。而且，商业银行之间的同业支付清算系统把所有银行联结在一起，任何一个银行的支付困难都可能酿成全系统的流动性风险。最后，信息不对称会使某一商业银行的困难被误传为所有商业银行的危机，从而引发恐慌，加剧银行的经营困难。商业银行的这些特殊性，使其风险相对其他行业而言具有传播快速、涉及面广的特点，使局部性困难可能快速演变为区域性或系统性，甚至国别性的困难。这些问题体现在商业银行的最终结果，就是不良资产的爆发。

2. **经济形势的起起伏伏是影响资产质量好坏的外在原因**

从较长时期看，一个国家/地区的经济是持续发展的，但具体到不同的季度、年份、时期，发展的速度有快有慢、起起伏伏。作为社会经济催化剂的商业银行的信贷活动，与其所在地区的经济形势存在既相互促进又相互抑制的双向互动关系。当一个国家/地区的经济处于扩张时期，国内（地区）生产总值向上增长时，社会各类经济主体的信心增长，投资和消费的扩张力度加大，社会资金的流通渠道畅通、流通的速度和频率加快，经济主体的投资与收入既呈增长趋势又能正常回笼，商业银行的信贷也就既呈扩张态势又能正常回收。此时，经济形势与银行信贷的关系是：经济增长—信贷扩张—刺激经济加快增长，其结果就是商业银行的资产质量良好，不良资产的余额和不良率不仅较低，且能实现双降。相反，在国内（地区）生产总值向下萎缩时，经济处于收缩态势，社会各类经济主体的信心下降，社会资金的流通渠道受梗、流通的速度和频率减缓，消费萎缩，经济主体的投资与收入既呈萎缩态势又可能部分难以回笼，商业银行的信贷也就既是慎贷、惜贷态势又可能有部分难以正常收回。此时，经济形势与银行信贷的关系是：经济收缩—信贷萎缩—经济继续收缩，其结果就是商业银行的资产质量恶化，不良资产的余额和不良率增加，且可能上升。

从近20年来我国国内生产总值（GDP）增长率与商业银行的不良资产余额和不良率的历史数据来看（具体数据见表1-1、表1-6），总体上，商业银行的不良资产余额和不良率与GDP增长率呈反向关系，并基本保持同步。具体走势大致可以分为三个阶段：①2000—2007年，我国GDP持续增长，商业银行的不良资产余额和不良率则持续明显下降，且持续下降到2011年。这一期间不良资产余额和不良率的下降，固然有四大国有银行剥离改制因素的影响，但在此期间，股份制商业银行的不良资产余额和不良率也在持续下降。②2008—2013年，GDP增长率有所起伏，商业银行的不良资产余额和不良率则下降趋缓，且在2010年至2013年，基本保持不变。③2014—2019年，经济步入新常态，GDP增长率持续下降，商业银行的不良资产余额和不良率则持续上升。2020年，可以预见依然将延续这一态势，即GDP增长率下降，商业银行的不良资产余额和不良率上升。

表1-6　　　　　　　　2000—2019年中国GDP增长率　　　　　　单位：%

年份	2000	2001	2002	2003	2004	2005	2006	2007	2008	2009
增长率	8.43	8.30	9.08	10.03	10.09	11.31	12.68	14.14	9.63	9.21
年份	2010	2011	2012	2013	2014	2015	2016	2017	2018	2019
增长率	10.45	9.30	7.65	7.70	7.40	6.90	6.70	6.90	6.60	6.10

数据来源：根据公开数据整理。

3. 商业银行的客户定位、风险偏好与管理能力是决定不同商业银行资产质量的内在因素

无论商业银行的业务属性，还是起起伏伏的经济形势，都是所有商业银行要面临的问题，同等作用于所有的商业银行。那么，在同一个国家/地区、同一个市场上，为什么各家商业银行的资产质量表现不一样呢？不良资产率有的高有的低呢？

表 1-7 整理了我国主要的 13 家商业银行在过去 10 年的不良率。从该表可以看出，在同一个市场、面对相同的经济环境，不同的商业银行其资产质量是不同的。有些银行的不良率长期高于平均值，有些银行长期低于平均值，有些银行则长期保持每年都低于当年度平均值的状态。这说明一家商业银行资产质量的好坏、不良率的高低，固然受行业属性、经济形势的影响，但这些都是影响商业银行资产质量和不良率的外在因素，起决定性作用的，还是商业银行的客户定位、风险偏好与管理能力等内在因素。

表 1-7　　　　2010—2019 年我国主要银行不良率　　　　单位：%

年份 银行	2010	2011	2012	2013	2014	2015	2016	2017	2018	2019	均值
工商银行	1.08	0.94	0.85	0.94	1.13	1.50	1.62	1.55	1.52	1.43	1.26
农业银行	2.03	1.55	1.33	1.22	1.54	2.39	2.37	1.81	1.59	1.40	1.72
中国银行	1.10	1.00	0.95	0.96	1.18	1.43	1.46	1.45	1.42	1.37	1.23
建设银行	1.14	1.09	0.99	0.99	1.19	1.58	1.52	1.49	1.46	1.42	1.29
交通银行	1.12	0.86	0.92	1.05	1.25	1.51	1.52	1.46	1.49	1.47	1.27
中信银行	0.67	0.60	0.74	1.03	1.30	1.43	1.69	1.68	1.77	1.65	1.26
民生银行	0.69	0.63	0.76	0.85	1.17	1.60	1.68	1.71	1.76	1.56	1.24
平安银行	0.58	0.53	0.95	0.89	1.02	1.45	1.74	1.70	1.75	1.65	1.23
光大银行	0.75	0.64	0.74	0.86	1.19	1.61	1.60	1.59	1.59	1.56	1.21
招商银行	0.68	0.56	0.61	0.83	1.11	1.68	1.87	1.61	1.36	1.16	1.15
兴业银行	0.42	0.38	0.43	0.76	1.10	1.46	1.65	1.59	1.57	1.54	1.09
浦发银行	0.51	0.44	0.58	0.74	1.06	1.56	1.89	2.14	1.92	1.65	1.25
华夏银行	1.18	0.92	0.88	0.90	1.09	1.52	1.67	1.76	1.85	1.83	1.36
均值	0.92	0.78	0.83	0.93	1.18	1.59	1.72	1.66	1.62	1.51	1.27

数据来源：根据公开数据整理。

（1）客户定位。在相当长的时期，我国的银行业基本上都是同质化竞争，各家商业银行的客户定位、经营模式等大同小异，没有本质区别。自 2009 年

中国民生银行启动"商贷通""小微金融"战略，并将"小微企业的银行、民营企业的银行、高端客户的银行"作为自己的发展战略以后，各商业银行逐渐明确各自的发展战略定位和客户定位。在当前的经济金融形势下，除综合服务和房地产金融是各商业银行共同的战略选择外，在其他的客户行业、客户层级的选择上，逐步呈现出差异化趋势，即存同求异：有的继续深耕公司业务，有的持续发力零售业务；有的以城市综合开发为自己的战略业务、各省区的城投公司作为自己的主要客户，有的以国有企业、大中型企业作为自己的主要客户，有的以民营企业作为自己的主要客户；有的上下游客户通吃，有的以大型、优质客户为主；有的发力长三角、珠三角、大湾区、京津冀，有的根植于中西部；如此等等，都体现出差异化经营特色。不同类别、行业、地区、规模、资信的企业，其抵御风险的能力是不同的。这些方面决定了不同的客户定位和客户选择，所蕴含的风险也是不一样的。选择了相对高风险的类别、行业、地区、规模、资信的客户，必然要承受相对较高的风险，其结果就是相对高一点的不良率。

（2）风险偏好。风险偏好是商业银行实现经营目标过程中愿意承担风险水平的设定，是商业银行对于风险选择的基本态度，是制定和实施经营战略、经营计划以及资源分配的基础性依据。

完整的风险偏好体系与稳健的风险文化，是商业银行有效的全面风险管理框架的基石，也是商业银行长期持续发展的必要条件。风险偏好体系包括以下三个部分：①风险承受能力，即商业银行所能承受的最大损失。如果损失超出了风险承受能力对应的水平，商业银行将难以持续经营。商业银行设置的风险偏好一般会低于其风险承受能力。②风险限额，即对可计量的风险设置的限制性额度。它是根据风险调整后的资本收益率（RAROC）最大化原则，并应用资产组合分析模型设定的风险敞口（EAD）或风险价值（VAR）的最高上限。风险限额代表了商业银行在某一项业务中所能容忍的最大风险，凡在限额以内发生的预期损失，都可以通过银行的经济资本来抵御，超出限额意味着损失超过了所能容忍的最大损失。③目标风险状况，即商业银行在执行既定规划时承担的对应盈利目标的恰当的风险水平。商业银行在目标风险状况区域内有较大可能实现稳健经营。

商业银行风险偏好的实质，就是有多大本事就干多少事，审慎设定 ROA、ROE 等目标，促进商业银行持续稳健经营。一家稳健的商业银行，在一定时期内，其风险偏好应大体保持持续一致。在特定的时期内，根据与自己过往同期相比、与同业同期相比的增长幅度，商业银行的风险偏好基本可分为保守型、稳健型、激进型三种。当然，有的银行在此基础上，延伸出稳中求进、弯道超车等类型。不同的商业银行会根据自己的管理习惯和实际需要，采用不同的形式制定风险偏好，有的采取限额方式，有的则采用波动率、概率等形式。

风险偏好的设定、传导、执行和反馈，构成了全面风险管理的主线，是商业银行全面风险管理的逻辑起点，也是银行整体发展战略在风险管理领域的具体体现。由此，风险偏好与资产质量息息相关：①静态上的直观关系。在保守型、稳健型、激进型三种风险偏好中，允许商业银行承受的风险程度是依次递进的，不良的容忍度相应也是依次递进的，其结果就是不良率依次增高。②动态中的实际关系。按说一家商业银行制定好了风险偏好，就应该得到全行的遵守执行，然而在实务中存在两个风险偏好：一个是纸面上的、制定出来的、目标追求的风险偏好；一个是行动中的、博弈出来的、实际结果的风险偏好。这两个风险偏好并不总是一致。在我国的商业银行管理体系中，大一统、总行集权是各商业银行的通行管理模式，但也会带上总行各分管行长、各一级分行一把手的个人风格特色。出于内部竞争和考核压力，在总行制定出年度经营目标和风险偏好后，各业务条线、各分支机构多数都会层层加码、自我加压地设定各自的经营目标。为了完成这种不断增加的经营目标，必然会营销一些高风险客户、涉足一些高风险领域，其结果就是：或者业务部门与风险审批部门不断沟通博弈、分歧重重，或者在一个个的业务突破中偏离事先制定的风险偏好。这种互动的结果，就是实际的风险偏好往往会比制定的风险偏好更为激进。做什么事都是需要付出成本、付出代价的，激进的风险偏好肯定比稳健的、保守的风险偏好要承受更高的风险，结出更多的不良之果。梳理近十几年来商业银行之间，以及特定商业银行内部，无论是商业银行、业务条线、经营机构，还是客户经理，"昨日胸戴红花喜洋洋，今天头顶不良灰太狼"的说法虽然有些绝对，但在实务中也是经常发生的。蓦然回首，客观规律是需要敬畏和尊重的，而不是鲜花和泪水就能轻易打破的。

（3）管理能力。商业银行的管理能力，是指商业银行组织管理技能、领导能力等的总称，从根本上说就是提高组织效率的能力。评价一个商业银行管理能力的大小、强弱，需要综合内外部两个维度，从内部来说，是实现经营目标的能力；从外部来说，是战胜同业竞争对手的能力。这两个维度相互交织，共同作用。

商业银行的管理能力包括以下六个部分的内容：①战略管理的能力，即打造长期核心竞争力的能力，包括：提供进入多样化市场潜能的能力；对客户所重视的价值作出关键贡献的能力，即满足客户需求的能力；塑造竞争对手难以模仿的能力。②计划管理的能力，即解决目标和资源之间关系匹配的能力。实现计划管理的目标，需要满足三个条件：高层强有力的支持；目标要能够检验；目标要经过高层管理者的确认。③组织管理的能力，即通过专业化与分权，来实现权力与责任之间的平衡。有效的组织管理，具有四个特征：指挥统一，一个人只能够有一个直接上司；管理有度，有效的直接管理幅度是 8 个人左右；分工明确，根据权责和专业化来进行横向与纵向分工；部门集成，把根据同一专业分工所产生的员工集合于一个部门内，由一个经理来领导并加以协调。④制度管理的能力，即根据自己的实际情况，制定一套适合自己银行体系的制度，既能给管理者和员工提供行为规范，又能充分发挥管理者和员工的主观能动性。⑤流程管理的能力，即将不同工作在纵向上梳理、固化前后关系，在横向上明确、理顺协作关系；同时，将银行视为一个流程集合，对这个集合进行有机的整合，实现在统一目标下全过程的协调。流程是提高银行效率的关键，时间是整个流程中最重要的标准，快捷高效是流程管理的目标。⑥文化管理的能力。企业文化是商业银行全体员工一致的价值观念和行为准则，是商业银行经营的基本思想和理念，企业文化决定了商业银行的内部凝聚力和外部感染力，是打造优秀团队的坚实向心力。

管理能力，始终都会被各家商业银行不同层级的管理者所强调，并通过孜孜不倦的努力来提高。要发挥、提高商业银行的管理能力，需要满足以下条件：①战略正确。商业银行的发展战略必须符合经济金融的实际情况和客观规律。战略如果出了问题，无论执行得多么到位，都是死路一条。一般情况下，一家商业银行发展战略的出台，会经过反复论证而不会有误的，但事无绝对，战略出了问题也是有先例的。有时，有最终决策权的管理者如果具有难以质疑的权威时，往往喜欢宏大叙事，喜欢去描绘一幅宏大的远景、组织推动一个伟大的事业、建设一个伟大的银行，有时还会掺杂一些非商业性因素，而忽视组织的执行能力。在这种情况下制定的战略，在权威的影响下会加码执行，但结果却是头破血流、伤痕累累，不良资产成堆。②上下合力。上中下都要有力且能整合成合力。商业银行管理能力的体现，需要高层有思路、中层有压力、基层（相对意义的高、中、基层，如总行相对分行、分行相对支行等）有动力，且思路、压力和动力要能整合、形成合力，而不是自行其是，产生分力。其实，能否整合形成合力，也是管理能力强弱的体现。在实际运行中，存在一个不容忽视的现实是：或者无力或者形成不了合力。具体表现为：有些高层并不一定有可执行的思路，高层有的是情怀、口号、要求，但就是没有思路的情况并不少见。中层的压力，不一定是真实、可兑现的压力。压力的体现和反馈在于做得好有奖励、做得不好有惩罚、违规违纪的有问责。但实际情况是，对普通员工，奖罚分明；对管理者，特别是高层管理者，奖罚不一定分明。这种奖罚不明的结果，就是中层的压力有时变成只被提倡，而不一定被落实。基层的动力，来源于考核压力、收入报酬和职业希望。在这三者中，任何一个没有兑现，都会影响到其动力。③细节决定成败。所有的管理要求最终都要落实到执行中，但多数管理者只关心结果，而不关心过程。其实，商业银行的许多业务在落地时都会存在许许多多需要普通员工去逐一落实的细节。比如说贷后管理在商业银行资产质量管理中非常重要，但重要却不被重视的情况经常发生，致使贷后管理的实际作用发挥有限。导致这种反差的原因有三点：一是贷后管理的职责分工不合理。贷后管理的第一责任人是客户经理，第二责任人是专职的贷后人员。因为借款人的贷款直接关系到客户经理的业绩，对于借款人出现的风险信号，客户经理主动予以揭示是需要极大勇气的，多数情况下客户经理要么视而不见，要么心存侥幸。二是贷后技术落后、人员配备不合理。贷后人员不直接产生经济效益，因此在人员配备上多数都是比较紧张的，这导致对于小微贷款、按揭贷款等客户多、笔数多、单户金额小的贷款，贷后人员很难覆盖。最后的结果往往就是有些信用类的小微借款人，一拿到贷款就跑路；按揭贷款的事后抵押登记无人办理，抵押贷款变成信用贷款。三是贷后管理缺乏权力。贷后管理的意见一般都是建议性的，而不是强制性的，能不能起作用，还要取决于业务部门和审批部门的取舍。在取舍之中，往往坐失良机。

商业银行的管理能力直接决定了资产质量状况。管理能力强的，其资产质量（不良率）肯定要好于（低于）管理能力弱的。有些商业银行的不良率，连续多年在低位徘徊，既是管理能力强的结果，又是管理能力强的表现。

第二节 不良资产清收处置概述

一、不良资产清收处置的作用与意义

不良资产清收处置是商业银行管控资产质量、化解信贷风险的重要抓手，也是金融体系中推动经济转型、维护金融稳定的重要抓手。其具体作用与意义如下所述。

（一）管控资产质量的主要保障

作为内部工作内容和外部关注重点，不良资产清收处置是商业银行资产质量管控的主要内容，也是资产质量管控的主要保障：①内部工作内容所决定。商业银行的资产质量管理，主要有四大块工作：贷后管理、逾期管理、五级分类、不良清收。在这四项工作中，相对而言，五级分类是被动式的因应性工作，其他三项是主动式的作为性工作。贷后管理主要是通过贷后访谈、检查等措施监测借款人因经营状况、抵质押物价值变化而可能对资产质量造成的影响，这项工作固然重要，但对资产质量管控来说还是相对间接；逾期管理和不良清收，则直接与资产质量的好坏息息相关。逾期管理和不良清收管理有力度、工作到位的，逾期余额和逾期率、不良余额和不良率都能控制在目标线之内，资产质量也就相对较好。相反，逾期管理和不良清收管理没力度、工作不到位的，逾期余额和逾期率、不良余额和不良率肯定很难控制在目标线之内，资产质量也就相对较差。②外部关注重点所决定。外部监管

机构、投资者、评论者等社会公众，都非常关注商业银行的资产质量，但在关注资产质量的具体内容时，除可能质疑五级分类的准确性以外，更多的还是关注逾期余额和逾期率、不良余额和不良率，包括这两组指标数据绝对数的多少、增长/下降的快慢与幅度，以及与同业的比较等维度。通过对这两组数据多个维度的比较，来评价一家商业银行资产质量好坏以及变化趋势。这两组指标既是前端客户经营的结果，更是不良资产清收处置的结果。处置有力度、有成效的，这两组数据的绝对数会小、增长的幅度也会又小又慢，或者是下降的幅度又大又快；反之则相反。

（二）商业银行利润增长的重要板块

不良资产的产生和处置，都需要消耗一定数量的拨备，从而减损相应数值的利润；但有力度、有成效的不良资产清收处置，也可以回补利润，成为商业银行利润增长的重要板块。

不良资产清收处置对利润的贡献，主要体现在以下三个方面：①减少利润消耗。在盘活了不良客户/有问题客户时，其本金不仅可以继续成为正常生息资产，且在前期因五级分类下迁而增提的拨备，也可以全额冲回。如果贷款金额较大，所冲回拨备的金额也是可观的。对于一些规模小的分支机构，如果一个十几亿、几十亿不良客户/有问题客户被盘活了，这个机构的经营状况、生存状况就可以立即改观。②直接成为利润。在现金收回时，其冲回的拨备和利息直接就是利润。在现金收回时，其收回的本金部分，该笔不良计提了多少拨备，就可以冲回多少拨备，如果是损失类、核销类不良，将全额冲回。这些冲回的拨备和收回的利息，对商业银行来说就是利润。正因为如此，现金收回是不良资产清收处置的终极目标，也是商业银行内部考核的主要指标。③调剂利润。计提拨备/新增减值准备可以适当调节利润。拨备/新增减值准备计提，自然是需要根据监管规定计提，但在实际操作中，在遵守监管要求的基础上，也有可以调节的空间。如在营业收入超过预期时，可以适当多计提，或多核销不良；又如在核销时，营业收入好，可以多核销次级类不良；在营业收入不好时，可以多核销损失类、可疑类不良。通过这些在监管允许范围的不同选择，可以利用拨备/新增减值准备的计提，来适当调增或调减利润。

（三）化解金融风险的重要抓手

不良资产对商业银行与借款人都是负能量的负担。不良资产的产生和积累，会降低商业银行资产的流动性，进而影响到其盈利性和安全性；同时，逾期后利罚息的积累和支付，也会加重企业负担。大面积不良资产，对商业银行与借款企业是双输结果，不仅将影响银企双方的生存和竞争能力，也会影响企业的转型升级，严重的还会影响金融稳定和金融安全。正因为如此，党中央在十九大报告中，将"防范化解重大风险攻坚战"作为三大攻坚战之首；2017 年的中央经济工作会议，又进一步明确风险攻坚战的重点是防控金融风险。

当前的金融风险，具体包括不良资产风险、流动性风险、债权违约风险、影子银行风险、外部冲击风险、房地产泡沫风险、政府债务风险、互联网金融风险共八个方面。其中，不良资产风险居首位，且和其他风险形式紧密相关。①

有效的不良资产清收处置，既可以将债务人名下的资产转移到能产生更高效益的企业手中，有效释放这些资产的潜能，也可以盘活商业银行的存量非生息资产，将收回的款项重新投入经济循环之中，支持其他有生命力的企业。因此，不良资产的清收处置是金融风险防控的关键环节，有效的不良资产清收处置是防范与化解金融风险的重要抓手。

二、不良资产清收处置的特点

不良资产的特点，决定了不良资产清收处置的特点。商业银行不良资产的清收处置，是一场商业领域不见硝烟的战斗，具有以下几个特点。

（一）不良资产清收处置是一场持久战

产生不良后，商业银行内部从上到下，都希望立即将其处置完毕，有时恨不得今天出不良，明天就收回，但实际却不是这么容易。除通过真实的批量转让，可以简单直接、一卖了之外，不良资产的清收处置没有一招鲜、不可能速战速决，只能长时间地、扎扎实实地一个一个去面对、去处置。其原

---

① 国务院发展研究中心金融所课题组. 不良资产处置与金融风险防控［M］. 北京：中国发展出版社，2018：2.

因有两个：①整体上，不良资产的暴露会持续多年。从一个分行到下一个分行，从一个行业到下一个行业，从一个借款人到下一个借款人，都是波次暴露、交织蔓延，这就决定了不良资产清收处置的战斗不可能是一场歼灭战，而只能是一场持续多年的持久战。②个案上，不良资产的清收程序漫长。借款人自救、上门清收、诉讼、拍卖、变卖等工作，都不是一两天就能完成的，需要花费相当长的时间，短则半年、长则数年，都是正常的。这就决定了消灭一个个具体的不良资产，也是一场持久战。

既然是持久战，在不良资产的清收处置中，有必要克服两种倾向：①急于求成情绪。这种心理就是希望不良资产能够尽快处置、尽快收回。有些人以为不良资产一两年不能解决的原因是人不行或钱不够，因而或者换人或者给钱。清收队伍的战斗力、激励力度确实是清收成效的主要保障，但如果不顾及不良资产暴露和不良资产清收的长期性，而仅仅换人给钱，也是罔顾规律的。②得过且过心理。这种情况容易在基层发生。有人认为，既然不良的清收处置是持久战，那么就"熬一熬"让它过去。在不良的清收处置中，确实要有"熬"的心理准备，但仅"熬"不"为"也是不行的。不主动作为、不想方设法清收，对于已经不良的贷款，债务人是不会主动归还的，不良资产也不会自动消失。既然是"战"，关键是需要清收队伍以时不我待的紧迫感，以舍我其谁的责任感，主动作为、积极作为，才能打赢这场持久战。

（二）不良资产清收处置是一场攻坚战

在当前的诚信意识、信用体系下，大多数债务人对债权银行的清收处置是不太配合的，逃废债务、抵制清收是清收处置中经常出现的事情，这就决定了不良资产的清收处置是一场攻坚战。债务人对债权银行的清收处置态度，主要有五种：①坐视恶化。当一些贷款可能逾期时，借款人因惧怕"抽贷""断贷"而对债权银行不信任、不配合，使一些尚可挽救的贷款一步步恶化到不良。②连锁逾期。在互联互保、担保圈、担保链等授信产品中，一个借款人逾期，往往引起其他借款人/保证人连锁逾期，从而使一个或几个借款人的逾期变成多个，甚至成片式的逾期。③逃废债务。少数借款人从商业银行借到款项后，就通过转移资产、跑路等方式，直接逃废债务。在查找不到借款人资产，甚至连借款人都找不到的情况下，债权银行的清收是非常困难的。

④消极抵制。消极抵制即在贷款逾期后，对债权银行的催收、诉讼、拍卖等措施，不接茬、不见面、不配合，完全是一副无所谓的态度，债权银行不得不通过立案、开庭、判决、评估、拍卖等环节，采取公告的方式，非常漫长地走完诉讼、执行程序。⑤激烈对抗。程度轻的，利用诉讼程序对抗，即从立案、一审、二审、评估、拍卖等各个诉讼程序都提出异议，债权银行不得不费时耗力地应对；程度重的，通过投诉、举报、聚众、静坐、跳楼、占领抵押物、自媒体曝光等方式，阻挠、拖延债权银行的清收节奏，逼迫债权银行让步。

在债务人上述态度和行为面前，需要清收人员不胆怯、不妥协、不气馁，对不良客户特别是老赖，分门别类，一个一个地攻坚拔寨，从而取得清收处置的胜利。

（三）不良资产清收处置是一场立体战

目前，不良资产清收处置的战略战术、手段方法还是比较多的：①在清收策略方面因时而异：年度/季度清收目标是确保完成指标，还是注重现金回收；公司类与零售类是分开清收，还是合并清收；清收方式是以自我清收为主，还是以委托清收为主等，都需要根据不同商业银行、不同分支机构、不同年度/季度的具体情况，确定不同的清收策略。②在清收措施方面方式多多：在借款人还本付息刚刚出现困难时，如果借款人还款意愿强，债权银行可以通过债务重组、债务人重组、债转股等措施予以施救。在借款人确实无力还本付息时，如果债务人配合，可以通过协议变卖抵质押物等措施筹钱还款；在债务人不配合时，可以通过上门催收、诉讼等措施，逼迫债务人还款；在抵质押物难以通过正常的拍卖处置时，可以通过以物抵债，暂将债务人财产过户到债权银行名下；在债权银行经营收入尚可，又需要尽快压降不良时，可以通过核销、批量转让、单笔转让、受益权转让、不良资产证券化等措施，大规模批量出表；水平高的，还可以通过证券市场重组债务人，有可能在还清欠款后，还可以大赚一笔。当然，有些胆大的，可能还会搞些假转让。③在配套措施方面也有发挥的空间：有商有量还是强硬到底；以柔克刚还是以硬碰硬；适当妥协还是以悲情对悲情；步步紧逼或以时间换空间等。清收人员可以根据债务人的不同情形，灵活运用。

这些清收策略和清收处置措施，就是不良清收中的十八般武艺。在清收处置时，需要清收人员以"完成指标、压降余额、收回现金"为指导，根据不同的情况综合运用。

（四）不良资产清收处置需要连续作战

为管控好资产质量，商业银行内部对不良资产的清收处置都会有多项指标要求，主要有：从类型上，有公司类和零售类的不良资产余额和不良率的限额指标，有问题资产压降指标，有现金收回指标，有已核销和已转让不良资产清收指标，有以物抵债处置指标等；从时限上，有年度、季度、月度指标。这些指标会通过层层分解，落实到具体的条线、机构和清收人员身上，并通过过程督办、成效考核、结果奖惩等措施，将总分行的清收队伍整合成一支"特种部队"，全力以赴地完成这些指标。

实际上，上述指标不是动动嘴、跑跑腿、写写 PPT，或者喊几句口号、提几个理念就能完成的，而是需要付出九牛二虎之力才有可能完成。在这个过程中，白加黑、五加二是最基本的常态；有策略把握全局，有勇气制服老赖，有办法收回现金，才是经常面对的考验。其中的酸甜苦辣，若不是亲身实践者，是难以真正体验的。

在这个过程中，作为特种部队的清收队伍，不管是心甘情愿还是迫不得已，都只能关关难过关关过，一个个月、一个个季度、一个个年度，波浪式地攻破一个个不良资产，夺取一个个胜利。特别是月末、季末和年末，对清收人员来说都是一道道鬼门关。不良没有出清，这场战斗就不会停息。

三、不良资产清收处置中的问题与困难

在不良资产清收处置实践中，会遇到种种问题与困难。这些问题与困难如果处理不当，可能直接影响到不良清收的开展以及清收效果。归纳起来，这些问题与困难主要有以下几个方面。

（一）外部关系需要处理

商业银行作为独立经营的企业主体，包括不良资产清收处置在内的行为都是企业经营行为，都由自己独立自主开展，并自行承担相应的责任。在不

良资产清收处置中，会涉及监管机构、法院、地方政府、金融同业等主体，由此存在商业银行与这些主体之间的关系问题。这些关系问题，都需要商业银行妥善处理。

1. 监管机构

在不良资产清收处置中，监管机构重点关注的问题有：逾期和不良的余额与双降情况；处理重大问题客户的"债权人委员会"运行情况；小微贷款"两个不低于"指标的完成情况；不良清收处置的合法合规情况；不良清收引发次生风险的妥善处理等。对这些问题的关心和关注，是监管机构的职责所在。商业银行应秉承"透明原则"，及时向监管机构报告。

监管机构无疑是支持商业银行清收处置不良资产的，但在不良资产的清收处置政策上还有改进的空间，重点包括以下几个方面。

（1）个人不良资产的转让问题。个人作为借款人的不良资产，不能打包转让给资产管理公司。

（2）单笔转让的规范问题。对不良资产的批量转让有明确的制度规定，但对单笔转让则缺乏具体的制度规定。

（3）债务重组的规范问题。债务重组，仅有对借新还旧、展期的规范，而对实务中出现的债务平移、延期支付等，则没有明确的规定。

（4）以物抵债问题。以物抵债，存在三个问题：①抵债后，两年处置期限的要求，在实务中较难以实现。若超过两年，需按1250%计算风险资产，而贷款只按100%计算风险资产，相差12.5倍，有点大；②对因司法重整等原因而被动接受"以股抵债"缺乏明确的规定，导致不同的地方监管人员有不同的理解，有的认为合法，有的认为不合法；③抵债和抵债后的处置，视同两次买卖/过户，需要交纳两次买卖/过户的税费，税费过高。

（5）债务减免政策对商业银行不公平问题。商业银行将不良资产转让给资产管理公司后，资产管理公司是以转让价作为盈亏的平衡点，并可以减免盈利后的部分。如商业银行将本金1万元的债权，以5000元的价格转让给资产管理公司；资产管理公司收回超过5000元，如6000元后，即可以放弃对借款人的追讨。放弃的部分，即剩余的4000元实际上就是资产管理公司对借款人的减免。根据《金融企业贷款减免管理办法》（财金〔2014〕54号）的规定，对商业银行减免债务人的债务有严格的适用条件要求。这样的差异化规定，会产生两个后果：①商业银行很难适用减免政策来清收不良。严格商业银行债务减免的适用条件，其目的应该是防范可能出现的道德风险，但只要是人操办的事项，都有发生道德风险的可能性，关键还是要通过制度、机制来预防预控。转让是损失、减免也是损失，转让的损失可能更大。从算经济账的角度，应该考虑给予商业银行灵活减免的权限。②容易滋生借款人的道德风险，即借款人产生逾期不良后，通过运作使商业银行将逾期不良转让给资产管理公司，从而达到少归还借款的目的。

（6）债权人委员会问题。成立债权人委员会的目的，是让借款人有借款的多家债权银行，在债权人委员会这个平台上沟通、协商对该借款人的处理思路、处理措施。从实际运行情况看，债权人委员会特别是主席行如果认真负责，还是能发挥较大作用的。债权人委员会最大的问题是缺乏约束力，具体表现在两个方面：①参加的自愿性。债权人委员会是民间协议组织，债权银行是否参加委员会完全凭自愿，这也符合委员会的性质。问题是个别债权银行的行为对其自身有利，但并不见得对借款人债务的整体处理有利。如有个实例：一个拥有自然资源特许经营权的借款人陷入经营困难后，多个投资者有意向收购该借款人，但一家商业银行查封了该借款人股东对借款人的股权，坚持要求在一次性全部归还欠款后才解封。此时，该债权银行处于有利的地位，所以既不参加委员会，也不同意用其他抵质押物置换和分期付款，导致收购失败，借款人进入破产清算，包括该债权银行在内的所有债权银行都损失惨重。②违反多数意见时的软弱性。债权银行在参加委员会后，不顾多数债权银行的意见自行其是，其他债权银行也只能表示遗憾，而没有办法采取有约束力的措施。这些问题有待于在以后的实践中逐步解决。

（7）小微贷款"两个不低于"的问题。为促进商业银行加大对小微企业的信贷支持，中国银监会于 2010 年 2 月 23 日对商业银行的小企业贷款提出了"两个不低于"的要求，即增速不低于全部贷款增速，增量不低于上年。但小微贷款的高风险性有目共睹，"两个不低于"的目标要求与不良资产清收处置有时存在冲突，即对于小微贷款不良高发的商业银行，在清收处置不良的一段时间内，如果处置力度大，新增贷款的速度赶不上压降速度。对全国性的商业银行整体来说，可以综合全国的分支机构来完成"两个不低于"的目标，但对于某个具体的分行来说并不容易完成。为完成小微不良清收处置目标，就完不成"两个不低于"目标；完成"两个不低于"目标，就完不成不良清收处置目标。任何一个目标没完成，既要被监管约谈，又要在年度监管评价中被扣分，影响监管评级。这种监管方式有必要进一步优化完善。

2. 法院

法院是商业银行在不良资产清收处置中打交道最多的机构。应该说，法院对商业银行的不良清收支持力度是很大的，加班加点地开庭、审判、执行，有时在执行中会遇到胡搅蛮缠、暴力威胁的被执行人，确实很不容易。法院有时也存在软弱的问题，具体表现在以下几个方面。

（1）送达法律文书软。在诉讼中，诸如立案、开庭、领取判决书、资产评估、执行等环节，都要向被告送达通知书。有些债务人/被告，为了拖延时间，或仅仅就是不想处理欠款，就是不来法院领取；有时明明知道债务人/被告在哪里，电话也可以接通，但就是不来。对这种现象，法院多数情况下也只能听之任之，仅通过公告送达来解决。但一个公告就要耗时两三个月，一套程序走完，仅公告就要一年半载。债权银行这边急死人，却也只能干瞪眼等着。

（2）面对舆情压力软。为抵制清收，尤其是在互联互保等涉及多个债务人时，有些债务人会串通联合一起，通过静坐、上访、举报、身穿统一服装出庭，甚至聚众抵制执行等方式，给法院的审理、执行工作施加压力。本来，"以事实为依据，以法律为准绳"是法院审理工作的基本准则，裁决是非曲直、保护当事人合法权益是法院工作的基本目标，但面对债务人的种种压力，有时法院也会顾虑重重：立案不受理，受理不审理，审理不宣判，生效不执行等。遇到这些问题时，都需要债权银行再三沟通、左右协调，才能把程序往前推进。这种情况不仅不利于保护债权银行的合法权益，还会助长"撒横的有理，霸蛮的有力"这种歪风邪气。

（3）执行老赖客户软。执行难是困扰执行工作多年的难题。有些债务人一无所有，对这样的债务人就是让神仙来执行也是执行不下去的，对这种情况，应该给予理解，债权银行只能认赔而列为损失；有些老赖型的债务人，有钱有资产，但由于程序等原因难以执行，对这种情况，应该予以完善。导致有钱有资产却难执行的原因，主要有以下几种：①债务人施压。债务人通过聚众、霸占抵押物等手段抵制执行，法院担心引起群体事件而不愿放手执行，或是走两步停一步。整体执行过程费时耗力，执行法院、债权银行的清收人员都筋疲力尽。②评估价虚高。拍卖抵质押物时，需要先评估资产的价值，再在规定的幅度内平价或降价拍卖。在实务中，有些抵质押物因为评估价高，即使每次都降到底价都无人接手。虽然流拍两三次后还有一段变卖时间，也因底价在那里而卖不出去，最后只能以物抵债。而以物抵债，债权银行不仅需要交纳一笔税费，且抵债后还是面临处理的问题。③资产转移。有些债务人/实际控制人为逃废银行债务，将资产都登记或转移在别人名下，自己名下基本上没有值钱的东西。有时，明明知道有笔资产就是债务人/实际控制人的，但却不是产权证书上所有权人。对此，基本上是无能为力，只能心中愤恨。④涉及民族或宗教。极少数债务人在贷款不良后，住豪宅、开豪车，甚至家外有家，在面对清收时打出民族牌或宗教牌。对这种情况，法院执行人员有时也不太好办。

上述问题的存在，使执行工作难上加难。商业银行可以将这些债务人申请进入黑名单，从而对这些老赖产生一定制约。但商业银行是一个企业，收回现金或资产才是不良清收的目的，将老赖列入黑名单只是不得已而为之的下下策，其目的也是为了督促债务人偿还欠款。对这些问题，只能寄希望于执行改革能尽早到位，以有力地打击老赖，有效树立"欠债还钱天经地义"的传统债务理念。

3. 地方政府

地方政府都是既希望商业银行能大力满足当地企业的资金需求，支持当地经济发展，又希望自己辖内信贷质量良好，金融秩序安全稳定，不发生区域性风险。在企业经营困难时，特别是大中型企业发生经营困难时，由于这样的企业事关当地的就业、税收和社会形象，地方政府一般都会想办法救助。此时，商业银行与地方政府会发生直接的交集，需要商业银行妥善处理。地方政府要求商业银行一起挽救企业，主要存在以下三种情形。

（1）不抽贷、不断贷、不压贷。在借款企业还能维持生产经营时，多数情况下地方政府会通过座谈会/协调会的方式，要求/提议商业银行不抽贷、不断贷、不压贷。个别地方政府可能还会要求当地法院不受理针对该借款企业的借贷诉讼。此时，如果商业银行也认为该借款企业该救、可救、能救则比较好办，正好借势要求借款人进行资产重组以自救；但如果商业银行认为该借款企业难以救活时，就比较难办了。不考虑地方政府的意愿，不仅难以推进清收，而且会得罪地方政府；如果完全按地方政府的意愿行事，可能事后会被内部认为坐视借款人恶化成不良而不采取措施。对于这种情况，商业银行需要根据具体情况，采取"存量担保不减损、新增授信多审慎"的态度应对处理。

（2）共同努力，推进企业重组。当债务人只有通过企业重组才能脱困时，地方政府会协调债务人、债权银行推进重组。此时，地方政府也可能出台支持政策，如减免税费、财政借款、有条件地拍卖土地等措施，支持企业重组；同时，也会建议债权银行通过调整还款期限、降低贷款利率、减免拖欠的利罚息、给予新增贷款支持等，共同支持企业重组。一般情况下，如果地方政府给予借款企业实质性的支持，重组成功的可能性就比较大，债权银行可以跟进；如果地方政府没有给予实质性的支持，债权银行则需要有自己的判断和措施。

（3）司法重整，卸负脱困。当一些债务负担非常沉重，而地方政府又想救助债务企业时，可能会采取司法重整的措施，帮助企业脱困。司法重整，是企业的一条再生之路，但以金融债权人的损失为代价。在司法重整时，金融债权人也没什么发言权，只能被动接受，自行消化损失。对此，债权银行只好暗自心痛，寄希望于吃一堑长一智。

除上述三种情形外，还可能存在一种地方政府直接干预债权银行清收不良的情况。当然，在目前的政治环境下，直接干预比较难见，但间接干预还是存在的。干预的诉求主要有：希望债权银行能继续给予债务人一定的宽限期；按照债务人的期望达成和解协议；不要召开债权人委员会；不要诉讼债务人；对债务人不要刑事报案等。对这些诉求，债权银行可以视情况处理，能通融的通融；不能通融的，解释情况后，地方政府也能理解。

4. 金融同业

在一个借款人存在多个金融债权人时，债权银行会面临金融同业关系处理的问题。这个问题主要体现在以下几个方面：①不对称互通信息。自己从债务人或其他地方获悉的信息，不愿与其他金融债权人分享或少量分享；希望从别的金融债权人处，能多打听点信息；有时，还可能将债权人内部商量的信息、措施等，私下告知债务人。②不对称债务重组。在希望或建议别的债权机构不抽贷、不断贷、不压贷时，自己抽贷、压贷；在与债务人商谈债务重组条件时，希望自己的重组条件，如还款节奏、贷款利率、担保方式等，能优于其他的金融债权人；自己不愿意提供新增授信支持，却希望别的债权机构能提供支持。③不对称诉讼执行。在希望其他债权机构不诉讼的时候，自己对债务人提起诉讼；在查封自己的抵押物时，可能还要查封其他债权机构的抵押物；在拍卖抵质押物/首封物时，以收回自己的债权款项为准则，不管其他的弱担保类债权人。

金融同业机构的上述行为，其实也属于正常：各为其主。对此，债权银行能做的，也是需要做的，就是保持自己的定力，及时了解、掌握债务人的动态；根据对等原则，交换自己的信息；基于法律、依据合同，保护好自身债权安全；根据自己的判断，考虑和决定债务重组、诉讼等事项。

（二）内部关系更为不易

对于清收人员来说，外部关系还能顺其自然的话，内部关系其实更难处理。在不良清收中，清收人员要处理的内部关系包括总分行、上下级、同级、前后手等。在这些关系的处理中，比较突出的问题是：信任难建立，协作难协调。

1. 信任难

在出现一笔不良后，特别是大面积不良后，商业银行的内部立即就会众象丛生。客户经理、支行行长、分行行长，以及这些主体的前后任、上级相关领导，都会有不同的反应和不同的要求。

（1）客户经理。一笔贷款一般是要转贷几次，才会逾期并成为不良。贷款逾期后，会出现两种情况的客户经理：①经办的客户经理还在岗。这种情况下，刚逾期时，客户经理会着急上火，想尽办法督促借款人解决。随着时间的推移，不良已成定局时，开始找外部原因：客户是谁介绍的；业务是谁要求做的；是谁审批的；是谁不同意贷款重组的，等等。各种推诿不一而足。

②接手的客户经理。多数情况下，贷款逾期时，第一手经办的客户经理已经离职，后来接手的客户经理出于自保，对逾期的贷款多半是能躲则躲、能推就推。其担心的是：我是接手的，如果我来操办贷款重组，将来是不是由我来承担不良的责任？如果由我来催收，将来会不会由我来承担收不回的责任？这种担心有一定的道理，但往往会造成坐失贷款重组、第一时间查封债务人财产的良机。

（2）支行行长（含业务部门负责人）。支行行长也存在前后任的问题：①在自己任内办理的业务。这种情况下，支行行长一般都会积极想办法的。当然，在大面积不良时，办法也是有限的，有些支行行长会抱怨不良的原因：业务指标重、考核压力大、分行或总行否决不同意贷款重组方案。②自己前任期内办理的业务。无论是因前任离职还是内部轮岗，支行行长都会几年一换。新到任的支行行长都会面临前任期内业务逾期不良的问题。此时，有部分支行行长会积极主动想办法压降、清收，但也有部分支行行长和接手的客户经理想法一样，唯恐担责、百般推卸。极个别的，还巴不得在自己到任后的短时间内，前任期内的问题资产全部逾期成不良。

（3）分行行长。分行行长也有两种情况：①前任。其离开岗位后，对出现的不良，特别是大面积、塌方式的不良，大多数都会痛惜、惋惜；但也有少部分人认为：这些业务也是前前任办理的，我走时还好好的，怎么现在变成不良了？后任也太不负责了；风险主管行长也太无能，把风险管成这个样子。②现任。刚到任时，往往惊讶于资产质量的严峻形势，甚至抱怨怎么还有这么多不良？在惨烈的局势面前，不管是主动担当还是不得不为，绝大多数人能够积极应对处置。但对前任期内留下来的一些特殊事项，如假转让的后续处理等，则因人而异了。

其实，铁打的岗位流水的兵。每个人都会是现任/后任，也会成为前任。抱怨前任、责怪后任，都解决不了问题。对得起前任，对得起后任；对得起组织，对得起员工，才是应有之道。

上述矛盾、分歧，最终都会落到清收人员身上。当清收顺利，既能完成清收指标，又不过多冲击分支机构的业务收入和责任利润时，各类主体与清收人员的矛盾还不明显；如果完不成清收指标，特别是还会影响机构的业务收入和责任利润，进而影响员工的收入时，各类主体与清收人员的矛盾立即凸显。这个时候，各类主体就像找到了共同的敌人，不约而同地指责风险人员，特别是清收人员。轻一点的，仅是指责清收人员无能：不能解决好资产质量问题；不能解决好清收中的次生风险；不良制约了发展；不良侵吞了利润；不良降低了收入。重一点的，那就是诛心之问：为什么完成不了指标、收不回来现金？为什么不同意我的清收方案？为什么这个不良客户由张三负责而不由李四负责？为什么不自己代理诉讼，而要委托律师代理？律师代理费为什么这么贵？为什么这个抵质押物/查封物以这个价格作为底价？为什么这个债权、抵质押物、查封物卖给了王五，而不是赵六？为什么不以物抵债？如此等等，不一而足，好像清收人员就是发行难财的小偷一样，处处质疑、处处审问；就是没人去摸摸自己的良心，好好地想想：为什么会有不良，为什么自己不来清收。

2. 协调难

在不良清收中，资产保全部门日常需要打交道的机构/部门，有以下几个：原业务经办机构/部门、业务审批部门、财务部门、上级主管部门等。

（1）原业务经办机构/部门。资产保全部门与原业务经办机构/部门，需要处理的事项主要有：①重不重组。有些业务部门/部门的负责人希望所有有问题的贷款都尽快成为不良，因而不同意重组；有些业务部门/部门的负责人不管能否获批，都希望能重组延续。②核不核销。有些业务部门/部门希望能核尽核，尽量争取多核销；有些业务部门/部门希望缓缓再核；有些业务部门/部门不努力清收压降，只是一味坐等核销。结果自己努力压降的，核销得少；坐等核销的，反而核销得多，导致机构间出现不公平。③分不分成。对资产质量管控指标的完成、问题资产的压降、现金的收回工作结果等，总行都会给予分行奖励。在分配奖励时，业务部门/部门有时会以自己做了贷后、自己找了资产买受方、自己去了法院等种种理由，要求奖励分成。

（2）业务审批部门。资产保全部门与业务审批部门需要处理的事项，主要是针对有问题贷款的重组审批。为完成资产质量的管控任务，肯定要重组部分贷款。此时，在以下问题上两个部门容易出现分歧：①重不重组。审批部门可能认为有问题资产迟早会不良，没必要重组。如果要重组，是否需要由分行风险管理委员会或类似机构决定并出具一份重组的纪要。②重组条件。审批部门可能提出一些难以落实的重组条件，如压降部分（10%～30%）本金；增加企业股东或关联企业担保。

（3）财务部门。资产保全部门与财务部门需要处理的事项主要有：①诉不诉讼、外不外聘。诉讼就要支付诉讼费、律师费等成本。有时，财务部门会以"清收对经营绩效没有正面贡献或贡献不大""外聘律师需要支付费用"为由，不同意诉讼清收。当然，除极个别的外，财务部门一般不会直接不同意诉讼清收，而是设置种种条件，让清收部门每发起一件诉讼都颇费气力。对于外聘律师更是反对多多，认为应由清收人员自己代理诉讼。其实聘不聘律师都是可以的，主要看工作量和工作结果。在诉讼案件少的情况下，可以由员工自行代理，但需要考虑工作结果，如诉讼执行的进度、回款的快慢等。②核不核销、抵不抵债。这主要是对清收处置方式的分歧。核销需要增提拨备，影响当期利润，因而财务部门与资产保全部门在核销额度上时有分歧。资产保全部门希望多核，财务部门则需要考虑对利润的影响。抵不抵债，则是在抵质押物/查封物经法定三拍/两拍程序仍未处置成功时，对是继续降价变卖还是以物抵债的分歧。③截不截留、兑不兑现。这主要是对总行奖励费用分配上的分歧。对于总行的清收奖励费用，是全额奖励在清收工作上，还是先由分行截留一部分，再奖励；是根据规则兑现奖励，还是临时起意不予奖励。这些问题，说起来都是心伤。其实，有点规则经验的人就知道，财务部门的态度，有时仅是部门负责人的态度，有时是机构负责人或明或暗的态度。对此，资产保全部门又能怎么样呢？

（4）上级主管部门：资产保全部门与上级主管部门需要处理的事项主要有年度指标、核销额度、考核激励。这些事项将在下一章节作进一步说明。

在资产质量大规模恶化时，为了应对处置这种复杂的形势，打赢资产质量保卫战，商业银行的分行都会成立资产保全部门，招兵买马、拉起一支队伍，雄赳赳、气昂昂地去清收不良。为提高积极性，各种激励政策、各种名誉掌声接踵而至。随着清收工作的不断深入，资产质量恶化的趋势得以遏制乃至扭转。在清收的业绩越来越好、掌声越来越多时，清收队伍的好运也基本到头了。仅是工作分歧的，往往认为奖励太多、成本太高；为人阴暗一点的，则捕风捉影，甚至无中生有，散布处置中有道德风险、有人发行难财等种种说法。面对这些明枪暗箭，清收人员有口难辩，有人黯然离场，有人徒自伤悲。除少部分人外，"生的伟大、死的窝囊"可能是大多数清收人员的宿命。

根据资产质量的形势和不良资产清收处置的任务而调整资产保全部门地位，增减清收队伍人员，这本是正当的、自然的管理措施。但有时情况复杂，不是清收人员所能左右的。要想解决这个困局，一方面，需要商业银行建立健全管理机制和制度，将不良清收事项制度化、规范化，防止可能出现的道德风险，同时对清收人员给予应有的保护；另一方面，清收人员自身更要加强廉洁管理，不要拿分外之财，手不伸则身不怕，同时需要做好自我调节，专心做好自己的事情，不要过多在乎别人的流言蜚语。"顺境学学曾国藩谦虚谨慎；逆境想想苏东坡豁达乐观"，如此还会有什么困难和问题呢？

第二章　不良资产清收处置管理体系

思路决定出路。对于不良资产的清收处置，需要有符合实际情况的思路，才能调动、集中全行清收队伍的力量，向不良资产发起猛攻。思路清晰以后，还需要有一套可靠的组织体系才能发挥力量。在行军布阵、冲锋陷阵中，必要的管理手段也是不可或缺的。

第一节　不良资产清收处置的思路

不良资产清收处置的思路，是指导不良资产清收处置的基本原则和准则，决定着怎样打赢、以多大的代价打赢这场清收战。在谋划、推动如何打赢不良资产清收战时，"非常之事必用非常之法"是一个原则，并根据这一原则，以"是否有利于完成目标任务，是否有利于减少资产损失，是否有利于提高清收效率"为标准，明确具体的清收思路。且具体的清收思路也会因时而异、因人而异、因机构而异。下面介绍的仅是一些商业银行的探索实践，以供参考。

一、管理架构：好银行与坏银行相互分离

好银行与坏银行相互分离，是指在商业银行内部，资产质量好的机构与资产质量差的机构，或好资产与坏资产（含有问题贷款、逾期贷款、不良贷款，下同），在特定阶段内实行差异化的管理要求与业绩考核，即资产质量好的分支机构/资产以业务发展为主，资产质量差的机构/资产以不良清收为主。其中：资产质量相对好的机构/资产称为好银行体系，资产质量相对差的机构/资产称为坏银行体系。这样有利于明确各类机构的阶段性工作重点，既能

加大对不良资产清收处置的力度，又能发挥各类机构发展业务的积极性。

（一）好银行与坏银行相分离的原因

实行好银行与坏银行分开管理的原因主要有以下几点。

1. 在特定时期分支机构的主要矛盾有所不同

在商业银行内部，不同地区的分行/事业部，以及分行/事业部的下属机构，其不良资产的暴露时间有先有后、资产质量有好有坏、包袱有重有轻，由此决定了不同的分支机构在特定的时期内，其主要矛盾并不相同。一些机构的主要矛盾是加快发展，另一些机构的主要矛盾是尽快解决不良资产。然而，对于商业银行整体来说，发展是第一要务和常态性要求，这就决定了其管理要求和考核要求，必定是以发展类指标为主。在这种情况下，如果不正视两类机构主要矛盾的不同和经营状况的差异性，实行同样的管理要求与业绩考核，必然对资产质量差的机构不利，更对资产质量差的分行/事业部辖内资产质量相对好的机构不利。这种不利，对员工的直接影响就是个人收入的大幅下降。在不同的商业银行，员工收入的下降幅度可能并不一样。如果只下降一两年，多数员工还能忍受，如果下降两三年则肯定无法接受，团队的稳定性和积极性必然受到打击，离职潮也是可以想象的。

如果将资产质量好的与资产质量差的分支机构实行分类管理、一行一策，有针对性地突出业务发展（如业务收入、责任利润等）和不良清收的经营任务和考核指标，则可以更精准地指导不同的分支机构，将主要的资源、更大的力量投放到解决主要矛盾上来，从而有效充分地调动不同类型机构的积极性，在整体上取得业务发展和不良清收的双重丰收。

2. 分支机构的资源是有限的

分支机构的资源包括人力资源和财务资源。作为一个企业，无论是人力资源还是财务资源，都与该企业/机构的业务收入、责任利润等经营业绩挂钩。经营业绩好，资源配备会相对充裕；经营业绩不好，资源配备无疑捉襟见肘，难以全部满足各方面的需求。对一个资产质量包袱比较重的分支机构来说，资源是有限的，甚至是逐年递减的。如何分配有限的资源将直接影响经营成果，如果投入到业务发展板块上多，投入到不良清收板块上少，结果就是业务发展会相对较好，不良清收则相对较差，反之则相反。另外，一个分支机构经营质量与其负责人的工作状态直接相关。在一个资产质量包袱重的分支机构，其负责人必定经常在推动业务发展与清收处置不良之间切换频道。但一个人的时间和精力是有限的，在业务发展上投入多，必然在不良清收上投入少；在不良清收上投入多，必然在业务发展上投入少。这种两难的选择，对分支机构及其负责人来说是痛苦的，也会是摇摆的。其结果，多数情况是业务发展和不良清收两项工作都搞不好，而且还会给其找到工作没搞好的借口：业务发展没搞好是因为要清收不良，不良清收没搞好是因为要发展业务。

将资产质量好的与资产质量差的机构有所区别，业务发展与不良清收分开管理，分别实行不同的目标导向和考核指标，可以引导分支机构将人财物和时间等资源根据其所在的好坏类别，进行差异化、重点化配备，以突出工作重点，解决突出问题。

3. 好资产与坏资产的管理要求不同

在一个经营机构内部，多数情况是既有正常的好资产，又有存在问题的坏资产。对这两类资产的管理要求各有不同：对于好资产，管理的重点是综合开发，做精做细、做深做透，提高客户黏合度和综合收益；对于坏资产，管理的重点是督促借款人尽快还款，在无法通过现金还款时，尽快处置抵质押物等债务人财产，防止出现"冰棒效应"[①]。对于好资产的债务人，商业银行的工作人员应以伙伴相处、笑脸相迎；对于坏资产的债务人，商业银行的清收人员更多的是要拿起法律武器，有时还要应对各种抵制。由此，如果好资产和坏资产都由同一个人或同一个团队来管理，将容易产生以下三个问题：①专业能力上无法兼具。正常业务的营销落地和不良资产的清收处置都是专业性工作，需要具有一定的专业技能。一个人同时具有并同时运用两种专业技能，还是相当有难度的。②时间分配上难以兼顾。同一个人在同一个时期内，既要维护好、发展好好客户、好资产，又要清收好不良资产，容易顾此失彼。③情绪调节上容易抑郁。在不良资产清收处置过程中，清收人员需要与债务人反复沟通、谈判，有时还要面对债务人的无理取闹、抵制纠缠，经常接受的是负能量，情绪容易低落。

---

① 不良资产具有"冰棒效应"，就像夏天的冰棒一样，拿在手里的时间越长，化得就越快和越多。

将好资产与坏资产分开管理，有利于专业人做专业事，让管理好资产与管理坏资产的工作人员都能集中精力，发挥自己的优势，做好各自的资产管理工作，从而有助于提高处置效率。

坏银行体系就像是一家医院，将有问题的机构/资产纳入坏银行体系，经过诊断、治疗后，会有几种结果：①对于机构来说，经过一段时间的强力管控和清收，或快或慢地都能卸掉包袱，经过休养生息、恢复健康，又可以轻装上阵，重回良性发展轨道。②对于资产来说，则会有所分化：有的资产，经银企双方共同努力后，债务人和授信资产都恢复正常，重回好银行体系；有的则病情严重，无医可治，将进入不良资产清收处置程序。

（二）好银行与坏银行分离的主要内容

1. 好银行体系与坏银行体系分离的类别

根据商业银行内部经营机构资产质量的具体情况，好银行体系与坏银行体系分离可以分为以下三个类别。

（1）分行级机构的分离：即在商业银行全行体系中，以分行（含事业部，下同）为单位，将资产质量相对好、包袱轻的分行划为好银行体系，将资产质量相对差、包袱重的分行划为坏银行体系。好银行体系中的分行，其主要的经营任务是发展业务、创造收入；坏银行体系中的分行，其主要的经营任务是清收处置问题资产、卸掉包袱。

（2）支行级的分离：即在一个分行（该分行可能是好银行体系中的分行，也可能是坏银行体系中的分行）内部，以支行（含二级分行，下同）为单位，将资产质量相对好、包袱轻的支行划为好银行体系，其主要的经营任务是发展业务、创造收入；将资产质量相对差、包袱重的支行划为坏银行体系，其主要的经营任务是清收处置问题资产、卸掉包袱。

（3）授信资产的分离。授信资产的分离即在商业银行全行体系内或一个分行体系内，将还本付息正常的授信资产归为好银行体系资产，将还本付息困难的授信资产归为坏银行体系资产，这两类资产分别由不同的团队管理和经营。资产的分离和机构的分离，可以同时并存，也可以只适用一种。

2. 好银行体系与坏银行体系相互分离的主要内容

（1）主要经营目标任务的不同。商业银行分支机构的年度经营目标或任务主要包括客户发展、存贷款规模、经营收入、责任利润、资产质量管控等。在不区分好坏银行体系时，各项任务基本上都是在各自前一年度经营结果的基础上作适当增减。对具体的分支机构来说，前后年度目标任务的变化不大，还是要兼顾业务发展和资产质量管控。在进行两个体系的区分后，对好银行体系中的机构，应以客户发展、存贷款规模、经营收入、责任利润为主，兼顾资产质量管控；对坏银行体系中的机构，应以资产质量管控为主，兼顾客户发展、存贷款规模、经营收入、责任利润。

（2）考核评价标准的不同。商业银行对其分支机构的考核评价大致可以分为三个板块：发展板块，包括存贷款规模、经营收入、责任利润等；质量板块，包括逾期贷款和不良贷款限额、逾期率和不良率限额、客户结构和客户质量、日常管理等；内部管理板块，包括运营管理、人力管理等。在不区分好银行体系与坏银行体系时，一张关键业绩指标（KPI）考核表适用于所有的机构，且质量板块的权重不会太高，如发展板块、质量板块、内部管理板块的权重可能是 60% : 30% : 10%。其结果就是资产质量包袱重的机构，无论其业务发展如何，内部管理如何，其考核排名肯定靠后。这种考核评价的实质是：健康的机构和生病的机构一起比赛，其结果无疑是健康的机构永远胜出。在区分两个体系后，对两类机构的考核维度、考核指标、考核权重作相应的区分，即好银行体系中的机构，其财务板块的权重更大、质量板块相对较小；而坏银行体系中的机构，其质量板块的权重相对更大、发展板块的权重相对较小。好银行体系中的机构，继续适用 60% : 30% : 10%；而坏银行体系中的机构，可调整为 50% : 40% : 10% 或 40% : 50% : 10%，这样更能适应各类机构的具体情况。这种考核评价的实质是：健康的机构与健康的机构比，生病的机构与生病的机构比，其结果是生病的机构也有胜出的可能。与不区分相比，区分两个体系的考核评价体系更加公平，也更有利于调动两类机构的积极性。

（3）风险授权重点和大小的不同。根据各分支机构的风险管理能力进行有区别的授权，是风险管理的基本准则之一。风险授权的主要内容包括正常业务的审批权限、重组业务的审批权限、不良资产转让的审批权限、以物抵债的审批权限、利罚息减免的审批权限等。在不区分好银行体系和坏银行体系时，这些权限更多的是根据分支机构规模的大小和资产质量的好坏，进行差异化授权。在区分两个体系之后，对好银行体系中的机构，可以侧重在正常业务审批方面进行差异化授权，对坏银行体系中的机构，可以侧重在与资产质量管控直接相关的事项，如业务重组、不良资产转让、以物抵债、利罚息减免等，进行差异化授权。这样，可以使风险授权更加精细、更有针对性，从而更好地满足不同类型的机构对风险授权的不同需要。

（4）人、财、物配备标准及其落实情况的不同。人、财、物的配备标准主要包括业务费用标准、薪酬标准、机构设置标准、人员编制标准、岗位人数标准等。在不区分好坏银行体系时，基本上总行一个标准，全行各类机构共同适用，差异不大。例如：律师代理费统一从业务费用中支付，按责任利润的多少核定员工编制。而在区分两个体系之后，标准本身的差异性会进一步加大。对于好银行体系的机构，其费用、薪酬、编制等，更多地与其业务收入、责任利润的结果挂钩；对于坏银行体系的机构，其费用、薪酬、编制等，更多地与资产质量管控、不良资产清收处置的结果挂钩。对于坏银行体系中的机构，在律师代理费方面，根据不良资产余额，单独核定律师代理费，并从营业费用中支付，不从业务费用中支付，从而减少与业务条线的矛盾；在员工编制方面，根据不良资产余额和笔数，单独核定清收人员编制，从而减少人员编制不够的矛盾。这样，人、财、物的配备标准更能符合各类机构的主要工作内容和主要工作业绩，也是更为科学的配备标准。另外，在人、财、物配备标准的实施方面，做区分后，执行将更加到位，更能集中力量解决主要矛盾和主要问题：在不区分好坏银行体系时，基本上都是总行制定标准，再由分行在总行标准的基础上自行实施。这样，有可能出现不良资产的清收要人没人、要钱没钱的局面。而在区分两个体系后，因前面所讲的目标任务、考核评价、风险授权等大的格局已经确定，被划为坏银行体系的机构，不管其负责人愿不愿意，都需要在大的格局下经营；由此，其为了完成目标任务，获得一个好的考核评价，自然会根据总行的标准，将人、财、物向不良资产的清收处置集中，从而更好地保障不良资产清收战的开展。

3. 好银行体系与坏银行体系相互分离的管理

好银行体系与坏银行体系相互分离，并不是一成不变的，需要根据资产质量的变化动态调整。

（1）是否区分两个体系的调整。在商业银行内部，根据资产质量的好坏区分两个体系，确实有利于加强资产质量管控，但也可能引起内外部的一些非议：如此区分，资产质量问题到底有多严重？作出这种决策需要一定的魄力。随着两个体系的运行，资产质量的逐步好转，大多数机构的资产质量回归正常。当资产质量管控和不良资产清收告一段落时，是否继续维持两个体系的并列运行，是需要动态调整的。

（2）是否划为坏银行体系的调整。随着时间的推移，各个机构/授信资产的资产质量会发生动态变化。有些好银行体系中的机构/授信资产，其资产质量可能会恶化；有些坏银行体系中的机构/授信资产，其资产质量可能会好转，完全恢复正常地还本付息。因此，需要对好银行体系和坏银行体系中的机构/授信资产进行动态管理。其中，符合退出标准的，经审批后应该退出，由好银行体系进行继续授信管理；对本在好银行体系但符合进入坏银行体系标准的机构/授信资产，经审批后可以进入坏银行体系，并进行相应的管理。

（3）管理要素的调整。从好到坏或从坏到好的转变需要一个过程，在这个过程中，对其经营任务，考核标准，风险授权，人、财、物的配备标准等各类管理要素，也要进行动态调整，以让那些坏银行体系中的机构，既不因资产质量包袱的沉重而抱怨叫苦，也不让其因有坏银行体系的保护而不思进取。同时，也能让在好银行体系中的机构，不因过去资产质量较好就沾沾自喜，忽视风险，激进发展。

二、清收目标：完成限额、压降余额、回补利润

不良资产清收处置的终极目标，是将不良资产以现金的方式全部收回。但是，不良资产的特性决定了实际上既不可能短期内收回，也不可能全额收回。由此，需要明确不良资产清收的总体工作目标和阶段性工作目标。无论是坏银行体系、资产保全部门，还是清收人员，其最低的目标应是完成年度/季度的清收任务；在此基础上，将实质性地从表内压降不良资产/问题资产的余额，实现不良资产/逾期贷款/问题资产余额和比率的双降，作为第二个目标。对于积极进取者来说，还要再进一步为所在机构的利润增长作出贡献。

因此，不良资产清收处置的目标依次为：完成限额、压降余额、回补利润。

（一）完成限额

完成限额，是指下级机构要完成上级机构所下达的资产质量管控限额。这些限额一般包括以下几类：①管控指标类：问题资产压降金额；逾期贷款余额、不良资产余额；逾期率、不良率；已核销资产收回金额；抵债资产处置金额；不良资产现金回收金额等。这些指标，都是根据上一年度各项指标的余额、本年度新增的预测、机构的清收能力等因素，由上级机构与下级机构沟通后下达的。②管控期限类：月度、季度、年度。一般将年度指标细化到季度和月度，有时也会中途做些调整。

完成上述指标是商业银行清收队伍的工作导向，清收人员应为完成这些指标任务而不懈努力。当然，由于种种原因，有时确实难以完成全部指标任务。在这种情况下，需要分清主次，确保完成重点任务。具体来说，在管控指标类中，表内资产类的指标，如逾期贷款余额和逾期率、不良资产余额和不良率等是必须完成的；在管控期限类中，6月底和12月底的指标是必须完成的。

（二）压降余额

完成管控限额仅仅是完成了不良资产清收处置的最低目标，可以得个及格分。虽然完成表内不良资产/问题资产管控限额的措施比较多，但有些措施并没有实质性地解决问题，如债务重组是完成管控限额指标的利器，时常被运用，但重组后再次逾期/不良的比率也非常高。对于这些再次逾期/不良的重组业务来说，只是将问题往后推移，并没有真正解决问题。要想真正解决问题，应将不良资产/问题资产以现金的方式收回，或至少将其从表内移到表外。

将压降余额作为不良清收的第二个目标，就需要实质性地在表内解决不良资产/问题资产，使其不再成为表内资产。压降余额的主要方式有现金收回、核销、真转让。这些处置方式的难度都远远高于债务重组，但都是在实质性地解决资产质量问题，需要清收人员在完成限额指标的基础上，将这些措施作为重点攻坚方式。通过实质性的余额压降，日积月累，将可以真正卸掉资产质量的包袱。完成了这一目标，不良资产清收处置工作可以打到80分了。

（三）回补利润

商业银行作为一个企业是需要盈利的。不良资产的产生和核销、转让等处置，都需要消耗大量的拨备，进而侵蚀商业银行的利润，成为利润的黑洞。但不良资产的重组盘活和现金收回却可以回补利润，特别是已核销资产的现金收回可直接成为利润。对于有责任意识、进取意识的资产保全部门和清收人员来说，在完成前述两个目标的基础上，应将回补利润作为不良清收的第三个目标。

回补利润的措施主要是债务重组和现金收回。债务重组如前所述，重组后可能转为正常，也可能再次逾期/不良。因此，在考虑回补利润时，应将那些能够盘活的债务人作为重组的重点对象，对那些将会再次逾期/不良的，则尽量少重组或不重组。这样可以同时带来三个好处：完成限额、回补利润、加深银企关系；现金收回，特别是已核销资产的现金收回，既是一劳永逸地解决不良资产问题，也是实打实地回补利润，应作为清收的重点。在完成限额指标的基础上，资产保全部门应布重兵、下大力攻破现金收回关。回补利润目标完成得如何，可以决定清收工作的评分在 90 分以上还是在 90 分以下。

三、管控要求：压降问题资产、控制新增逾期、现金收回不良

面对塌方式的资产质量恶化、数量众多的不良业务，应该如何下手去突破一个点、打破一个面、带动一条线，这就是管控的要求了。不良资产产生的时间顺序是：出现还本付息困难，但在努力筹钱归还利息；利息已无法支付，贷款逾期；逾期后，或者债务人自救成功，逾期又转为正常，或者债务人自救失败，逾期转为不良。因此，应将问题资产、新增逾期、不良收回作为资产质量管控和不良资产清收处置的关键着力点，并采取不同的管控措施。

（一）压降问题资产

一笔贷款，从出现还本付息困难到转为不良资产，其借款人/实际控制人的心理变化过程一般是这样的：刚出现还本付息困难时，其心理是"救企业、保信誉"，因而会想方设法挽救企业，筹钱还款；经过艰苦努力却难以成功时，其心理会发生变化，"保资产、丢债务"成为首选，会想方设法转移资产、逃废债务，对欠款则顺其自然、听天由命。

因此，在贷款出现还本付息困难，且借款人/实际控制人还在想办法解决，并未想逃废债务时，商业银行一定要早点下手、果断处置。具体的措施是：对于信用类贷款，或者是要求还款，或者是增加抵质押物进行债务重组；对于抵质押类贷款，要再次确认抵质押权利的有效性和安全性。由于借款人刚出现经营困难时，多数情况下借款人/实际控制人有资产，也有一定的社会融资能力，只要商业银行施压得当，是可以做到或者现金全额收回，或者现金部分收回，或者加固抵质押物，从而避免全部成为不良，即使成为不良，也因有抵质押担保而有清收的抓手。

对于问题资产的压降退出来说，类似第一流的良医，是治病于发作之前。但问题资产的压降退出，在商业银行内部可能有一定的阻力。根据多数商业银行资产质量管控和不良资产清收处置的管理职责和组织体系，刚出现还本付息困难的问题资产多数还在业务部门手里而未归资产保全部门管理。或者出于对借款人经营状况会好转的侥幸，或者出于对成为不良资产后追责的担心，也可能这些业务就是该客户经理/经营机构创收的主要来源，经营机构并不一定愿意压降退出。此时，需要在商业银行内部，经营机构和风险管理部门之间，对资产质量的管理达成共识。当然，分支机构一把手的理念和意识最为重要。在经营机构不愿意压降退出时，资产质量管理部门需要努力争取，不能坐视问题资产变成不良。

（二）控制新增逾期

根据现有的五级分类标准，贷款逾期一定时间后即成为不良资产。因此，逾期贷款是不良资产的源头，逾期是不良的先行指标。管控不良，必须先管控逾期；管住了逾期贷款，就关住了产生不良的水龙头。

在逾期贷款中，还存在第一次逾期、多次逾期、新增逾期的区别。第一次逾期是指一笔贷款第一次出现逾期；多次逾期是指逾期后借款人归还了欠款或对其进行了债务重组，一段时间后又再次逾期；新增逾期则是一个年度/季度/月度余额的增加。在这三个指标中，每个指标都直接或间接关系不良资产数额。每月/每季的新增逾期，是当月/季逾期贷款管控的结果。多数的新增逾期，经过 90 天后将成为不良。因此，这个指标能否控制在预计的数额内，将直接关系到一个季度后不良资产的新增数额。多次逾期，或者借款人在努力保全自己的信誉，或者借款人配合商业银行进行债务重组，可以纳入债务重组的对象范围。由于在多数情况下，逾期了一次，后面就有第二次、第三次，因此，第一次逾期是逾期和不良的最准确的先行指标。在预测逾期和不良的趋势时，一定要准确统计每月/每季度第一次逾期的贷款金额。

控制新增逾期，就是要通过余额压降、债务重组等措施，将新增逾期贷款控制在一定的数额之内，为后续逾期余额和不良余额的管控留有余地。特别是在资产质量大面积恶化的前期，商业银行的分支机构应将控制新增逾期作为资产质量管控的重点，无论是支行还是资产保全部门、资产质量管理部门，都应将新增逾期的管控作为重中之重。

（三）现金收回不良

完成不良的管控指标，除了管控源头，重要的是要清收不良。贷款到了不良这个阶段，除个别有盘活的可能性外，商业银行能做的只有现金收回、核销和转让了。在这三种处置措施中，现金收回不仅可以直接压降不良余额，且可以回补利润；而核销和转让，都需要消耗大量的拨备，且核销后也要继续清收。因此，现金收回应成为不良资产的首选清收方式，资产保全部门应围绕现金清收这个重点，组织力量，采取措施。

当然，现金收回费时耗力，难以短期见效。在业务收入和利润能够支撑时，也可以将不良资产先行核销，转到表外，这样可以给予资产质量管控喘口气的机会。核销后再继续清收，收回的便都是利润。

压降问题资产、管控新增逾期、现金收回不良，是资产质量管控的三部曲，分别适合于资产质量演变的三个不同阶段。商业银行可以根据资产质量的恶化过程，抓住不同阶段的管控重点，集中力量，重点攻破。

四、管控策略：集中清收、处置换核销、奖励全额兑付

在明确了清收体系、目标任务、清收要求后，就是考虑由谁来清收，怎样运用清收措施，以及如何提高清收积极性、保障清收效果的问题了。这方面的工作思路有集中清收、处置换核销、奖励全额兑付。

（一）集中清收

集中清收是相对分散清收而言的，即将问题资产、不良资产集中在分行

的资产保全部门，由分行的资产保全部门统一清收处置，各支行仅配合清收。资产质量管控、不良清收的指标任务由资产保全部门承担，而支行则不承担。

1. 采取集中清收模式的原因

在一些商业银行中，传统上实行的是分散式清收体制，即在分行设立承担资产质量管控责任的部门，如风险管理部，但该部门仅承担资产质量管控的组织推动职责，并不承担具体的清收处置职责，具体的管控职责、清收职责都由各经营机构承担。总行的管控指标和清收指标下达到分行后，分行的风险管理部再将指标分解到各经营机构。分行风险管理部仅对整体的管控结果、考核指标负责，而相关的经营机构则对各自的清收结果负责。在分散式清收机制中，有些商业银行可能在总分行都设立有资产保全部，但其资产保全部并不承担全部不良资产清收处置职责，而仅承担移交给该部门不良资产的清收职责。

这种分散式的清收机制有利有弊。有利的是：①符合"谁家的孩子谁来抱"的管理要求，自己产生的不良自己来解决。②可以实现"东方不亮西方亮"的效果。当存在多个经营机构时，如果一两个经营机构未完成指标，可能还有其他超额完成的机构来弥补。③成本较低。经营机构熟悉本机构问题资产和不良资产的情况，可以减少沟通成本，也可以快速采取清收措施。其弊端也是明显的：①清收力度可能较弱。经营机构或客户经理，如果与债务人多多少少存在一些感情因素，有可能影响清收的速度和力度。②清收和发展难以平衡。发展业务、创造收入是经营机构的天然职责，在既要发展又要清收时，可能因工作重点、时间分配、专业能力等原因，难以做到平衡。③管理成本太高。一个省级分行，其下辖的经营机构少则一二十个，多则超过百个，有的二级分行/支行还天高路远；而在信贷业务中，特别是小微类、按揭类等业务，绝大多数经营机构都有不良资产。如果由这些点多面广的经营机构负责本机构清收，分行的管理成本，如分行集中开会、分行到各经营机构现场督办等，将会非常高。综合起来，在不良少时，分散式清收机制利大于弊，反之则弊大于利。

为克服分散式清收机制的弊端，一些商业银行实行了集中式清收机制，即将总行的不良资产（来源于事业部或分行移交的大额、疑难不良资产）集中到总行的资产保全部；分行的不良资产全部集中到分行的资产保全部，由资产保全部负责不良资产的清收处置，承担清收指标任务，接受清收业绩考核；各经营机构则仅承担配合职责，如移交资料、介绍情况等，不承担清收职责，也不承担考核指标。

2. 集中清收机制的主要内容

（1）集中的机构范围。集中的机构范围是指将分行下辖全部机构的不良资产都加以集中，还是仅同城集中。全部集中，可以增强清收的力度，但存在管理半径过长的问题。从工作便捷性和工作效率角度考虑，合理的方式是：分行同城机构的不良资产，集中由分行资产保全部清收；二级分行/异地支行的不良资产，集中由二级分行/异地支行资产保全部或资产保全岗负责集中清收。

（2）集中的资产范围。集中的资产范围是指将问题资产和不良资产全部集中，还是仅集中不良资产。将问题资产和不良资产同时集中，有利于清收人员提前介入、提前处置问题资产，可以提高问题资产的处置效益。但问题资产毕竟有可能转为不良，也有可能好转，需要专业性地应对处置。如果将问题资产都集中到资产保全部，资产保全部管理的资产数额太大、户数太多，可能不具备处置问题资产的能力和条件。由此，可以采取分步走策略：第一步，集中不良资产；第二步，集中逾期贷款；第三步，集中问题资产。

（3）集中的资产类别。集中的资产类别是指公司类不良和零售类不良，是统一集中到一个资产保全部，还是分别集中到公司资产保全部和零售资产保全部。公司类和零售类不良资产的特性不同，决定了其处置方式也有差异，是否集中到一个部门管控，还要看各机构不良资产的总额等具体情况。如果不良资产总额不多或户数不多，可以集中到一个部门管控；如果总额多、户数也多，还是分开的好。在这个问题上，一级分行和二级分行/异地支行可以采取不同的方式，即一级分行分设公司资产保全部和零售资产保全部，而二级分行/异地支行设一个资产保全部，同时管理公司类、零售类不良资产。

（4）资产集中的方式。资产集中的方式是指如何将不良资产从经营机构移交给资产保全部门。资产的移交，可以采取两种集中方式：①划拨式移交。在划拨式移交中，商业银行事先明确资产移交的条件，在不良资产符合划拨的条件时，即由不良资产统筹主管部门，将该不良资产从经营机构划拨式移交给资产保全部门。移交后，不良资产清收处置的任务指标由资产保全部门承担，但不良资产继续保留在经营机构资产负债表上，且不良资产的减值准备由经营机构承担。②购买式移交。在购买式移交中，准备移交的不良资产需由资产保全部门与经营机构谈妥移交价格后再移交。移交后，不良资产清收处置的任务指标由资产保全部门承担，不良资产从经营机构转移到分行资产负债表上，且不良资产的减值准备也由资产保全部门承担。购买式移交，类似于商业银行将不良资产转让给资产管理公司。这种集中清收模式更能体现经营不良资产的要义，也有助于客观评价资产保全部门的清收绩效。但这种集中清收模式也存在以下问题：一是购买价格的确定问题。如果完全根据市场价格购买，必然会提高内部移交的时间成本和评估成本；如果不按照市场价格购买，那由谁来确定移交的价格？届时如果移交，其结果必然是双方都不满意，都觉得自己吃亏；如果不移交，又无法达到集中清收的目的。二是购买的资金支付。不管作价多少，资产保全部门肯定没有资金支付给经营机构，只能虚拟支付。对众多不良资产购买资金的后续管理，也是一种高成本。综合起来，划拨式移交相对更为简单、管理成本更低、更符合内部集中清收的本意。

（5）集中之后的贷后管理责任。不良资产移交后，自然应由资产保全部门承担贷后管理责任，经营机构无须再履行贷后管理职责。

集中式清收机制与坏银行体系机制，可以同时并存，也可以分别存在。实行好坏银行体系分离时，坏银行体系中的机构，一般应实行集中清收。在不实行好坏银行分离体系时，也可以实行集中式清收机制。

（二）处置换核销

为完成月/季度/年度管控任务，债务重组、现金清收、核销、转让等措施都要发力，都要作出贡献。在各种清收处置措施中，债务重组并没有真正解决问题，且存在债务人愿不愿意的问题，不应也难以完全依靠债务重组来解决不良问题；现金清收是最理想的清收措施，但现金清收回款既慢又少，难以成为完成管控任务的主要手段；批量转让对商业银行造成的损失太大，尽可能不采用；核销虽然也需要消耗拨备，但核销后还是银行的资产，收回后也是利润。各种清收措施的上述特性，决定了在完成不良资产管控任务时，核销必不可少。

在清收实务中，每个分支机构基本上都希望多核销、能核尽核。但全行年度/季度的核销额度是有限的，且核销的额度是总行分配的。在这种情况下，就存在总行如何分配、分行如何争取核销额度的问题。

分配的规则，可以以不良资产余额的多少、分行处置不良的多少、诉苦的多少和力度、总分行相关人员感情的亲疏等为标准。在这些标准中，最公平也最有利于调动分行积极性的标准是：根据分行处置的多少，按比率配备核销额度。这个分配规则，可以概况为"处置换核销"规则。处置换核销，隐含的是"人努力、天帮忙"，也即"分行努力、总行帮忙"。因此，这个规则既是对各分行清收工作结果的评价和反馈，也是可以量化实施的，应成为分配核销额度的主要规则。

在这个规则下，各分行都应该且也可以通过自己的努力，多重组、多收现、多压降，来获得总行的核销支持；总行也应客观地评估各分行的清收结果，再相对公平地分配核销额度。

（三）奖励全额兑付

为提高清收积极性，也为褒奖清收成果，总行都会根据一定的标准，给予不良清收一定费用奖励。总行的奖励费用拨付到分行，分行再按照一定的标准（与总行标准或同或异）奖励给支行、资产保全部门、资产质量管控部门。

在这一机构对机构的多层奖励兑现过程中，可能出现三种情形：①分支行都不截留。对于总行的奖励费用，分行、支行/分行的资产保全部门都不截留，都兑付给清收人员，甚至分行再从业务费用中拿出一部分，用于奖励清收业绩突出的清收人员。②分行不截留，支行/分行的资产保全部门截留一部分，用于本机构的其他事务。③分支行都截留。为满足其他事务需要，截留部分清收奖励，截留的比率则有大有小。理想的状态是第一种情形，但现实状况是第二、第三种情形较多，第一种较少。

客观地说，不良资产的清收处置确实难。正是基于这种难度，总行才根据清收业绩给予奖励。如果分支行再截留一部分奖励挪作他用，于心何忍？

当然，每个机构都有其难处。分行的费用来源较多；支行的费用来源较少；在产生大面积不良时，正常的业务费用少得可怜；不良的清收也需要支付成本，需要其他机构、人员的配合。综合这些因素，适宜的奖励政策应该是：分行不截留，全额兑付；支行/分行的资产保全部门可以截留部分，如30%或40%不等，大头还是应该根据清收业绩兑现奖励。

五、清收策略：分类分层、突出重点、一户一策

在直接面对债务人时，不同的清收思路会有不同的清收结果。基于不同的债务人有不同的情况，如果都采取相同的措施，很难有如意的结果。在决定具体清收措施时，可以考虑的思路有分类分层、突出重点、一户一策。

（一）分类分层

分类分层，就是要对债务人进行分类管理。在不良大面积恶化时，清收人员面对成百上千的债务人，难免会茫然无助，不知如何入手。此时，就有必要对债务人分类分层，以便于采取有针对性的清收措施。

为对债务人进行精确分类，应根据多个维度，对债务人作相应的分类：①根据所属业务条线，可分为公司类、零售类、大金融市场类。②根据是否有抵质押，可分为抵质押类和信用类。③根据是否愿意进行债务重组，可以分为可重组类和不可重组类。④根据还款意愿，可分为愿意还款但无力还款类和既无意愿又无能力还款类。⑤根据资产质量变化趋势，可以分为正常类、关注类和不良类等。基于这些分类，可以对债务人进行精确画像，并以此为依据，将其归入可以现金清收或重组盘活的"白名单"、可以争取逐步还款的"灰名单"、必须采取诉讼清收的"黑名单"等名单库中，据此采取不同的清收处置措施。

对客户进行分类分层，除为一户一策等清收措施打基础外，还有助于清收人员直接接触借款人、了解情况。在小微类贷款、按揭类贷款中，贷款资金放款后，有些客户多年都既不找银行也不找客户经理，客户经理其实是不了解借款人最新情况的。通过分类分层，可以督促清收人员在采取具体的清收措施前，先直接联系债务人，了解情况，再决定采取什么样的清收措施。这样，可以使清收措施更有针对性，也更有效果。

（二）突出重点

突出重点，就是重点问题重点解决。不同机构的资产质量有轻有重、问题资产/不良资产的金额有大有小，这就需要清收人员将会直接影响能否打赢清收战的机构、资产作为重点管控对象，集中力量攻坚突围。在清收实务中，有三类对象，需要重点盯促、重点解决。

1. 重点机构

重点机构即不良资产余额多，且问题资产总额也较多的机构。这类机构有三个特点：①已经暴露的不良资产余额大，还没有暴露，但迟早会暴露并下迁为不良的资产数额也比较多。②该类机构资产质量管控和不良资产清收的结果，直接关系到商业银行或某个分行能否完成清收目标任务。③受不良资产的冲击，该机构的员工多数被问责过，多数员工的士气较低，工作得过且过。

对这样的机构，必须高度重视、倾注力量，并注意依靠其自身的努力，解决不良资产问题。可以采取的措施主要有：①纳入坏银行体系，以让其集中力量解决不良资产的问题。②根据情况决定是否重新选派分管风险的副行长，并设置资产保全部门，增加清收人员，加强清收力量。③作为上级行清收工作督导的重点，通过现场督导、定期检视、派人驻点等措施，督促其积极行动。④对于核销额度的分配，在坚持处置换核销的基础上，给予适当的倾斜支持。⑤成立帮扶工作小组，由上级行分管风险的副行长任执行组长，帮助该机构拓展、获批新业务，以提振士气。

2. 重点客户

重点客户即债务金额大的债务人。这类客户有两种类型：①金额大的公司类问题资产/不良客户。这些客户能否得到有效处置，不仅对商业银行的利润有较大影响，还会直接关系到目标任务的完成。②资金归集类小微贷款客户。这类客户贷款总额较大、有多个借款人，但有一个实际用款企业。这类贷款如果处置不好，不仅直接影响清收任务的完成，还可能会引发借款人发起群体性外部风险事件。

对于公司类问题资产/不良客户，需要商业银行的清收人员多方摸排，判断借款人有没有挽救的可能。如果认为经借款人/实际控制人的努力，经营能够脱困，则可以进行债务重组，以给银企双方喘气的机会；如果认为难以脱困，应当断则断、加快诉讼执行进程。

对于资金归集类贷款，情况又有点复杂。如果实际用款企业对借款人有影响力，在不放弃对借款人追索的同时，将实际用款企业作为清收的重点对象，追加其作为归集贷款的担保人，督促其出面安抚借款人，并牵头进行债务重组或筹资还款；如果实际用款企业对借款人没有影响力，应将实际用款企业和借款人共同作为追索、谈判的对象，可以联合借款人共同逼迫实际用款企业筹钱还债，也可以与实际用款企业一起安抚、劝阻借款人聚众闹事。

3. 重点风险

对因清收可能引发群体事件、投诉举报、声誉风险的不良资产，也应该纳入重点管控对象，以期在收回欠款的同时不引爆风险，或将群体事件等风险尽量控制在不引发声誉风险、不导致监管处罚的范围内。

这类问题资产/不良资产，多数情况是在前期业务拓展、操作中，商业银行或多或少地存在一些瑕疵，被这些借款人所捏住，并试图通过群体事件、投诉举报等举动，逼迫债权银行让步。由此，在清收这类不良资产时需要刚柔相济，妥善处理。

对这类贷款，重点是要掌握情况，了解风险点所在，并根据不同的类型，采取相应的应对处置措施。例如，对有人带头闹事的，可以采取"打击刺头、重整合作者、锁定关联债权"的方式，遏制群体事件，逐步清收；对群龙无首的，可以采取"以打促谈、增信抵债、逐步退出"策略予以分化瓦解。

（三）一户一策

一户一策，就是根据每个问题资产/不良资产的具体情况，采取不同的清收处置措施。一户一策，有实质意义上的一户一策，即根据债务人的具体情况，量身定做一套处置方案；也有形式意义上的一户一策，即名义上制订了一套清收处置方案，但与其他资产的处置方案大同小异。

一户一策，是不良资产清收处置中的应有之策，但在实务中要真正做到有实质意义的一户一策，还不是那么容易的。其原因主要是：或者是不良的客户太多而清收人员过少，清收人员难以做到一户一策；或者是不良资产的情况差异不大，处置方案自然也基本相同。但无论是哪种原因，对于金额大、涉及的债务人多、可能引发群体事件或声誉风险的，必须做到一户一策。

要做到一户一策，首先需要清收人员对债务人的经营状况、资产状况、逾期原因、还款态度等情况非常了解。在此基础上，再根据清收压力、清收资源等情况，制订相应的清收方案。当然，随着内外部情况的变化，清收方案也要及时调整。

六、其他具体清收思路

上面所讲的五类清收思路，是针对普遍意义上不良资产清收处置的。对于不良资产清收处置来说，各商业银行之间、商业银行内部不同的分行之间，其情况各有不同。这就决定了不同的商业银行或商业银行内部的不同分行，都需要根据自己的实际情况，明确、清晰自己的不良资产清收处置思路。比如，对于以小微类不良资产为主的分支机构，应采取什么样的清收思路呢？

前几年遗留下来的小微不良资产，其基本特点是：笔数多、单户小；信用类贷款多、抵押类贷款少；容易有假签字、假身份等操作风险；容易引发群体事件等。

对小微类不良资产，一般的清收措施有贷款重组、现金清收、诉讼、核销等。这些措施是清收处置小微不良的主要手段，但各有利弊，如：①诉讼。耗时费力，且判决容易执行难。因此在大规模不良的前期，诉讼不宜被普遍采用，只能作为维权手段在需要时采用。②转让与核销。处置成本最低，也最省事，但需要总行审批，分行主动性不强；用当期利润化解当前问题，对分行压力较大，只能补充使用。③假转让。能快速解决不良资产出表问题，但并没有真正解决问题，且还需要承担资金成本。在目前监管形势下，属于违规措施，不可能采用。④资产证券化、与投行合作等创新处置方式。这些处置方式，都由总行统一操作，分行难以自主适用。

从上面的分析可以看出，对于小微类不良资产，"存量化解存量、小微化解小微"基本上没有出路，只能依靠重组和核销来完成清收任务。但如此处置就可以了吗？有没有更好的清收处置思路呢？对于进取型的清收人员，"非常之事采取非常措施"，也可以尝试采取第三方重组化解的处置思路，即通过第三方的房地产开发贷款、经营性物业贷款等高收益贷款项目，在谈定的综合成本内，综合成本的大部分是贷款的正常利息收入，少部分用于一次性购买不良贷款。如此，既可以开拓新业务，又可以现金收回行为不良资产。但这种清收思路需要公司条线的项目支持，也需要授信审批部门的认可，不一定能够落实。

在第三方重组之路行不通时，也可以根据不同阶段的内外部形势，适用不同的清收思路：①在小微不良资产大规模爆发时，可以实行"转让加核销"的策略。重点是逐户排查小微客户风险，形成"白（正常维护）、灰（重点关注类）、黑（不良类）"三类客户名单，采取不同的应对处置措施。对已经形成不良或即将形成不良的贷款，分别采用现金催收、诉讼清收、解包还原、公司置换等措施，确保商业银行权益不放弃、事态未激化、处置有成效。②在资产质量恶化趋势得到遏制时，可以采取"重组换核销"策略，以分行的自助重组、压降，获取总行核销支持。③在不良资产初步见底时，可以采取"处置换核销"的思路，采取现金清收、抵押物处置、救济重整、催息压降、核销等多种手段加大处置力度，在完成不良资产任务指标的同时，注重实质性的消化处置。

之所以再次提出上述清收思路，还是想再次提示，在不良资产的清收处置中，不同的机构，在不同的时期，需要根据不良资产的整体情况和个案情况，明确不同的清收思路，且清收思路应该根据资产质量和内部管理体系具体形势的变化而变化。这样，在清收处置时才能做到心中有数，笃定推动，而不至于懵懵懂懂、盲目应对。

第二节 不良资产清收处置的组织体系

组织体系是实现战略、思路的基本保障。有效的不良资产清收处置组织体系，是不良资产清收处置持续保有活力，取得资产质量保卫战和不良资产清收战胜利的关键所在。健康的组织体系包括敏捷有力的组织架构、一定数量且有战斗力的清收队伍、担当进取的组织精神和低成本、高效益的组织管理。

一、组织架构

商业银行不良资产清收处置的组织架构，既是商业银行风险管理组织架构的组成部分，也是围绕着不良资产清收处置而在内部搭建的部门设置、职责划分和流程运转的结构。其主要解决的问题是：总行和分行各自的部门设置及其管理关系、总行和分行之间的管理关系等。

（一）组织架构的设置

1. 总行组织架构

商业银行在总行都会设置一定的组织架构，负责不良资产的清收处置，包括：负责风险管理（含不良资产清收处置）的副行长；负责不良资产清收处置统筹管理的不良资产主管部门；负责具体清收处置职责的资产保全部门等。但在具体的职责承担以及与分管风险的副行长的实际分管关系上，则存在集中式和分散式两种类型。

（1）集中式管理模式。集中式管理模式即由分管风险的副行长统一管理全行各类不良资产的清收处置；不良资产主管部门统一统筹管理全行各类不良资产清收处置的组织推动；资产保全部门具体负责不良资产的清收处置。

由于公司类、零售类、金融市场类、信用卡类不良资产的不同属性，资产保全部的设置又有以下几种情形：①公司资产保全部：负责公司类和金融市场类不良资产的清收处置。②零售资产保全部：负责零售类不良资产的清收处置。③信用卡资产保全部，负责信用卡类不良资产的清收处置。集中式管理模式的组织架构如图2-1所示。

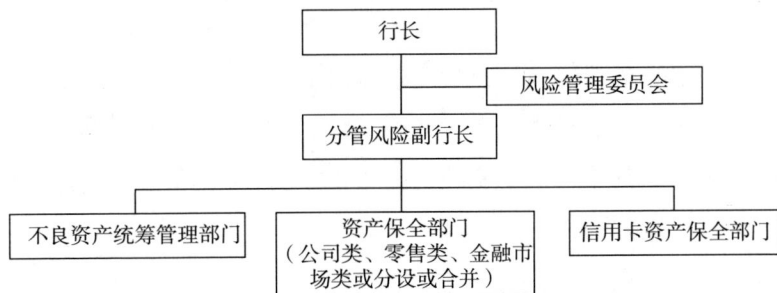

图2-1　集中式管理模式的组织架构

（2）分散式管理模式。分散式管理模式即在由分管风险副行长全面负责不良资产清收处置的基础上，由两个或两个以上的分管副行长承担具体的清收分管职责，或存在多个不良资产主管部门。

分散式管理模式的具体情况如下：①分管副行长的分散。分管风险的副行长统筹管理全行各类不良资产的清收处置，对全行不良资产清收指标负责，并对公司类不良资产的清收承担具体管理职责；零售类、信用卡类、金融市场类不良资产，由其业务分管副行长（或一人，或多人）分别管理，并对其分管业务领域不良资产的清收承担具体管理职责。零售类、信用卡类、金融市场类资产保全部门接受其业务分管行长的直接管理，并向其报告工作；接受分管风险副行长的间接管理，并按要求报告工作。为便于统筹协调管理，同时设有不良资产统筹管理部门，该部门由分管风险的副行长直接分管，承担全行不良资产清收处置指标下达、核销额度分配、批量转让的统筹、过程督导、事项审批、结果考核等职责。②主管部门的分散。主管部门的分散即在设有一个不良资产统筹管理部门的基础上，再按公司类、零售类、金融市场类分别设立不良资产清收处置的主管部门（当然，这些部门一般都还承担其他职责）。不良资产统筹管理部门承担全行不良资产清收处置指标下达、核销额度分配、批量转让的统筹、过程督导、结果考核等职责；公司类、零售类、金融市场类不良资产清收处置主管部门，则分别承担条线内不良资产清收处置的组织推动、过程督导、事项审批、结果考核等职责。在分散式主管部门模式下，资产保全部门则是根据不良资产的具体情况，设公司资产保全部、零售资产保全部、信用卡资产保全部，或者资产保全部、信用卡资产保全部。

这两种分散的组织架构，在特定的商业银行，有可能只存在一种情形，即或者是分管副行长的分散，或者是主管部门的分散；也可能是两种情形同时并存，即既是分管副行长的分散，同时主管部门的也分散。分散式管理模式的组织架构如图 2-2 所示。

2. 分行组织架构

分行的组织架构，一般都参照总行的组织架构，同时也会考虑分行不良资产的主要种类、规模大小等因素。当然，为便于对口联系总行，理顺管理

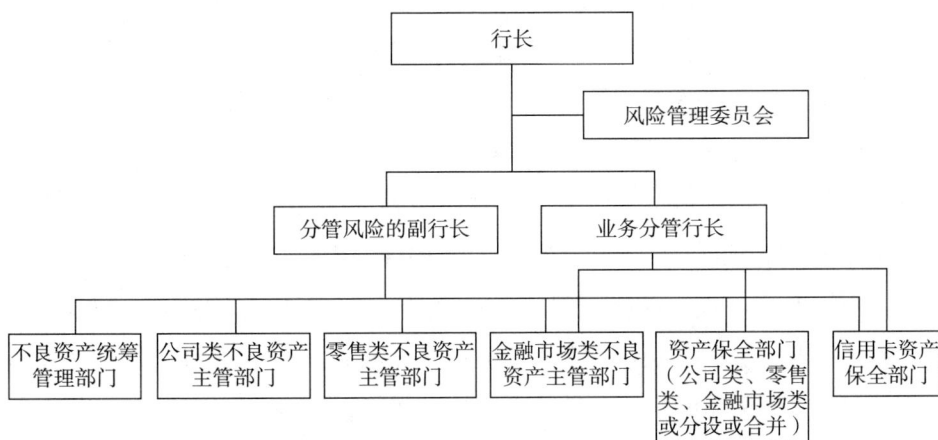

图 2 - 2　分散式管理模式的组织架构

关系，在总行采取集中式管理模式时，分行一般采取集中式管理模式；在总行采取分散式管理模式时，分行可能采取分散式管理模式也可能采取集中式管理模式。

3. 二级分行、异地支行、支行的组织架构

二级分行/异地支行的不良资产规模一般较小，人员也较少，一般采取集中式管理模式；同时，多数是根据不良资产的规模而设置一个资产保全部/资产保全中心/资产保全岗，统一负责本机构不良资产的清收处置。

支行（含行业部等经营机构）的情况则有两种可能：①在集中清收模式下，其不良资产都移交分行管理，支行不承担不良资产的清收处置职责。②在分散清收模式下，因不良资产规模相对更小，一般设资产保全岗（可能是专岗，也可能是兼岗）负责本机构不良资产的清收处置。

在一级分行采取分散式管理模式时，二级分行、异地支行、支行（如负责清收）的分管风险副行长（不一定是专职）和资产保全部门，就公司类、零售类不良资产清收处置情况，分别向一级分行分管副行长报告。

4. 两种管理模式的比较

上面两种模式各有利弊：①就权责利相统一来说，分散式管理模式更加有利。业务分管副行长，前中后一体管理既负责开拓业务，又负责打扫战场，可以更准确地评估各业务条线的实际经营业绩。②就有利于不良资产的清收

处置来说，集中式的管理模式更为有利。由分管风险副行长统一管理全行各条线不良资产的清收处置，由一个部门统一统筹管理清收处置的组织推动，在不良资产的清收处置方面，权责清晰、关系简单、沟通直接，不良资产清收处置的管理成本远低于分散式管理模式。

单从不良资产清收处置角度，集中式管理模式要优于分散式管理模式。但在实务中，特定的商业银行具体选择哪种管理模式，要受该商业银行特定阶段面临的主要矛盾或重点问题、内部管理习惯、风险分管行长、行长、董事长的风格等因素的影响。只要在特定的发展阶段，能较好地平衡业务发展和不良清收之间关系的模式，就是合适的管理模式。

（二）上下级行的管理

上下级行的管理，包括总行对分行的管理，和分行对二级分行、异地支行、支行的管理。

1. 总行对分行的管理

（1）管理事项。在商业银行内部，分行当然要接受总行的领导和管理。在不良资产的清收处置方面，总行管理分行的主要内容有：①制定管理制度和管理标准。明确不良资产清收处置的职责、流程、权限，以及资产保全部门设置、清收人员配备、清收奖励的标准等事项。②聘任与考核分行风险分管副行长。③下达年度/季度/月度清收处置的指标任务。④配置核销额度。⑤审批债务重组、不良资产转让、以物抵债等事项。⑥过程推动与督导。⑦清收费用奖励与配置。⑧清收成效考核评价等。

在上述管理内容中，最重要的是以下三项：①分行的分管风险副行长，是由分行指定还是由总行指定或经总行资格认证。②分行资产保全部的人员特别是部门负责人，是由总行聘任还是分行聘任。③清收处置的工作结果，是由总行考核评价还是由分行考核评价，或者总分行共同考核，如各占50%等。

（2）管理模式。在上述三个事项中，如果总行占主导，就是集权式管理模式；如果分行占主导，则属于分权式管理模式。

这两种管理模式，从效能上看也是各有优劣：①集权式管理模式有利于贯彻执行总行的意识和要求，减少分行内部可能对清收工作的干扰，增强不良资产清收处置的力度；但管理半径较长、管理成本较高。②分权式管理模式有利于强化分行自主管控资产质量的责任感，便于与债务人、当地法院的沟通，但可能受到分行内部的不当干扰，处置力度可能或强或弱。

由于不良资产清收处置的以下两个特点，多数商业银行采取的是分权式管理模式：①责权利相统一。作为经营单元，分行既负责业务发展又负责不良清收，可以清晰地界定分行的责任，有利于强化风险管理；同时，不同分行之间的资产质量状况不同，由分行负责清收处置自己的不良资产，可以更好地体现分行之间的公平。②减少管理成本。不良资产的清收处置需要清收人员在一线直接与债务人周旋，由分行管理可以减少管理半径，提高清收效率；特别是零售类不良资产所具有的单笔金额小、笔数多、总额多的特点，更需要清收人员在当地经常与债务人、法院打交道。而清收人员并不是一台永不懈怠的机器，如果由总行直管，管理力度势必呈减弱态势。

在分权式管理模式下，由分行管理其分行不良资产的清收处置，并不意味着总行对分行放任不管。总行依然可以通过对人、财、物的管理，实现对分行不良资产清收处置的指挥、推动、督促、考核。具体的管理措施主要有：①对风险分管副行长的管理。风险分管副行长是总行任命、聘任，并由分行分工指定的。分行一般存在多个副行长，由谁来分管风险管理板块，总行可以通过资格考试、资格认证、年度绩效考评等措施，指挥、督促风险分管副行长认真履职。对不符合要求的，给予"不合格"后，可以实行调整。②核销额度的分配。总行可以根据分行清收处置的成效给予核销额度，从而可以引导、督促分行加大对不良资产的清收处置力度。③过程督导。通过总行领导联系行制度、现场推动会、重点分行督导会等方式，督促分行清收处置。④费用奖励。根据清收业绩，给予费用奖励。⑤结果考核。根据分行年度/季度的清收业绩，进行考核评价。考核结果直接影响分行的综合排名，特别是直接影响业务费用和员工薪酬的标准系数，从而督促分行加大清收力度。

2. 分行对二级分行、异地支行、支行的管理

分行对二级分行、异地支行、支行的管理，总体上相对较为简单，管理内容和管理模式都类似于总行对分行的管理。区别主要在于：管理更为直接，因为分行须以其辖内二级分行、异地支行、支行所有机构的清收结果对总行负责；分行对其辖内各机构的管理半径相对较短，多数情况下能够做到一竿

子插到底。因此，在不良资产的清收处置上，分行对其二级分行、异地支行、支行的管理相对更为直接、更为具体。

（三）组织架构的动态调整

1. 动态调整的情形

一个时间段内的组织架构，是根据商业银行在该时期内不良资产清收处置的需要而设置的。世易时移，变法亦宜。在商业银行不良资产形势发生变化，或经营管理架构发生变化，经营管理技术发生变化时，不良资产清收处置的组织架构也应进行动态调整变化。这种调整，动作大的，将涉及全行不良资产清收处置组织架构的变动；动作小的，可能仅是一个部门的分管关系调整，或一个部门、一个中心（处室）、一个岗位的合并／分设等。

2. 动态调整适当性的标准

不良资产清收处置组织架构调整变化的目标或要求是：通过组织架构的不断优化，持续提高清收处置模式的科学化、系统化，实现不良资产清收处置效率和效益的提高。当然，组织架构事关不良资产清收处置的有效运转，不能随意调整，应根据以下三个标准来判断组织架构调整的必要性和调整的合适性。

（1）以不良资产清收处置组织机构的稳定性过渡或稳定性存在为前提。在调整时，要能够稳定现有的不良资产清收处置活动；新设置的组织机构要有一定时期的过渡性；能将原有的机构平稳过渡到新的机构；清收人员的岗位调整能顺利平稳过渡到新的部门和岗位；不适应新机构／新岗位的原有岗位人员能平稳调整岗位或离职，不会因为个别人员的离开而给清收工作带来负面影响，也不会因为个别人员离职带走其他人员，使员工对商业银行产生没有信心的思想变化。

要实现组织架构调整时的稳定性，重点要做到以下三点：①适应。适应即组织架构调整是否适应不良资产清收处置的需要和管理科学的基本要求。有些组织架构运转一段时间后，可能出现组织效率下降，内部不协调、推诿的情况，需要上级领导来进行内部协调。上面的部门、岗位不能适应不良资产清收处置的需要，下面的人员明显感到内部三多三少：领导多、请示多、否决多；理解少、支持少、肯定少。此时，组织架构就有调整的必要。②适时。组织架构是否到了不调整就不能取得更好效果的时间；是否在恰当的时机里进行调整优化；是否会因为组织架构调整长时间打乱原来正常的不良资产清收处置秩序；是否能快速提升不良资产清收处置的业绩和水准；是否具有"退半步，进一步或进两步"的效果等。③适才。是否有合适的人员来优化调整；是否能最大限度发挥清收队伍的作用；是否能引进急需的人才等。

（2）要分工清晰，有利于考核与协调。在现有基础上改进不协调、不适配的组织关系，预防和避免今后可能存在的摩擦关系，调整结果应该使部门职能清晰、权责到位，部门间的管理联系、工作程序协调，能够进行评价和考核，不良资产清收处置的管理制度能有效实施。

（3）新的部门/岗位的设置与培养人才、提供良好发展空间相结合。调整不良资产清收处置组织架构时，要考虑现有人员的安排，但不能为了照顾人情关系而设立人情部门或岗位，同时要综合考虑现有人员的品行、企业发展所需要的能力和潜力等，有意识地将部门/岗位和人才培养相结合。如果多数清收人员在新的组织架构中能得到更好的培养和成长，调整也就基本到位了。

二、清收队伍

清收队伍是不良资产清收处置的直接承办者、执行者，清收队伍的数量和质量直接决定了清收处置的实际结果。商业银行有必要根据不良资产的笔数、金额等情况，组建一支清收队伍，围绕"动力、能力、持久力"锻炼清收队伍的战斗力，从而为打赢不良资产清收战奠定坚实的基础。

（一）清收队伍的数量配置

1. 清收人员的数量配置标准

打仗必须有人。在商业银行内部，人员的供给与各条线的需求总是存在差异，包括不良清收在内的各条线总是觉得事多人少，希望人员能多配，但商业银行是个企业，难养闲人。在这种情况下，就需要明确清收人员的配置标准，再按照标准配置人员。

清收人员的配置标准，核心是根据商业银行不良资产的笔数、金额、难易程度等因素，来明确人员的配置标准，具体包含两个维度的配置标准：①各业务条线的配置标准，即根据公司类、零售类、信用卡类不良资产的具体情况，所制定的配置标准。②各类机构的配置标准，即根据全行、各分支机构的不良资产情况，所制定的总行、分行、二级分行/异地支行的配置标准。这两类配置标准可以同时存在，综合适用。

（1）业务条线的配置标准。公司类、零售类、信用卡类不良资产的特点互不相同，清收人员的配置标准自然也应不同。相对而言，公司类不良的特点是：笔数少、单户金额大、债务人是企业、多数有担保、情况复杂、清收处置费时耗力；零售类不良的特点是：笔数多、单笔金额少但总的不良金额也不少、债务人是个人、有的有抵押有的无抵押、情况简单；信用卡类不良的特点是：笔数多、单笔金额小、债务人是个人、纯信用无担保。因此，公司类不良的配置标准应基于户数、参考金额，如一人一户；单户在五亿元以下的，可一人两户或三户。零售类不良的配置标准应基于户数，参考担保，如平均一人八十户；信用类的，一人百户；抵押类的，一人六十户等。信用卡类的配置标准应基于户数，如一人百户等。当然，由于实际情况复杂且具体的行业、担保等情况也不一样，可以在基本配置标准的基础上，予以适当增减。明确了各条线清收人员的配置标准，就大致可以算出全行清收人员的总体配置数量。

（2）各级机构的配置标准。在基本确定全行清收人员配置数量的基础上，需要进一步再确定总行、分行、二级分行/异地支行的配置标准。各级机构的配置标准要参考两个维度：一是业务条线的配置标准；二是商业银行不良清收的管理风格。基于这两个维度，不同的商业银行会有不同的各级机构配置标准。强调"强管理、管理出效益"的商业银行，多数情况会设置多个管理层级、多个管理部门，这样，在总行、分行的管理部门人数可能相对较多、清收一线的人员可能相对较少；强调"小大脑、大服务"的商业银行，在管理层级、管理部门的设置会偏向扁平化，这样，总行、分行的管理部门人数可能相对较少、清收一线的人员可能相对较多。应该说，这两种标准各有利弊。所有的标准都应由实践来加以检验，能够使总行实现"站得高、看得远、踩得准、把得实"功能的标准，投入产出人均效益高的标准，是更好的标准。

2. 清收人员的动态调整

清收人员的配置不是一成不变的，应该根据不良资产形势的变化而增增减减、动态调整。在不良资产（含表内表外）金额快速增长时，应根据标准及时补充人员；在资产质量恶化得到遏制、不良资产余额大幅下降时，或者所剩余的不良资产多数是信用类、难以收回现金时，应及时分流人员。

（二）清收队伍的素质要求与培养

1. 素质要求

清收队伍的战斗力，在于数量更在于质量。清收人员是商业银行工作人员，应具备基本的"银行人"素质；同时，由于不良资产清收处置工作的特殊性，清收人员还应有一些不同于业务人员的素质要求。

（1）通性要求。这是对所有条线工作人员共同适用的要求。如大学本科以上；工作三年以上；法律或经济/金融专业；有一定的口头和文字表达能力；等等。

（2）优先要求。对具备某些符合工作特性要求技能的人员，可以优先选择，如有在司法机关、律师事务所、银行信贷条线工作经验的，优先录用。

（3）品行要求。这是对清收人员在性格、人品上独有或较为看重的要求。由于不良资产清收处置工作的以下特性，清收人员的性格必须乐观、外向、刚毅；品德必须为人本分、遵纪守法：①对外清收难。贷款转为不良，意味着借款人经营失败。此时，还要从债务人处以现金的方式收回贷款，何其难也。需要清收人员不畏艰难、咬紧牙关，将清收坚持到底。②负面信息多。在清收中，债务人为达到不还或少还或迟还欠款的目的，对清收人员会采取诉苦、哭穷、抱怨、撒泼、威胁甚至聚众闹事等方式，清收人员都要耐心倾听、妥善处理。③有寻租空间。无论是拟定债务重组方案，还是处置债务人的资产，或是在与律师事务所等中介机构的合作过程中，都有一定的寻租空间，有时会有不少诱惑，需要清收人员能自我约束，不为所动。

对于清收人员来说，品行要求往往比专业要求更加重要，管理人员和清收人员都要慎重。当然，一个人的性格、品德，不是一眼就能完全看得出来的，需要通过事情的检验。因此，需要加强对清收人员的过程管理，在清收过程中如发现清收人员品行上存在问题，应及时调整；违规违纪的，要严肃问责。

2. 清收人员的来源

清收人员一般有两个来源：一是从商业银行内外部招聘组建或补充；二

是将有不良资产的客户经理转岗而来。对于前者,是应有的来源途径,就不多做介绍;这里主要论述转岗清收。

转岗清收,是一些商业银行将对不良资产的产生承担责任的客户经理、管理人员在问责的同时,将其调整到资产保全部门,从事不良资产的清收处置。从个人经验看,转岗清收有利有弊,不宜普遍适用。其利弊在于:①利有两处:一是转岗清收是一种惩罚性措施,通过将客户经理,特别是将经营机构负责人转岗清收,可以提高业务人员对风险的警惕性和敏感性,促使其加强资产质量管理,从而减少不良资产的产生。二是这些人员熟悉债务人的情况,由其负责清收,既可以给债务人施加压力,又可以快速查找、查封债务人财产,从而尽快收回欠款。②弊有三端:一是贷款不良后,业务人员一般都有承担相应的处分责任,如果再转岗清收,相当于一件事承担了两种处分,其内心接受度肯定较差。且转岗后,其他的员工可能对其有所区别对待,使其难以融入。由此,其工作积极性必然受到影响。二是贷款变成不良,多数是债务人经营困难没有现金了,并不会因为看到业务人员因自己不良而努力想办法去筹钱还款;此时,由谁来清收的结果基本上都是一样的。同时,由于业务人员与借款人以前的合作关系,也可能影响业务人员的清收力度。三是转岗清收后,其工作环境、工作待遇一般都会弱于以前,自然难以安心清收。还可以列出更多的利弊,但综合来看,是弊大于利。实务中,转岗清收的人员多数都会在待一段时间自我调整后,辞职走人。因此,转岗清收应该少用、慎用。

3. 清收人员的素质提升

无论是工作需要还是自我追求,清收人员都应主动、持续提高自我的能力、提升自己的素质。商业银行也应有计划地培养清收人员的能力和素质。

(1)素质提升的重点方面。能力和素质是多方面、综合式的,清收人员也难以成为全才,应以"清收成为专才、信贷成为通才"为导向,重点培养、提升以下几个方面的能力素质:①沟通能力。清收人员需要与外部的债务人、法院、中介机构、同业,以及内部的上下级机构工作人员打交道,沟通能力非常重要。清收人员在工作中,应有意识地提高自己的沟通能力,如口头表达能力、观察能力、反应能力等。②应变能力。面对黑白两道、百般无赖的债务人，或面对人数众多、气势汹汹的群体事件，多数清收人员难免有所胆怯，但经历过两三次后，就不会再恐惧害怕，对人对事的处理也就更老到、更游刃有余。③资产处置能力。清收中，经常需要处置债务人的抵质押物/查封物等资产。没有卖不出去的资产，只有卖不出去的价格。只要价格低到有人愿意买，就能成功处置。但处置价格更高，对银企双方无疑都更为有利。由此，清收人员有必要提高自己的资产处置能力，如资产价值评估能力、资产推介能力、谈判能力等。④问题发现和总结能力。在清收中，如果稍加留意就能发现业务办理过程中存在的问题；如果能对不同的不良资产进行比较分析，就能总结产生不良资产的共同原因；如果能多对本机构多年的不良资产进行综合分析，就能总结不良资产产生和发展变化的规律。这些能力都是可以在实践中学习、总结提升的。一旦具备了这些能力，清收人员就能成为一个响当当的人才。

（2）素质提升的主要途径。能力和素质的提升，需要通过专业培训，但更便捷也更有效的是"在实战中成长"。清收人员每天都在与各色人等打交道，都在处理各种各样的事情和问题。对这些人、事的处理，其实就是在给自己培训。这种培训完全可以自己掌握，还可以分散在日常工作之中。但这种培训是否有效，关键还在于清收人员对自己的要求，是否能在点滴事件的处理中，去发现问题、解决问题、总结经验、归纳教训。如果能对自己要求高点，并坚持做到一日三省，就可以在实战中成长。作为组织，商业银行各级机构也应安排专业性、系统性培训，以共同提高清收人员的专业能力和综合素质。

（三）清收队伍的考核奖惩

考核是指挥棒，奖惩是肯定或否定的态度。为督促和保障清收队伍、清收人员尽心尽力清收处置不良资产，有必要建立并实行合理的考核奖惩制度。

1. 清收队伍的考核奖惩原则

不良资产的清收处置是一场恶战，清收队伍干的都是苦活、累活、脏活；但清收队伍也是商业银行的组成部分，同样需要为商业银行作贡献。因此，对清收队伍的考核奖惩要兼顾商业银行的企业性质和清收工作的作战性质。为平衡好这两者的关系，可以根据"保底式行级保障、市场化绩效考核"的原则，来制定清收队伍的考核奖惩制度。

这一原则的基本含义是：①保底式行级保障，即对清收人员给予一定的最低行级保障。在组建或扩充清收队伍时，一般员工都不愿意参加，为吸引有一定战斗能力的员工加入清收队伍，有必要通过实行一定的保底行级，来增加岗位的吸引力，即对符合清收岗位要求的员工，实行比商业银行全行最低行级略高的最低行级保障。这样，既可以增加岗位的吸引力，又可以减少清收队伍的后顾之忧。②市场化绩效考核，即对清收队伍根据实际的清收业绩，给予市场化的薪酬待遇。清收队伍是商业银行的一部分，不能因为工作的特殊性就享受特殊的待遇。清收队伍不仅要完成清收任务指标，还要根据完成各项指标任务的实际结果，来确定奖励、提级提干，或惩戒、降级降薪等待遇获取以及待遇调整的标准。根据商业银行创收创利的固有属性，不良清收工作应以完成任务和创造利润为工作目标，并以此为考核奖惩要求。不良清收创利的计算，既可以清收处置工作所冲回的拨备，也可以简单地以所收回的现金，作为清收队伍所创造的虚拟利润。在此基础上，再制定市场化考核奖惩制度。③保底行级与市场化考核并不矛盾，都是为了解决清收人员的"动力、能力、持久力"问题，两者完全可以同时适用。

2. 清收的考核制度

（1）清收的考核要素。不良资产清收处置的主要工作内容都应纳入考核范围，因此，清收的考核包括事项、期限和权重三个维度。①考核事项：问题资产压降金额，逾期贷款余额和逾期率，不良贷款余额和不良率，已核销资产现金收回金额，以物抵债资产处置现金收回金额，现金回收额等，都应作为考核事项。②考核期限：包括月度、季度、年度三个维度。③考核权重：一般而言，涉及表内的逾期贷款余额和逾期率、不良贷款余额和不良率的权重较大，涉及表外的已核销资产现金收回金额、以物抵债资产处置现金收回金额等权重相对较少；年度的权重大于季度的，季度的权重大于月度的。总行的考核要素、考核权重等统一适用于全行，各分行可以根据自己的具体情况作适当调整，以增强针对性，解决本机构所存在的突出问题。如分行完成表内不良资产清收压力大时，可以适当加大表内指标的权重；如分行表内指标压力不大，而希望多收回现金时，可以加大现金清收的考核权重。

（2）清收的考核对象。从机构层级上讲，是总行考核分行，分行考核二级分行、异地支行、支行；从部门/机构承担上讲，承担什么样的清收职责就承担相应的考核。清收部门/机构也可以对考核指标、考核要素作进一步分解，具体落实到清收人员。其中，最重要的是要将考核压力分解到各级管理部门和管理者身上，如风险分管副行长的绩效与全行资产质量管控结果挂钩；授信审批部门、资产主管部门的绩效分别与公司、零售类资产质量管控结果挂钩（如40%）；经营机构一把手、风险分管副行长、客户经理的绩效与本机构资产质量管控结果挂钩（如30%）；不良资产清收人员实行市场化考核，按照清收金额和完成率兑付奖金并调整行级；等等。这样，层层有指标、人人有压力，通过考核将全行各级清收部门和清收人员拧成一股绳，向不良资产的清收处置共同发力。

（3）清收的考核运用。考核结果可以在多个方面运用，如作为奖励的核心依据；作为业绩费用的标准；作为评优评先的依据；等等。

3. 清收的奖惩制度

（1）清收的奖励。清收的奖励包括物质奖励和精神奖励两种：①物质奖励。物质资励有两种：一是正常的业绩费用奖励：即根据清收处置的种类及其处置的金额，分别给予不同的费用奖励，如问题资产压降1亿元奖励多少，现金收回1亿元奖励多少等。二是额外奖励：对清收业绩突出的机构、个人给予额外的奖励，如行长嘉奖、清收突出贡献奖等。②精神奖励：指对清收处置业绩突出的机构、个人，给予评优评先奖励等。

（2）清收的惩戒。对没有完成清收任务的机构、个人给予一定的惩戒，如诫勉谈话、降级降档、调整岗位等。

在不良资产清收处置的考核管理中，最忌讳有奖无罚、重奖轻罚、奖罚不当。无论出现前述三种情况中的哪种，都会使考核形同虚设，导致干好干差一个样，结果就是大家都假努力、混日子。只有有奖有罚、奖罚有据、奖罚适当，才可以有效激励、促进、鞭策清收队伍保持激情，为清收工作持续努力。

（四）清收队伍的职业通道

清收队伍的职业通道，包括职业成长和职业方向两个方面。

（1）职业成长。清收人员在清收队伍中的成长，主要体现为提级提干。做点事、赚点钱，有机会、管点人，是包括清收人员在内的大多数员工通常的想法。对这种想法应予肯定和鼓励，关键是要制定一套相对客观、公平的考核晋升制度。管理岗位毕竟有限，商业银行在给予提干机会的同时，应更多地在提级上有所考虑。在制定出提级提干的标准后，达到标准就应兑现。不能在要求冲锋陷阵时便使劲鼓吹，当战斗有所结果时就顾左右而言其他。一个组织忽悠员工时，员工迟早也会敷衍组织。

（2）职业方向。无论总行、分行，还是二级分行，将不良资产的清收处置工作作为机构的重点，都是十几年才一遇、一遇只有两三年的境况。因此，清收人员都要考虑职业方向问题，这有点悲伤，但也是工作性质使然。清收人员的职业方向主要有两种：部分人可以继续留下清收；多数人需要转岗。具体转到什么岗位，既要看清收人员平时的积累，商业银行也应给予适当的安排，不能冲锋时捧为英雄，退场时视为包袱。

三、组织精神

在不良资产清收处置实务中，清收人员背负的是高指标、强压力，面对的是因各种原因导致的欠款人，接触的多数是负能量。因此，需要有一定的精气神来武装和支撑，既可以不被困难打倒，还能闯出一条有价值的职业之路。

（一）组织精神的内涵与作用

1. 不良资产清收处置组织精神的内涵

不良资产清收处置的组织精神是一个清收队伍的灵魂，是清收人员在清收活动过程中逐步形成的，能被多数清收人员接受并奉行的思想观念。

不良资产清收处置的组织精神是商业银行组织精神的组成部分，受商业银行组织精神的影响，但也具有一定的独特性。其主要内容应涵盖以下要素：对清收队伍和清收工作的公正态度；组织领导的独特性；对不良资产清收处置工作绩效的追求；开拓与创新精神；积极的社会观和价值观；诚实正直，依法合规。

2. 不良资产清收处置组织精神的作用

不良资产清收处置的组织精神，与商业银行的价值观念是紧密相连的，是清收队伍规范化和信念化意识的表现，反映清收队伍在不良资产清收处置工作中的主导意识。适宜的组织精神是清收队伍凝聚力的核心所在，可以为清收人员的内心提供强大的精神动力，引领清收队伍持续前进。不良资产清收处置的组织精神可以队风、队歌和口号等形式来表达，以激励和统一每个组织成员的意志和行动。

（二）组织精神的概括

基于不良资产清收处置的内在特性，清收工作的组织精神可以概括为：担当、敬畏、豁达、进取。

1. 担当

担当，是指面对资产质量塌方式恶化、其他人员唯恐避之不及、债务人胡搅蛮缠等各种不利环境时，清收人员应以"功成不必在我，担当自我而起"的勇气和责任，担负起不良资产清收处置的重担。

之所以要强调担当，是因为不良资产的清收处置是苦活、累活、脏活，多数人都不愿碰不愿管，躲得远远的。如果清收人员也是洁身自好、按部就班，那么不良资产根本就没有办法清收处置。此时，需要有人能拍案而起、横刀立马、担当而为。

在不良资产清收处置实务中，担当主要体现在以下几个方面：①现在的问题现任管。不良资产虽然是以前的业务遗留的，但不管是现在才暴露的，还是前期还没有处理完的，都应当由现在的管理人员、清收人员负责清收处置，没必要抱怨前任、推给前任，或坐视不管、留给后任。②自己的事情自己管。各级机构都要守土有责，按期按量完成自己机构的清收处置任务，不能相互推诿或一味依赖核销，把难题抛给上级行。③别人不管的我来管。别人不想分管的不良清收以及次生风险，我来分管（当然是在分工的基础上，不是揽权）。别人不管/不碰/不沾的不良资产，别人不见的欠款人，别人躲避的群体事件等，我来管、我来见、我来处理。④别人未做的我来做。别人未尝试的清收处置方式，只要合法合规，我来创新实践。总是，担当要求清收人员面对各种艰难险阻，就回以一个字——"干"。

当然，担当也是合法合规的担当，不是无所畏惧、无底线的所谓"担当"。面对为完成任务、指标而弄虚作假的授意或压力，面对低价处置抵质押

75

物/查封物处置的授意等不合规、不合法做法，上级管理人员不能以所谓的"担当"要求下级清收人员去办理，下级清收人员也不能以自己所认为的"担当"去操办。

2. 敬畏

敬畏，是指在清收处置不良资产时要有所畏惧、遵守底线，不能因清收处置不良资产而任意损害债务人的合法权益，或乘处置不良资产之机，偷偷摸摸"发行难财"。

在不良资产清收处置时，债务人多数都不是善茬，为达到逃废债务的目的，会使出种种手段抵制清收、反清收。面对这种情况，如果清收人员畏畏缩缩、怕这怕那，清收工作就无法推进。由此，面对恶意的欠款人，需要清收人员强势应对，但也应有勇有谋。在清收过程中，经常需要处置债务人的抵质押物/查封物，在处置这些财产时，也有寻租的空间，需要清收人员本着对自己、对单位、对债务人负责的态度，根据有利于快速处置、有利于公道处置、有利于三方共赢的原则进行处置，而不能藏有私利。

在不良资产清收处置实务中，敬畏主要体现在以下几个方面：①不越权。清收处置程序、权限、方式要合法合规，不能逆程序操作，或越权处理。②不牟利。在处置时，不能接受债务人、代理律师等中介人员的好处费。在清收处置中发现的前期业务办理过程中的问题，要按规定的程序上报，不能私自要挟相关人员。③不欺人。尊重和维护债务人的合法权益，不能恣意诋毁、歧视、排斥债务人。在处置抵质押物/查封物时，处置程序要合法，处置价格要合理。④不骗己。对清收处置中发现的问题，清收的进度和可能的结果等，都要务实客观。对清收处置过程要客观如实地做好书面记录，不美化也不遗漏。接触到的贷款合同、他项权利证书等业务资料要妥善保管，在转岗时将这些记录和资料一并移交。

3. 豁达

豁达，是指在清收处置中，对遇到的困难如恶意欠款人的抵制、内部的误解乃至诋毁等，能看得开、放得下，泰然处之，尽量做到不以物喜、不以己悲。

在清收中需要豁达的原因是：在不良资产清收实务中，经常会遇到各种负面信息、负能量，清收人员非常有必要自我调节，豁达处之。负能量的来源包括外部和内部，种类也比较多。外部来源：贷款不良后，多数债务人为了不还或少还欠款，会不履行义务、不顾忌身份、不讲究诚信，采取各种手段逃避、抵制清收。内部来源：对清收进度、清收成效、清收成本收益、清收廉洁等问题，会有各种质疑、指责乃至无事生非，清收人员不可能事事解释，有些事情也无处诉说。在这种情况下，清收人员如果不能超然豁达，将被满满的负能量所重压，产生郁闷以至抑郁。

清收中的豁达主要体现为：①见到不吓倒。面对债务人的各种逃避、刁难、威胁等种种情形，清收人员要坚信"欠债还钱，天经地义"，对各种抵制不躲不怕，迎难而上。②听到不气倒。各种声音迟早都会被清收人员听到。清收人员除对恶意诋毁做必要的解释外，没必要过多去计较、去生气。只要自己身正，一些无事生非的说法慢慢就消失了。③冷眼不冷心。无论是外部的抵制，还是内部的误解，应把其当作闹剧，冷眼观之。当然，不能因此对清收工作心灰意冷，而应该继续饱含热情，积极进取，以实实在在的业绩，回敬那些抵制、非议和误解。④约束不束缚。打铁还需自身硬，清收人员要慎独慎微，始终严格约束自己，时常反思自己。对清收工作中遇到的事情，有制度的按制度，没制度的要请示，做到不缺位不越位、不越权不丧权、不丧利不牟利。同时，也不能因惧怕流言蜚语而自我设限、束缚自己，以致在工作中缩手缩脚、时时小心、处处谨慎，要在依法合规、遵纪守法的基础上大胆开展工作。

4. 进取

进取，是指不良资产的清收处置工作，要围绕工作目标、任务指标而积极作为，尽快解决不良资产问题，卸掉包袱，使经营机构早日恢复健康、重回良性发展轨道。

作为企业，商业银行的每个工种都应锐意进取，不良资产的清收处置工种尤应如此。因为，沉重的不良资产包袱对经营机构的负面影响实在太大：轻者，侵吞经营机构利润，业务发展受阻，员工收入下降，员工士气低落；重者，前面积淀的恶性循环，令银行陷入经营困境，几年都走不出不良资产的泥潭。

在这种情况下，不良资产清收处置往往被寄予打破困境的厚望，自然应以"舍我其谁"的勇气、"时不待我"的决心，义无反顾地投入到不良资产清收战和资产质量保卫战之中，并做好以下几点：①完成指标不讲价。作为特种部队，完成季度/年度指标是对清收队伍、清收人员最基本的要求。在上级机构下达清收的任务指标后，下级清收队伍应该围绕指标的完成这一核心工作任务，谋篇布局、排兵布阵，全力以赴完成各项指标。②创新探索不畏惧。在充分运用上门、诉讼等传统清收手段的基础上，对于协议处置、债务人重组、不良资产证券化等新型方式，要保持探索实践的勇气和信心，努力做到传统方式得心应手、新型方式时有应用，从各方面提高清收处置的效率和效益。③善后处理不推诿。在不良处置的清收处置中也会引发一些次生问题，如业务经办人员的违规处理问题、债务人的反清收问题、经验教训的总结问题等。对这些问题，清收人员不能认为与清收工作无关，是别人的事情，而推诿或敷衍。应在自己的职责范围内，或独立自主或积极配合，共同把善后处理好。④贡献利润不含糊。不良资产是经营利润的黑洞，但有效的清收是经营利润的增长点。在完成清收任务指标的基础上，清收人员要多考虑对利润的贡献，比如：多收现金；收回的现金先清偿利罚息、先抵偿诉讼费等清收费用；记录好、保管好书面清收记录，争取多做纳税抵扣等，都是对利润的正向贡献。

（三）组织精神的形象代表

基于上面的介绍，不良资产清收处置的组织精神，可用"蜜獾"作为形象代表。蜜獾，是非洲的一种动物，又称"平头哥"。该动物小巧玲珑、面相呆萌，甚至有点傻气，看上去没什么攻击力，但其实性格凶悍、放荡不羁，信奉"不认怂，就是干"，被认为"世界上最无所畏惧的动物""非洲一哥"。蜜獾的形象，虽貌不惊人，但气质独特，代表了一种无所畏惧、锲而不舍、不达目的誓不罢休的精神与气质。

蜜獾的这种形象与气质，与清收队伍颇为相似。多数清收人员外表平平：被一些人认为是干不了其他业务才干清收；清收人员无所畏惧：老赖抵制也好，聚众闹事也罢，都是水来土掩；再大的压力、再复杂的重组、再难的执行，清收人员都是一"干"为之，从不认怂。清收队伍的这种精神和气质，与蜜獾倒是形似神似。

第三章　不良资产清收处置方式

针对不同情况的不良资产，有不同的清收处置方式。根据不同的标准，对不良资产的清收处置方式可作不同的分类。本章根据债权银行是否是直接从借款人、担保人等债务人处收回现金为标准，将不良资产的清收处置方式分为盘活类、出表类、收回类三类；每类项下，又有几种具体的清收处置方式。

第一节　盘活类清收处置方式

盘活类清收处置，是指商业银行通过自身的努力，使还款节奏更符合借款人的现金流情况，或帮助出现还款困难的借款人恢复还款能力，从而使难以按期收回的贷款得以收回的处置措施。这种处置方式主要有债务重组、债务人重组、债换股三种类型。对商业银行而言，债务重组是"让利益保自己"，债务人重组是"救别人保自己"，债转股则是"无赖当爹保自己"。商业银行通过盘活问题资产或问题客户，解决资产质量问题，多多少少都有点迫不得已，但如果处置得当，也能将问题资产转换为正常资产。

一、债务重组

债务重组，也称授信重组，是商业银行对已经逾期（可能是不良，也可能还不是不良）或即将逾期的贷款，通过调整贷款结构，使出现信用风险信号的贷款转换为正常类贷款，或不立即下迁为不良的一种处置方式。债务重组在商业银行资产质量管理中经常运用，不仅适用于表内贷款，也适用于表外资产。

（一）债务重组的主要方式

在实务中，债务重组的具体方式有借新还旧、调整还款期限或还款金额、延期支付利息三种。

借新还旧：指商业银行通过向借款人发放一笔新的贷款，归还原有的贷款。借新还旧的时间一般为1年；且多数情况下，都会要求借款人偿还一部分（如贷款本金的10%不等）借款。借新还旧没有次数和期限的限制，因而这种重组方式适合于：借款人生产经营基本正常，只是因销售回款、工程回款等原因，暂时不能完全清偿借款，债权银行通过借新还旧，让借款人渡过难关，到期正常还款后，银行还可以给该借款人继续贷款；或借款人生产经营陷入困境，但为完成资产质量管控任务，给予借新还旧，将借款人逾期时间往后推迟1年。

展期：指将原贷款的还款期限予以延长的一种债务结构处理方式。根据监管政策，展期时，短期贷款（期限在1年以内，含1年）展期期限累计不得超过原贷款期限；中期贷款（1年以上，5年以下，含5年）展期期限累计不得超过原贷款期限的一半；长期贷款（5年以上）展期期限累计不得超过3年。这种重组方式，因贷款本金归还时间最长只能延长3年，适合于借款人生产经营出现问题，但还没有完全丧失还款能力；但在贷款到期后，商业银行不想继续合作，只想逐步退出的情况。

调整还款期限、还款金额：指商业银行经与债务人协商后，将原贷款的还款期限、各还款期的还款金额、还款方式等，分别或一并调整的一种债务结构处理方式。这种重组方式适合于借款人生产经营虽出现困难，但还有一定的还款能力的情形。通过调整还款期限、还款金额，可以使借款人更灵活地还款，从而避免借款人因还款的日期、金额等的刚性而出现逾期。

延期支付利息：指将已确定的付息日期向后延长/调整。这种重组方式适合于：①借款人生产经营陷入困境，但走出困境的可能性比较大，债权银行可以给予借款人一定的延期支付时间；②担保方式是抵押担保，如采取借新还旧方式，需要重新办理抵押登记，但由于借款人或抵押人的原因，在原贷款到期时不能签署新的借款合同、抵押合同。通过采取延期支付利息的方式，只需要债权银行与借款人签署相应的协议就可以办理，从而避免抵押权落空、丧失的风险。

上面几种债务重组方式，核心在于调整债务结构，包括还款日期、还款次数、还款期限、各还款期的还款金额等要素，使还款压力与借款人未来的现金流/还款能力更加匹配，从而使借款人能更从容地安排生产经营和归还贷款，不至于被债务压垮。这种方式对商业银行来说，属于以时间换空间，通过让渡当前还本付息的利益，使债务人得到喘息的时间，争取在这一期限能恢复正常经营，期限届满时能正常还本付息。

（二）债务重组的适用前提

1. 逾期即清收的负面影响

通常情况下，在借款人逾期或确有征兆要逾期时，债权银行为争取主动，应立即转入清收态势，以防止债务人转移财产、逃废债务，或防止债务人的其他债权人采取诉讼、查封等措施，避免让自己陷入被动。但如果对所有的贷款都采取这种"一刀切"的处置方式，会给商业银行带来以下问题。

（1）问题贷款会立即逾期，并转换为不良资产。在经济形势好，且银行的逾期贷款、不良贷款非常少的时候，可以如此果断；但在经济形势不好，特别是银行本身的逾期贷款、不良资产压力较大的时候，如此处置势必增加银行自身资产质量管控的压力。尤其是商业银行自身发生行业性风险、区域性风险时，如果"一刀切"地处置，可能会给自身的资产质量造成塌方式的恶化，其结果就是杀敌一千、自损八百。

（2）会错杀一些只是暂时困难的借款人。企业作为市场经营的主体，生产经营的起起伏伏本是正常，有些企业渡过低谷后又能恢复正常经营，甚至重振雄风；有些企业坠入低谷后一蹶不振，甚至倒闭破产。如果对所有掉入低谷的企业都一棒子打死，会错杀一些本来可以重生的企业；如此作为的债权银行也会被认定为只顾自己安全、不管他人生死的绝情人，与借款人以及其他的企业之间无法建立起值得信赖的伙伴关系。

（3）给自己带来负面的市场形象。采取合法的措施，维护自身的债权安全是商业银行的正当权益。但如果总是只顾自己、不管他人，可能会给当地企业、当地同业、当地政府留下"跑得快""不能与企业共渡难关"的负面形象。另外，对于一些被当地政府要保护、要维持的企业，一个债权银行可能也无法采取诉讼等清收措施。

2. 是否适用债务重组的主要考虑因素

根据经验，需要债务重组的企业，多数情况下借款人最终还是缓不过来，贷款仍会逾期不良。因此，在借款人发生逾期或即将逾期时，是立即采取诉讼等清收措施，还是采取重组等处置措施，需要商业银行综合判断。一般情况下，是否采取债务重组类处置措施，需要考虑以下情形。

（1）借款人的生产经营能力是否基本保持，困难是暂时的还是永久的。如借款人所处的行业是否陷入绝境；借款人的机器设备、土地资源等生产要素是否有价值；借款人的产品是否有市场、有竞争力；借款人的采购网络、销售网络是否基本正常运行；借款人的管理层和员工是否基本稳定；下游客户是否拖欠其货款等。根据这些因素基本可以判断困难是暂时性的还是永久性的。

（2）借款人的脱困意愿是否强烈，还款意愿是否较好。面临困难时，借款人/借款人的实际控制人的意志非常重要。如果借款人或借款人的实际控制者已经丧失了信心，不愿、不敢、不能带领企业走出困境，无论外界如何帮助，借款人也是无法走出困难的。另外，借款人/借款人的实际控制人对借款的态度也非常重要，如果任其逾期、任其恶化到不良的，债权银行自然不能对其怜悯；如果珍惜自己的信誉，愿意和债权银行一起，想方设法解决欠款问题的，债权银行可以给其机会，给予必要的帮助。

（3）当地同业的态度。在借款人有多家债权银行/金融机构时，其他金融债权方的态度也要考虑。如果多数金融债权方愿意和借款人共渡难关，应与这些金融债权方抱团取暖；如果多数金融债权方准备对其采取清收措施，则应果断清收。

（4）自身的资产质量管理压力。如果债权银行当前的资产质量较好，管控压力较小，有暴露逾期贷款的空间，原则上应采取不良清收措施；如果自身资产质量管控压力较大，没有暴露的空间，就应尽量采取债务重组的方式，给自己管控资产质量留有腾挪余地。

（5）当地政府的态度。对一些陷入困难的大中型企业，当地政府出于保就业、保壳等因素，可能会出手帮助欠款企业。政府帮助企业的主要方式包括：要求债权银行不断贷、不抽贷、不压贷，与企业同舟共济、共渡难关；对企业实施司法重整；引导法院不受理追债诉讼；引进新的投资者或财政借款等。在地方政府出手帮助欠款企业时，债权银行无论出于哪种考虑，在地方政府放弃救助前都要予以配合，对贷款采取债务重组等处置措施。

（三）债务重组的注意事项

在决定进行债务重组时，应根据商业银行内部的流程和权限上报审批；批准后，即可操作实施。为办好债务重组，需要处理好以下事项。

1. 商业银行内部前后手的责任区分问题

这是商业银行内部影响债务重组能否顺利办理的重要问题。一笔已经逾期，特别是即将逾期的贷款，如果不进行债务重组，逾期转为不良后，可以非常清楚地认定是谁的责任。如果打算债务重组，客户经理、评审人员、有权审批人可能会发生变换；如此时进行债务重组，就会涉及在前后手的客户经理/清收人员、评审人员、有权审批人之间，如何认定是谁对不良资产的形成承担责任的问题。如不清楚地界定这一问题，客户经理就没有动力上报重组，审批人员也会畏惧审批。

对于商业银行内部办理债务重组的相关人员来说，债务重组既属于救死扶伤，又为了完成资产质量管理任务。如果经办人员因办理了债务重组而承担已经出现风险的责任，对其来说是不公平的。相关人员推卸办理是人之常情，无可厚非。为清晰地界定责任，打消经办人员的顾虑，保障债务重组顺利进行，有必要通过制度性安排予以解决。解决的办法有以下三个。

（1）总行在制度上统一明确：对界定为债务重组类的授信，其信用风险和操作风险由重组前经办的客户经理、评审人员、有权审批人承担，办理重组授信的客户经理、评审人员、有权审批人仅承担操作风险。这样规定，可以统一解决商业银行内部重组授信的责任承担问题。由于在商业银行内部，业务主管、授信审批、资产质量管理一般都是三个独立的部门，对这一问题的认识并不一定能达成共识，特别是有人担心出台这样的规定，可能助长一些人将正常的授信变成重组授信。如此，出台这样的制度并不容易。

（2）分行在制度上予以明确：在总行没有出台上述制度时，分行如果确实需要通过债务重组来解决资产质量管控任务，可以出台类似的管理制度。不方便出台红头文件时，可以由分行风险管理委员会讨论决定后，以会议纪要的方式予以明确。

（3）总行成立资产质量管控小组，对拟进行债务重组的企业先进行预审，预审通过后再根据正常的授信审批流程上报审批。这种方式只能解决评审人员的责任承担问题，不能解决客户经理/清收人员的责任承担问题，且只能解决公司类债务重组问题，难以解决大批量的零售类债务重组问题。

2. 债务重组时的授信条件问题

债务重组时，有时评审人员为免予以后被追责，会增加一些明知是难以落实的重组授信条件，比如：要求民营企业借款人的所有股东对借款承担连带保证责任，或要求借款人的所有交易收入都汇集到本银行账户内等。从理论上讲，这些要求都能落实，也不过分。但实际上，在债务重组时，借款人已经是个病人了，再按正常人的要求来要求借款人，有时确实无法办到。就以上述新增加授信条件来说，借款人经营出现困难后，多数情况下借款人的股东之间早就打得不可开交，除实际控制人外，其他的股东怎么愿意增加对借款人承担连带保证责任呢？债务重组后，借款人肯定担心银行扣款归还贷款，怎么愿意将款项汇集到该银行呢？

从综合平衡角度考虑，为加强风险抵御能力，对借款人可以适当增加一些有实质性作用的授信条件，其他的授信条件只要不弱于原有的授信条件就可以了。如原授信是信用类授信，或抵质押物不足值而借款人又有抵质押物时，增加抵质押物是非常有必要的；如原授信是抵质押担保时，可以直接适用原授信条件。

3. 债务重组的法律手续问题

债务重组时，时常会遇到借款人配偶或借款人实际控制人的配偶不愿意签字、担保人不愿意续保、抵质押在解押再抵押期限内可能被查封等问题。这些问题，都可能影响重组授信的法律效力，需要高度重视。解决这些问题，需要把握以下几个原则。

（1）由借款人协调担保人等相关主体，落实授信条件。如借款人不愿协调或名为协调实为放任，说明借款人没有进行债务重组的诚意，债务重组也没有继续推进的必要。

（2）法律手续必须完备有效，不能为了完成重组而放水手续。其中，重点的事项有：债务人的签字必须真实、有效，不能默许虚假签字。担保必须有效，且不能弱化。除经审批同意外，原有的担保人不能脱保；抵质押不能随意解押，在债权银行是唯一抵质押权人时，可以办成第二顺位的抵质押。如不能落实上述要求，可以根据实际情况调整重组方案，如将借新还旧调整为利息延期支付等。但在调整的重组方案都不能落实时，重组就没必要了。

4. 资产质量五级分类问题

根据监管规定，应根据授信的实际风险状况进行资产质量五级分类；重组授信至少要定为关注类。由此，如完全根据实际的风险状况，有些重组授信可能要定为不良类。而之所以进行债务重组，原因之一就是不使重组的授信下迁为不良资产，因此，实务中都是定位关注类。在对五级分类结果与监管机构有分歧时，再沟通解释。

（四）债务重组的后续管理

（1）贷后管理。对于重组授信，需要进行专门的贷后管理。与正常类授信的贷后管理相比，有必要加大重组授信贷后检查的频率和深度，以及时准确地了解以下信息：①借款人、担保人的经营状况，是在好转还是在维持原样，或是在恶化？②债务人是否存在转移财产、逃废债务的嫌疑？在发现影响到债权安全的信号时，需要立即采取措施。

（2）与同业沟通。为全面掌握债务人的情况和其他债权人的动向，与同业互通信息非常有必要。根据监管规定，在借款人发生经营困难，且有三个或三个以上的贷款银行时，应组织债权人委员会。债权银行参加债权委员会，并通过债权委员会平台了解信息，是一个较为有效的渠道。当然，债权委员会能否发挥作用以及发挥多大的作用，与债权委员会主席单位的态度和作为息息相关。

（3）转为正常类资产或进入清收。在重组期间，如借款人生产经营状况好转，重回正常的生产经营轨道时，经过半年左右的观察期确认后，应转为正常类授信管理。在借款人经营状况无法好转甚至恶化时，或债务人在转移资产、逃废债务，或同业已有债权人提起诉讼时，应立即启动诉讼等清收程序。

二、债务人重组

债务人重组，也称借款人重组，是指陷入经营困境的借款人，对其股权结构、资产结构、债务结构进行重新组合，以走出困境、恢复正常经营和还款能力的一种整顿措施。其中，股权重组是债务人重组的核心内容。如股权不重组，只重组资产结构、债务结构，这就属于借款人的资产处置、债务重组，不属于这里所讲的债务人重组。

（一）债务人重组的类型

债务人重组，根据是否有法院介入，可以分为司法重整和协商重组。司法重整是由法院裁定的一种重组。一般情况下，司法重整是为了帮助债务人直接或间接地甩掉债务、减轻包袱而开展的重组。在这种重组方式下，债权银行在账面上所获得的100%清偿物中，除少部分现金外，大部分是股权或股票。对此，债权银行基本上只能被动接受，既没有什么发言权，也没有多少可作为的空间。在司法重整中用股权或股票抵债的相关内容，将在本章第三节"以物抵债"中介绍，对司法重整的其他内容不再做具体介绍。协商重组是借款人在与各债权银行充分协商，并取得共识后的一种重组方式；不管其重组的最终结果如何，基本上是债权银行充分评估后自愿推进的。本章所讲的债务人重组，就是指这种协商式的重组。

债务重组并不一定会有债务人重组，但债务人重组必然涉及债务重组。债权银行通过指导、督促、帮助债务人重组，促使债务人恢复正常经营和还款能力，从而使自身的授信恢复正常，并得以最终收回借款。债权银行积极参与、推动债务人重组，属于救别人保自己的行为。

（二）债务人重组的适用情形

1. 借款人规模较大、负债较多

债务人重组耗时费力，重组结果也具有不确定性，这就要求借款人必须规模较大、负债较大，才有进行债务重组的必要性。因为如果这样的借款人一陷入困境就进行清算或破产，将对债务安全、就业、税收造成负面影响。为避免出现这种各方都不愿看到的最坏结果，各方都有压力、动力与合力推进债务人重组。相反，如果借款人规模小、负债少，这样的企业即使破产清算，对债权银行、社会的负面效应都比较少，可以通过债务重组的方式给予借款人喘息重生的机会，而进行债务人重组的必要性不大。当然，借款人规模的大小、负债的多少是一个相对的概念，需要在实务中具体情况具体分析。

2. 借款人股东/实际控制人通过重组盘活企业的意愿强烈

在借款人陷入经营困境后，如要通过重组再生，必然面临经营正常时不会遇到的问题和困难，需要有人强力推动解决。有这种责任感、使命感和能力的只能是借款人的股东特别是其实际控制人。由此，借款人的股东/实际控制人的救助意愿、求生意愿，对借款人能否重组成功至关重要。在借款人股东/实际控制人认为借款人可救、能救、愿救时，他们会咬紧牙关、忍辱负重去面对问题和困难，并推动解决这些问题和困难。

3. 地方政府和多数债权银行都持支持态度

大中型企业陷入困境，对股东、员工、债权方、当地政府都会产生负面影响。为避免出现破产清算这种最坏的结果，各方需要共同努力。在相关各方中，除股东外，地方政府和债权银行的态度也至关重要。在市场化的债务人重组中，地方政府可以通过协调各方立场、推荐新的投资者、缓交税款、减免费用、加快授予资质等措施予以支持；债权银行可以通过延长还款期限、降低贷款利率、减免过往罚息、推荐新的投资者等措施予以支持。如果地方政府和多数债权银行（特别是贷款余额最大的债权银行）都持支持态度，就为债务人重组创造了一个良好的外部环境。

4. 借款人有重组成功的可能

债务人重组有可能成功也有可能失败。能否重组成功，除了上面所讲的股东/实际控制人重组意愿、地方政府与债权银行的态度外，关键在于借款人自身能救不能救。影响能否重组成功的因素主要有以下几点。

（1）借款人陷入经营困境的具体原因。是借款人自身经营出了问题，还是借款人股东出了问题？借款人的核心竞争能力是否丧失？借款人所处的经营网络、所构造的经营生态，是基本完好还是遭到重创？

（2）借款人的资产是否具有价值。借款人名下的土地、房产、特许经营权、机器设备、知识产权等资产，在静态上，其内在价值是否大于债务总额；在动态上，是否具有产生超额价值的潜能。如借款人名下有一块土地，评估价值是1亿元，投入0.6亿元建成商品房出售后可以收获2亿元，那么，该借款人名下资产就具有超额价值的潜能。

（3）借款人的团队是否稳定。管理层、关键部门的中层管理人员、核心人才是否基本稳定？是否愿意与借款人共渡难关？对这些问题，债权银行需要多方了解、综合评估、客观决策，并据此采取相应的措施。

（三）债权银行的主要作为

债务人重组成功，往往需要耗时数年。在这一进程中，为了保障债务人重组的顺利进行，也为了保护债权银行自身的合法权益，债权银行特别是贷款金额最大的债权银行一定要有大局意识、责任意识，积极参与推动重组，共同合力促进重组成功；对重组中出现的问题不能坐视不管，要及时站出来，独自或联合其他金融债权人，遏制乃至扭转各种不利局面。归纳起来，在债务人重组中，债权银行可以有作为的事项主要有以下几个方面。

1. 维护借款人经营稳定，为债务人重组创造条件

在借款人陷入困境后，内部容易出现不稳定。这种不稳定与经营困境恶性循环，如处置不当，将会把借款人推入绝境。不稳定的因素主要有以下几点。

（1）股东对立。在企业出现问题后，除单一股东外，其股东之间、股东与管理层之间，往往会爆发众多矛盾，离心离德、相互指责、相互防范，给企业造成严重的内耗。在实际控制人意志摇摆、不坚定时，股东之间的对立更是明显而又激烈。

（2）股东逃废债务。在有股东认为重组无望后，转移资产、破产清算、逃废债务等想法都容易浮现，甚至付诸行动。

（3）借款人团队不稳。特别是管理层、核心骨干如对企业丧失信心，必然人心不稳，离职离岗在所难免；恶劣的，还会侵占、盗窃公司财产。

（4）上下游丧失信心。企业都不能孤立存在，都处在生态链/圈中，如果上下游丧失信心，可能提高供货条件或付款要求、解除交易合同等，都将导

致借款人生存环境恶化。

（5）债权人诉讼查封。借款人的金融债权人、交易债权人等，对借款人发起诉讼，查封财产。如果债务人重组前景不明，一旦被诉讼、查封，不仅容易引起连环诉讼，且会恶化借款人信用状况，使其他的债权银行无法对借款人进行债务重组，其结果就是借款人逐步走向死胡同。

对可能出现的这种不利局面，债权银行至少可以采取以下措施，维持借款人的经营稳定：

（1）化解矛盾。劝解、要求与警示实际控制人/股东和主要高管层。根据情况，分别或共同向实际控制人、股东、主要高管层，告知自己了解的情况、担心出现的问题和要求采取的措施。这种面谈肯定是多轮次、反复式的，氛围激烈、唇枪舌剑；必要时，可以发送书面函告或律师函。其场景，往往是劝导与恐吓并存，胡萝卜与大棒齐飞。债权银行的代表一定要在平衡兼顾双方利益的基础上，寻求最大公约数，不能随意让步，否则，将会一让再让，最终不可收拾。

（2）深入现场。债权金额最大的债权银行要派出代表，成为借款人公司董事会的独立董事，监督借款人的日常运行并参与决策。这位独立董事要站在维持企业正常经营、公平保障所有债权人利益，而不是仅保护自己银行利益的角度，勤勉履职。这样，既可以及时获悉借款人、借款人股东动向，又能获得其他债权人支持。

（3）协调立场。与其他金融债权人统一立场，尽量一致行动。最大的债权银行应及时组织债权人委员会，通报信息、协商立场，尤其是对是否诉讼、债务重组、贷款的五级分类等问题，尽量协调一致。当然，由于不同的债权人情况不一样，不见得对所有的问题都能达成共识，但最大的债权银行不仅要努力协调各金融债权人的立场，而且自己要尽量不做带头破坏者，如不首先诉讼、不首先下调五级分类等，以尽量维持本来就已岌岌可危的局面。

2. 推动借款人进行真正的重组

即使达成债务人重组的共识，也不一定能重组成功。在推进债务人重组的过程中，债权银行需要密切防范与积极处理可能出现的以下问题。

（1）老股东逃废债务。借款人，特别是借款人的股东、实际控制人，借企业重组之名，行逃废债务之实。这种行为的主要情形是：打着企业重组的名义，抓紧时间通过采取阴阳合同（抽屉协议）的方式，低价处置资产，从而损害债权方的合法权益。

（2）新投资者实力不济。借款人所引进的新的投资者，没有重组能力。要完成企业重组，并带领企业走出困境，新的投资者必须具备政府沟通能力、经济能力和管理能力。其中：政府沟通能力，是因为对于债务人重组，当地政府及其相关部门肯定持支持态度，但支持的力度有大有小，新的投资者如不具备一定的沟通能力，不一定能获得强力支持。经济能力，是因为新的投资者进来以后，对于存量的债务，包括有息负债、拖欠的税费与员工工资等，都需要支付一部分，以显示自己的诚意和能力；企业生产经营的重启也需要一定的资金，实际所需支付的资金量，与企业的规模、负债成正比；如新的投资者不具备一定的经济能力，是无法拿出这些资金的。管理能力，是新的投资者具备驾驭、改造、提升重组企业的能力。新的投资者是否具备这三种能力，将直接决定重组能否成功。在实务中，有些投资者过于高估自己的能力，以为凭借自己的嘴巴，夹个皮包就能重组好企业，但结果往往被现实打脸。

（3）双方达不成一致。借款人原股东与新的投资者，对股权重组方案迟迟不能达成一致意见。对于企业的股权重组来说，新的投资者进入有两种方式：一是100%收购原股东股权；二是实际控股，如收购51%或以上比率的原股东股权等。不管是哪种方式，都需要新老股权对股权价值和股权转让款的支付方式达成一致。对于企业的资产价值和股权的价值，在企业重组时都要进行审计和评估。但价值评估中的弹性，新老股东都心知肚明。新的投资者肯定是希望股权价值越低越好、股权转让款支付周期越长越好；老股东肯定是希望股权价值越高越好、股权转让款支付周期越短越好。对这两个问题，新老股东之间会反复拉锯，有时甚至影响到重组能否往前推进。

（4）试图甩债。新的投资者想实施甩债式重组。为减轻企业负担，新的投资者总是要求金融债权人让步，如本金打折、存量利罚息减免、未来利率降到基准甚至基准以下、本金归还时间推迟3年至5年、给予新增贷款支持等。

面对上述问题，债权银行尤其是最大的债权银行有很大的作为空间，也是需要努力解决，维护自身债权安全。

（1）深度介入债务人重组过程。债权银行对债务人重组不能听之任之、袖手旁观，而是要主动与借款人原有股东及管理层、新的投资者保持密切的沟通，随时了解信息，提出意见、给予建议。对老股东与新投资者之间的分歧，尽量双向沟通，减少分歧；对双方分歧的焦点——企业的资产价值和股权价值，在尊重评估结论的基础上，尽量居中斡旋，推动达成协议。

（2）果断制止损害债权人利益的行为。无论是老股东还是新的投资者，如出现逃废债务的行为，债权银行要果断制止。制止的方式主要有：向老股东和新的投资者以口头加书面的方式，直接叫停重组进程；将相关情况报告政府与银保监局、人民银行等监管机构，请求支持；在前两个措施不起作用时，向法院起诉，查封借款人资产和股权。

（3）识别、引进有实力的投资者。债权银行对新的投资者应持开放态度，欢迎、支持有实力、有诚意的重组方。但对所有的意向投资者都要进行背景调查，对有能力的要积极支持，对根本没有能力、仅凭嘴巴忽悠或扯虎皮做大旗的，也要敢于表明质疑的态度。同时，可以将债务人重组情况向自己的客户圈推介，对于有意向的，可以向老股东牵线搭桥，必要时可以给予意向投资者授信支持，以增强信心。

（4）促进新的投资者与金融债权人谈妥债务重组方案。债务重组是债务人重组的重要组成部分，债权银行可以直接发挥作用。一方面，主动与新的投资者洽谈债务重组方案，向着促成重组成功的目标，求大同存小异，对新的投资者合理的诉求，可以适当让步；当然，该坚持的也应坚持，如各债权机构权益平等，债务重组的期限、每年的清偿比率、存量利罚息的减免、未来利率的下调等事项的安排，应大体相同，不能厚此薄彼。

（5）争取地方政府、人民银行、银保监局的支持。其中，对地方政府应着重表明以下态度和意见：重组是借款人走出困境、解决社会稳定、确保金融安全的唯一措施；借款人重组成功需要老股东、重组方、债权方、政府共同努力和支持；金融机构欢迎市场化的重组，欢迎有诚意、有实力的重组方；金融机构的合法权益要得到保障；现实困难要予以切实解决。对于人民银行、银保监局，重点在于请求监管机构在借款人企业重组、债务重组、五级分类、多次展期等问题上给予支持。

3. 保障自身的债权安全

在推进债务人重组的过程中，债权银行积极为重组创造条件，尽力解决能够解决的问题，固然是为了解决自身的授信回收问题，但也不能完全做个"活雷锋"。在出智出力的同时，也要保障自身的债权安全。保障自身债权安全，重点在于做好以下工作：

（1）保障好原有的担保权益不落空。如在办理借新还旧、调整还款期间等重组手续时，务必要落实好授信重组条件、担保条件；对于既有抵质押担保能力有强有弱的，可以将价值高的抵质押物为价值低的贷款办理第二顺位抵押登记手续等。

（2）在债务重组方案中不吃亏。在债务人重组中，债务重组方案多数是新的投资者提出框架性债务重组方案后，就具体债务重组内容与金融债权人背对背逐一谈判、逐一签署。由此，导致各金融债权人的债务重组内容或有所差别。这种情况在所难免，债权银行要防止出现的是自己的债务重组方案弱于其他金融债权人的债务重组方案。这就要求债权银行一方面要与新的投资者、其他的金融债权人多沟通，掌握情况；另一方面要自我审慎判断，审视债务重组方案是否有利于维护自己的权益。吃不吃亏是个相对的概念，判断不吃亏的标准是：与自己比，新重组方案有利于保障贷款，在短期不下迁为不良，在长期收回的保障得到加强；与同业比，自己的重组方案在清偿顺序、清偿节奏、利率调整上不完全落于人后。

（3）与新老股东的关系不恶化。债务重组后，新的债务履行期将会是3～5年，在如此长的时间内，债权银行还需要与新的投资者打交道。而且，债务人重组成功后，将会继续成为一个正常的企业，也是债权银行可以继续合作的客户。由此，在债务人重组期间，债权银行处理好与新老股东的关系非常有必要，不能因自己是债权人，就对新老股东盛气凌人、粗暴对待。当然，对于那些借重组之名、行逃废债务之实的新老股东，就没必要在乎关系的好坏。

（四）债务人重组的主要内容

债务人重组包含股权重组、资产重组、债务重组和团队整合四个部分。

除团队整合是在债务人重组成功后才进行以外，前三个重组都是相互成就，任何一个没有成功，都会导致债务人重组无法成功。这三个部分的重组都比较复杂，有些事情债权银行也难以影响更难以左右。但无论情况多么复杂，债权银行都应始终关注自己的债权安全是否受到影响，并采取不同的应对措施。

1. 股权重组

股权重组，是借款人老股东与新的投资者谈判的焦点。债权银行除关心新的投资者是否具备重组成功的能力外，重点应关注两个问题：

（1）股权重组方案/协议。股权重组方案/协议的主要内容是有关股权的价值、股权转让的份额、股权转让的对价、股权转让款的支付方式与支付时间、股权过户与工商变更登记等事项。对这些内容，老股东与新的投资者会反复拉锯，在谈判过程中和《股权转让协议》签署后都会严格保密。为了准确掌握新的投资者的实力和诚意、判断债务人重组成功的可能性，也为了判断新的投资者重组成功后的动向，债权银行尤其是最大的债权银行，要通过正式或非正式的方式，始终跟踪谈判进程，了解股权重组方案。在了解重组方案基础上，判断新的投资者重组的目的，即是继续持续经营企业，还是在成为股东后快速处置借款人名下资产、快速收回投资及盈利？在发现股权重组方案或重组后的动向不利于债权银行时，债权银行要及时提出反对。

（2）对老股东借款（如有）的偿还方案。在多数情况下，老股东与企业之间会存在直接或间接的股东借款。其中，直接式借款是股东直接借给企业款项，间接式借款是股东通过银行、小贷公司等借给企业款项。在债务人重组时，老股东希望新的投资者优先清偿这些款项；新的投资者为成功入驻，多半也会同意优先清偿股东借款。由于股东借款属于金融债权，理应与其他的金融债权同等对待；同时，如果优化清偿股东借款，容易加重新的投资者和借款人的负担，由此，债权银行应坚持"债权平等、股债同权"原则，要求股东借款和其他金融债权适用同样的债务重组方案。这个要求，也有利于减轻新的投资者进驻借款人后的前两年的负担。只要协调多个金融债权人坚持这个主张，便能够获得新的投资者认可，也最终能获得老股东的同意。

2. 资产重组

资产重组，是对借款人名下资产的重新组合，以提高资产的使用效率和收益。资产重组是借款人陷入困境后就可能采取的措施；在新的投资者重组成功，成为新的股东后，对借款人名下的资产肯定会进行重新组合。不管是老股东还是新股东所推进的资产重组，在此过程中，债权银行始终应关注以下几点：

（1）资产重组的方式。资产处置的方式很多，主要有资产出售和改造提升两类。在资产出售中，又有承债式出售和销售式出售两种。其中：改造提升，是指借款人名下的资产仍然保留在借款人名下，通过对其硬件和或软件的升级改造，提高其使用效益；承债式出售，是指将借款人名下的特定资产连同其所对应的债务一起出售给第三方；销售式出售，是指将资产出售，但其所对应的债务仍然留在借款人名下。在借款人经营出现困难后，重组资产乃至出售资产也是必要的，债权银行应给予理解，但债权银行要关心的是资产重组是否会影响到债权安全。

（2）债权银行关注的重点与对策。在资产重组过程中，对于可能影响债权安全的情形，债权银行必须予以注意的有：①在改造提升中，借款人收益的用途。是用于维持和扩大借款人的生产经营，还是偿还原有贷款，或是用于利润分配？前面两种用途都是正当的，但第三种用途需要引起债权银行高度重视。有些新的投资者为了尽快收回投资款项/股权转让款（该款项可能是融资筹集的），可能急于分配利润。这种行为将抽干借款人，债权银行应持否定态度。②在承债式出售中，受让方的资质和出售价格。在意受让方的资质，是因为在承债式出售中，所出售资产对应的负债也将由受让方承接。那么，受让方是否有运营资产的能力，是否有按期偿还债务的意愿，相关的债权银行对此应反复沟通洽谈；在意出售价格，是因为除项目贷款外，债权银行既基于抵质押物的价值，更基于借款人的整体经营能力和偿债能力。如果所出售的资产价格过低，势必影响借款人的偿债能力。债权银行经评估，如果认为承债式出售可能影响自身债权的安全，应要求借款人、新的投资者作出解释，根据解释情况决定采取相应措施。③在销售式出售中，受让方的背景和出售价格。销售式出售，多数是针对没有抵质押的资产。在意受让方的背景，重点是考察受让方与新的投资者是否有关联关系，因为如果有关联关系，可能出现低价出售的情况；在意出售价格，就是要避免低价出售，从而降低借款人的偿债能力。对于可能损害债权银行债权安全的行为，债权银行都要果断制止。

总而言之，借款人名下的资产和资产的运用结果，是借款人清偿债务的保障。在债务人重组中，债权银行必须高度关注借款人的资产重组，一旦发现不利于借款人持续经营，威胁到自身债权安全时，要及时制止，不能坐视不管、听之任之。

3. 债务重组

债务重组，是债权银行与新的投资者谈判的重点。能成为双方谈判焦点的，主要有以下几个事项。

（1）本金的偿还安排。本金的偿还安排包括：①本金偿还期的重新调整。对于新的投资者而言，肯定是希望本金的偿还期延长得越长越好。因为债务人重组后到完全恢复正常需要一定的时间，适当延长本金的偿还期是合理的。延长的具体时间，由本金的金额决定：金额大的，延长的期限要长些；金额小的，延长的期限可以短些。在延长本金偿还期时，要考虑债权银行的安全。基于双方的诉求，将本金的偿还期调整为签署"债务重组协议"后3至5年是比较合适的。②每年归还本金的金额。确定每年归还本金金额，有三种方式：先息后本、平均还本、根据借款人未来现金流还本。具体采用哪种方式取决于债务金额及其结构：本金金额少、抵质押担保强的，可以先息后本；抵质押担保弱的，可以平均还本；本金金额大的，根据对借款人在偿还期内的现金流预测，确定每年的具体还本金额，也是相对合理的。

（2）拖欠的利罚息安排。从借款人陷入困境，无法归还贷款后，到谈妥债务重组方案，签署"债务重组协议"，一般都要经过较长时间。期间拖欠的利罚息累计起来，将会数额巨大。新的投资者一般希望金融债权人能给予减免。从有利于推进重组角度考虑，金融债权人免除罚息是合理的。对于根据原借款合同计算的正常利息是全额收取，还是减额收取；是一次性收取，还是分年收取？需要双方谈判。由于有些金融债权人可能已将欠息作为"应收账款"计入了以往年度的会计报表，如果再要减免，将涉及损失的账务处理问题；同时，新的投资者为了表达实力和诚意，一次性、全额支付欠息也是相对合理的。

（3）重组后的利率。对重组后的利率，新的投资者一般希望降到基准或基准以下。为了重组成功，保证本金安全，金融债权人可以适当降息。但具体能降多少，取决于各金融债权人资金的内部存贷款基准价格（FPT）。如重组后利率低于债权银行 FPT，意味着经营机构在重组期内持续亏损，其必然没有动力，也不会答应。因此，不亏损是债权银行的底线；略盈利，是债权银行的追求。

（4）重组后的担保。原贷款的抵质押担保应继续保持，问题是：①如原贷款由原实际控制人个人保证担保的，应换为新的投资者的实际控制人个人保证担保。②新的投资者对贷款也应提供保证担保。对这个新增担保，是债权银行应予坚持，也是新的投资者所要理解的。

（五）债权银行的后续管理

在债务人重组后，债权银行可以根据债务人重组的实际效果而采取相应措施。

（1）根据债务重组合同的约定，逐步退出。在借款人经过重组，逐步恢复生产经营能力和还款能力，而债权银行因种种原因不想增加对借款人的支持力度时，可以根据债务重组合同的约定，要求借款人逐步清偿，从而逐步退出。如果在债务人重组过程中发起诉讼，查封资产的债权银行应在"债务重组协议"生效后，撤诉解封。

（2）对借款人给予新增授信支持。在借款人经过重组，完全恢复了生产经营能力，其经营能力和发展前景甚至比出现经营困难前还要良好时，债权银行在要求借款人履行债务重组合同，按期归还贷款的同时，可以给予借款人新增授信支持。当然，新增授信与原有授信在管理上不能混同，而应完全按新的授信办理调查、审查、放款等手续。

（3）终止债务重组合同，转为清收。在出现债务人重组难以推进、效果没有达到预期目标，或借款人没有按期履行债务重组合同，或其他金融债权人采取了清收措施，债权银行经评估认为债务人重组难以成功时，债权银行应果断终止债务重组合同，转为不良资产清收管理。

案例 1：超日太阳破产重整 + 资产重组案[①]

上海超日太阳能科技股份有限公司（以下简称超日太阳）是国内较早从事太阳能光伏生产的民营企业，注册资本 1.976 亿元。2010 年 11 月，超日公司股票在深圳证券交易所中小企业板挂牌交易。2012 年 3 月 7 日，超日公司发行了存续期限为五年的"11 超日债"。此后公司整体业绩持续亏损，生产经营管理陷入停滞，无力偿付供应商货款，银行账户和主要资产处于被冻结、抵押或查封状态，应付债券不能按期付息，"11 超日债"也因此成为我国债券市场上的首个公司债违约案例。受制于财务负担沉重以及光伏产业整体处于低谷时期等因素的影响，超日公司已经很难在短期内通过主营业务的经营恢复持续盈利能力。2014 年 4 月 3 日，债权人上海毅华金属材料有限公司以超日公司不能清偿到期债务为由，向上海市第一中级人民法院申请对该公司进行破产重整。

一、整体重组方案

面对公司近 60 亿元的债务窟窿，长城资产管理有限公司"挺身而出"，成为了此次超日太阳不良资产处置的牵头人。在当时的情况下，如果采用破产清算的方式，经测算，大部分的债权清偿率仅为 3.95%；因此，长城资产决定采用"破产重整 + 资产重组"的方案组合——①破产重整一次性解决债务问题；②引入重组方和财务投资者帮助其恢复经营，保证 2014 年净资产为正、利润为正，满足 2015 年恢复上市的基本要求；③向上市公司注入优质资产，实现可持续盈利模式。

二、寻找合适的重组方式

要完成一个如此大型的债务重组方案，必须有一个有强大实力的牵头人；最后，长城资产找到了江苏协鑫。

---

① 银通智略. 不良处置案例：超日太阳"壳"价值的经典案例［EB/OL］. ［2017 – 04 – 10］. https：//mp/weixin. qq. com.

江苏协鑫为协鑫集团境内投资平台；而协鑫集团为中国最大非国有电力控股企业、全球最大的光伏材料制造商、多晶硅材料供应商，是光伏行业全产业链布局的龙头；资产体量超过千亿元，具有雄厚的资金实力，更有光伏行业的经验与资源积累，对于超日太阳来说是很理想的债权人，能够帮助超日太阳尽快摆脱财务困境、恢复正常运营。能够找到一个看起来这么完美、理想的债权人，离不开长城资产多次的斡旋和谈判。

最终，此次不良资产的重组方由江苏协鑫、嘉兴长元、上海久阳等9方组成；其中江苏协鑫将成为未来上市公司的控股股东，负责生产经营并提供部分资金，并承诺：①使超日太阳2015年恢复上市；②2015年、2016年实现净利润分别不低于6亿元、8亿元，并将以现金就未达到承诺部分进行补偿；而其他9方则为财务投资者，主要提供资金支持。

三、破产重整一次性解决债务问题

破产重整解决债务问题，是整个重组方案中最难啃的骨头。重组方拿出了如下债务重整方案：参考《中华人民共和国破产法》（以下简称《破产法》）中的破产清偿顺序和相关规定，债务重整方案对于职工债权组、税款债权组全额受偿；有财产担保债权按照担保物评估价值优先并全额受偿，未能就担保物评估价值受偿的部分作为普通债权受偿；而普通债权20万元以下部分（含20万元）全额受偿，超过20万元部分按照20%的比例受偿。

归还债权的资金则来自两部分：超日太阳以资本公积—股本溢价转增股本16.8亿股，由超日太阳的现有全体股东无偿转让，并由江苏协鑫等9家债权人有条件受让，9家债权人受让上述转增股份应支付14.6亿元；再加上超日太阳通过处置境内外资产和借款等方式筹集的不低于5亿元，合计不低于19.6亿元将用于支付重整费用、清偿债务、提存初步确认债权和预计债权以及作为超日太阳后续经营的流动资金（实际操作时，则是9家债权人先将资金作为免息借款借给超日太阳，破产重整完成后，再用于认购公司资本公积转增股本的对价，而超日全体原股东，则将自己资本公积转增股本的对应权益，无偿让渡给9家债权人，即被稀释）。

破产重整的实施首先需要方案通过债权人大会；通过的条件为4个债权组分组对重整计划进行表决；必须每一组的过半数债权人同意且其代表的债权额占2/3以上。在这种情况下，普通债权组成为关键，如何说服普通债权的大额债权人接受受偿方案呢？在债权人大会召开前，长城资产、协鑫集团都和债权人、地方政府和监管部门都经历了很多次的沟通和商谈。因为如果重整方案无法通过，那么根据《破产法》的规定，超日太阳就必须强制进入破产清算。

为了能让重整方案通过，长城资产及协鑫集团分头与债权人沟通，十数次与地方政府和监管部门商谈"拉票"；在普通债权组中，有相当大一部分是"11超日债"对应的债权，因此长城资产、久阳投资最终决定出具保函，承诺如果方案能在债权人会议通过，将提供不超过8.8亿元的连带责任担保，即保证"11超日债"的持有者能够收回全部本息。最终，普通债权组通过的人数占比98.84%，通过的债权金额为31.65亿元，占普通债权总额的69.89%，刚刚超过2/3，最终让重整计划草案得以通过。

至此，破产重整获得了"胜利"的重要基础。

四、恢复上市——保壳"大作战"

经过多方努力，2014年12月24日，＊ST超日重整计划执行完毕，更名为＊ST集成。另外，公司必须达到2014年营业收入不低于1000万元，净利润、净资产均为正数的条件，否则＊ST集成很可能会退市，如果失去了这个资本市场的"壳"，那么各方的努力都将前功尽弃；这时，协鑫集团的功能就得到了最大的发挥。2014年下半年，＊ST超日主要资产均已被冻结，大部分生产线停产，开工率低；为了快速达到财务方面的要求，公司采取"自产＋代工"模式，主要向协鑫集团旗下的保利协鑫能源采购硅料等原材料，委托外部工厂加工成电池组件，再向协鑫集团旗下的协鑫新能源销售。

依靠与协鑫集团相关公司签订的约32.8亿元的采购与销售合同，＊ST集成于2015年4月29日发布的2014年年报显示，其2014年营业收入为26.99亿元，扣税后净利润为1.46亿元，总资产为31.08亿元，净资产为 3.24 亿元。公司实现扭亏为盈，解除了退市风险。

8 月 3 日，交易所核准公司股票恢复上市。8 月 12 日，公司复牌（同时股票简称改为协鑫集成），收盘价为 13.25 元/股，当天涨了 10 倍。

五、资产重组——协鑫集团正式入主

2015 年 6 月 4 日，协鑫集成发行股份购买江苏东昇和张家港其辰 100% 的股权，这两家企业的实际控制人均为协鑫集团；发行股份购买资产价格为 1 元/股，配套募集资金 1.26 元/股；同时，此次资产重组附有业绩承诺，作为破产重整时江苏协鑫业绩承诺的有力支撑；2015 年 10 月 22 日，此次资产重组方案得到证监会核准。

总结：盘活资产、化解风险、多方共赢

可以说，超日太阳这单不良资产问题的顺利化解，是最典型的通过盘活企业存量资产、行业整合提升产能、提高企业经营效率，并最终通过在资本市场转股获取回报的方式。

这样的不良资产处置方式，基本实现了多方共赢：超日太阳的债权人获得了相对较高的受偿率；并且很多债权人表示，债务有公司实际控制人的股票或者个人担保，那么随着股票的上涨，他们也有了"定心丸"；对于当地政府来说，超日的产能盘活、行业整合，避免了巨大的失业问题；对于协鑫集团来说，作为国内光伏企业的龙头，以略高于 1 元/股的价格拿到了一个 A 股的"壳"，还获得了行业的资产，再加上长城资产的一路协助，可谓是低成本、高回报，非常划算；对于其他 8 家债权人来说，股价的上涨都将带来不菲的回报。

案例 2：无锡尚德重组案①

无锡尚德太阳能电力有限公司（以下简称无锡尚德）成立于 2001 年 1 月 22 日，主要经营业务为研究、开发、生产、加工太阳能电池及发电产

---

① 最高人民法院. 中国企业破产重组的 20 个典型案例 [J]. 管理学季刊，2019（4）.

品系统等。尚德电力控股有限公司（以下简称尚德电力）是2005年在美国纽约证券交易所上市的民营企业。无锡尚德则是尚德电力旗下资产规模最大的生产基地，集中了95%以上的产能，10年间成长为全球最大的光伏组件生产商之一。2012年，由于行业恶性价格战、全球产能过剩，以及自身决策频繁失误和内部管理问题等原因，无锡尚德运行陷入极端困境，并导致尚德电力股价一度跌至0.6美元以下，三次收到纽约证券交易所停牌警告，并一度被强制进入退市程序。2013年3月18日，中国银行股份有限公司无锡高新技术产业开发区支行等8家银行以无锡尚德不能清偿到期债务为由，向江苏省无锡市中级人民法院（以下简称无锡中院）申请对无锡尚德进行破产重整。

无锡中院受理后，指定由地方政府职能部门组成清算组担任管理人，同时建议清算组通过市场化运作遴选审计、评估、法律、财务等中介机构，充实清算组团队，发挥中介机构在市场价值判断、营业管理咨询等方面的专业优势。由于无锡尚德是一家高科技型生产企业，营业事务涉及面广、专业要求高，需要熟悉公司业务和企业管理的专业人员参与。在无锡中院指导下，管理人聘请了在资产重组领域及企业管理等方面具备人才优势和丰富经验的公司负责管理无锡尚德重整期间的营业事务，实现了无锡尚德的复工。为了彻底恢复无锡尚德的持续经营能力，从2013年6月下旬开始，在无锡中院的指导下，管理人从全球范围内上百家光伏行业及上下游企业中，筛选潜在战略投资者，通过报名、资格审查、尽职调查、提交投标文件、工作小组专业评议等严格的招募程序，江苏顺风光电科技有限公司（以下简称顺风光电）获得无锡尚德战略投资者资格。

2013年10月底，管理人提交了重整计划草案，重整计划中明确顺风光电作为战略投资者支付30亿元现金，用于解决无锡尚德相关费用与债务的清偿。出资人持有的无锡尚德100%股权全部无偿让渡。职工债权、税收债权、担保债权均按照100%比例以现金方式一次性受偿。为提高普通债权的清偿比例，每家债权人10万元以下部分的债权全额受偿；10万元以上部分在"现金"及"现金＋应收款"两种方式中择一受偿。以"现金"方式受偿，受偿比例为31.55%。以"现金＋应收款"方式受偿，即每家债权人除按照30.85%的清偿比例获得现金受偿外，还可以无锡尚德账面9笔应收款受偿。

无锡中院在审理过程中，依法保护金融债权，有效化解金融风险。本案中，金融债权占债权总额的75.45%，一方面是加大资产清收力度，根据应收款的具体情况采取发催收函催收、直接接洽、论证后起诉等多种方式，共追回应收款7.08亿元，增加了破产财产总额；另一方面在制订重整计划时引入"现金＋应收款"与"现金"两种清偿方式供债权人选择。通过上述措施，有效维护了金融债权的安全，为顺利推进无锡尚德重组奠定了良好的基础。

三、债转股

债转股，是债权银行将对借款人的借贷债权，转换为对借款人的股权，即从债权人转换为股东。债转股是一个政策性非常强的不良资产处置方式，如开展得当，可以实现"企业降杠杆、银行降不良"的双赢局面，但不一定适合所有的商业银行。

（一）债转股的类型

在实务中，债转股有多种类型，根据不同的标准可作不同的分类。

1. 根据是否自愿实施，可分为：①政策性债转股，即根据国家政策要求所实施的债转股。②市场化债转股，即根据市场自愿原则，由债权银行与债务人协商实施债转股。

2. 根据债务人的经营状况，可分为：①不良资产型债转股；②投连贷型债转股，即对经营正常的企业，商业银行在给其融资时，提供包含部分贷款融资和部分股权投资的组合融资支持。

3. 根据债权银行的意愿，可分为：①主动型债转股，即商业银行主动实施的债转股。②被动型债转股，即商业银行并不愿意，但又不得不为的被动型债转股。

在上面几种债转股中，政策性债转股是 20 世纪 90 年代末，为加快处置国有银行的不良资产，降低国有企业的资产负债率，国家出台了债转股政策，主要由四大资产管理公司负责实施；市场化债转股是 2016 年后，为加快商业银行不良资产的处置，降低企业的资产负债率，国家出台并大力提倡的债转股政策，由债权银行与债务人协商实施；投连贷型债转股，是商业银行为进入股权融资领域而进行的一种业务创新，更多的是为了降低企业资产负债率，并获取比贷款利率更高的收益，而不是为了解决不良资产问题；被动型债转股，多数是在司法重整、股权流拍等情况下，被动接受的以股抵债，这种情形，将在本章"以物抵债"部分介绍。本处所讲的债转股，是商业银行主动实施的、市场化的、针对不良资产的债转股。

（二）债转股的作用与意义

债权与股权的最大区别是：债权必须按照借款合同的约定还本付息，借款人还本付息的义务是刚性的；而股权则是根据企业的盈利情况分配股息，所投资企业分配股息的义务是弹性的。由债权转为股权，对银企双方都有积极意义。

其中，对于借款企业的作用主要有：①将短期借贷资金转为长期股权投资款项。再长的长期贷款也是有还款期限的，而股权投资则是无期限的，只要企业还在经营且没有减少注册资本，投资款就一直存在。将债权转换为股权，可以让企业没有在限定期内必须还款的压力，可以更从容地安排资金。②减轻还本付息的压力。贷款是必须按期归还的；而股息则根据不同年度盈利情况予以分配，有盈利才有股息，没盈利就没有股息，盈利多股息多，盈利少股息少。债转股后，可以减轻企业筹集资金归还贷款的压力。③增强企业资本实力，降低资产负债率。企业的负债率高，既是企业经营困难的原因，也是企业经营困难的结果。通过债转股，可以降低企业资产负债率，并增加公司的资本实力。④改善企业的治理能力。债权银行在直接或间接成为股东后，通过派出董事等方式参与企业公司治理和重大决策，有助于改善企业的治理能力和经营绩效。

对于债权银行来说，债转股多少有些无奈、被动，但相比于贷款变成不良，债转股还具有以下积极意义：①避免贷款立即变为不良，可以有效降低当期不良额和不良率。②可以降低损失。债转股后，部分企业依然可能走向破产清算，但也会有一部分企业浴火重生。在企业走出困境、重回正常后，债权银行可以无损失或有盈利地退出。

（三）债转股的主要要求

为推动市场化债转股有序进行，国家出台了一系列文件，如表 3 - 1 所示①。

表 3 - 1　　　　　　　　　有关债转股的重要政策文件

日期	文件或会议名称	主要内容
2016. 8. 8	《降低实体经济企业成本工作方案》	提出降低实体经济企业的六大成本的一揽子政策，包括：支持有发展潜力的实体经济企业之间债权转股权
2016. 10. 22	《关于积极稳妥降低企业杠杆率的意见》及附件《关于市场化银行债权转股权的指导意见》	遵循法治化原则，按照市场化方式有序开展银行债转股，是本轮债转股的顶层设计文件
2016. 11. 22	《关于落实降低企业杠杆率税收支持政策的通知》	明确降杠杆税收支持政策
2016. 12. 19	《市场化银行债权转股权专项债券发行指引》	提出、明确市场化银行债转股专项债券的发行条件
2017. 7. 15	《关于发挥政府出资产业投资基金引导作用　推进市场化银行债权转股权相关工作的通知》	明确支持政府出资产业投资基金参与市场化债转股项目
2017. 8. 8	《商业银行新设债转股实施机构管理办法（试行）》（征求意见稿）	提出债转股实施机构业务范围、风险管理、监督管理等方面的要求
2018. 1. 19	《关于市场化银行债权转股权实施中有关具体政策问题的通知》	进一步明确债转股方案的形式，债转股对象的范围，债券类型、资金来源等
2018. 2. 7	国务院常务会议	出台国企资产负债约束机制、拓宽社会资金转变为股权投资的渠道、加强市场化债转股实施机构力量、规范引导市场化债转股项目提高质量

---

①　国务院发展研究中心金融所课题组. 不良资产处置与金融风险防控［M］. 北京：中国发展出版社，2018：170 - 171.

续表

日期	文件或会议名称	主要内容
2018.4.27	《关于规范金融机构资产管理业务的指导意见》	鼓励运用私募产品支持市场化、法治化债转股
2018.6.29	《金融资产投资公司管理办法（试行)》	确立银行债转股实施机构基本监管制度框架

根据上述文件政策，对债转股的要求主要有以下几项。

1. 债转股的实施对象

（1）债转股的企业对象

《金融资产投资公司管理办法》从三个角度框定了债转股企业的范围：基本准入类、优先支持类、禁止实施类。

基本准入类：拟实施债转股的企业，需发展前景良好但遇到暂时困难，具有可行的企业改革计划和脱困安排；主要生产装备、产品、能力符合国家产业发展方向，技术先进，产品有市场，环保和安全生产达标；信用状况较好，无故意违约、转移资产等不良信用记录。

优先支持类：符合国家产业政策等政策导向，拥有优质优良资产的企业和发展前景良好但遇到暂时困难的优质企业。具体包括：因行业周期性波动导致困难但仍有望逆转的企业；因高负债而财务负担过重的成长型企业，特别是战略性新兴产业领域的成长型企业；高负债居于产能过剩行业前列的关键性企业以及关系国家安全的战略性企业；其他适合优先考虑实施市场化债转股的企业。

禁止实施类：对以下企业不得实施债转股——扭亏无望、已失去生存发展前景的"僵尸企业"；有恶意逃废债行为的失信企业；债权债务关系复杂且不明晰的企业；不符合国家产业政策，助长过剩产能扩张和增加库存的企业；金融业企业；其他不适合实施债转股的企业。

（2）债转股的资产对象

根据《金融资产投资公司管理办法》规定，应当以银行对企业发放贷款形成的债权为主，适当考虑其他类型银行债权和非银行金融机构债权。根据这一规定，实施债转股的资产主要是银行信贷资产，同时明确了信托和券商的非标债权债转股的合法合规性。这就为银行投资的非标债权开辟了一种合法的退出渠道，"非标转标"对银行表内额度的压力减轻了。非标资产置换成股权也减轻了其到期接续不足而发生违约的压力。

（3）债转股的实施主体

商业银行将对借款企业的债权转为对借款企业的股权，商业银行自然就成为借款企业的股东。为了隔离实体企业的风险直接向商业银行转移，《中华人民共和国商业银行法》（以下简称《商业银行法》）规定：商业银行不得向非银行金融机构和企业投资，但国家另有规定的除外。因此，在债转股中，商业银行需先将其债权转让给一个实施主体，再由该实施机构将债权转为借款企业的股权。

债转股的实施主体有两类：一是商业银行设立的金融资产投资类子公司；二是独立的资产管理公司。为做好风险隔离，增强实施主体的风险抵御能力，实施主体需满足以下要求：①具备一定的经济实力。金融资产投资公司的注册资本应当为一次性实缴货币资本，最低限额为100亿元人民币或等值自由兑换货币。②主营业务为债转股。主营业务为债转股包括以债转股为目的收购银行对企业的债权，将债权转为股权并对股权进行管理；对于未能转股的债权进行重组、转让和处置；以债转股为目的投资企业股权，由企业将股权投资资金全部用于偿还现有债权；依法依规面向合格投资者募集资金，发行私募资产管理产品支持实施债转股；金融资产投资公司全年主营业务占比或者主营业务收入占比原则上不应低于总业务或者总收入的50%。③鼓励交叉实施。在商业银行与其金融资产投资子公司之间，由于股权关系，商业银行必然处于主导地位，容易发生不良资产转让价格虚高，或风险并未真实转移的现象。为保证公平交易，实现风险真实出表，避免变成银行集团内部的账面腾挪，《金融资产投资公司管理办法》明确规定：使用自营资金的，"鼓励"交叉实施债转股；使用募集资金的，"应当主要用于"交叉实施债转股。

2. 债转股的业务结构

根据规定，债转股有购债转股和入股还债两种方式（两种方式的具体交易结构见图3-1、图3-2①）。

---

① 廖志明，林瑾璐. 银行债转股怎么搞［EB/OL］.［2018-07-06］. https：//mp. weixin. qq. com.

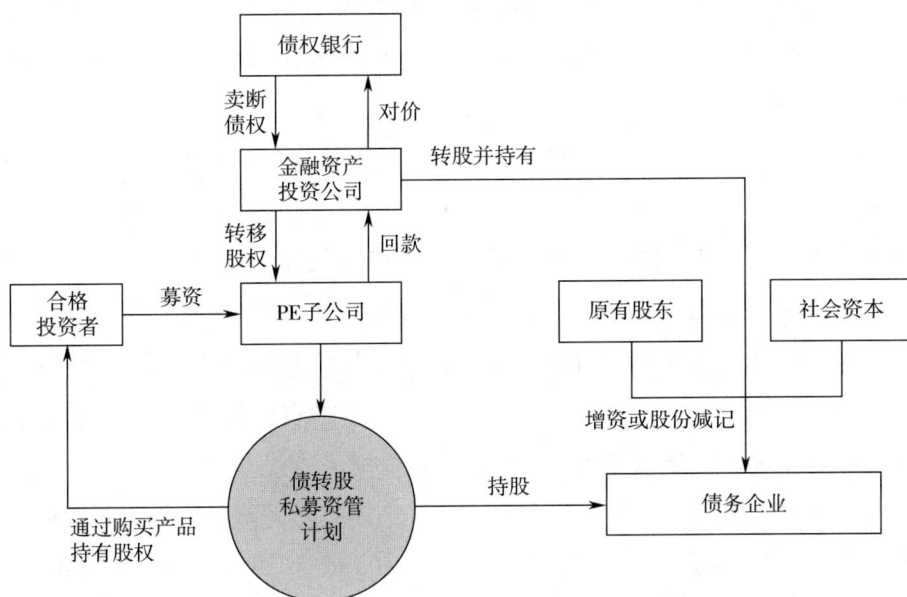

图 3 - 1　购债转股交易结构图

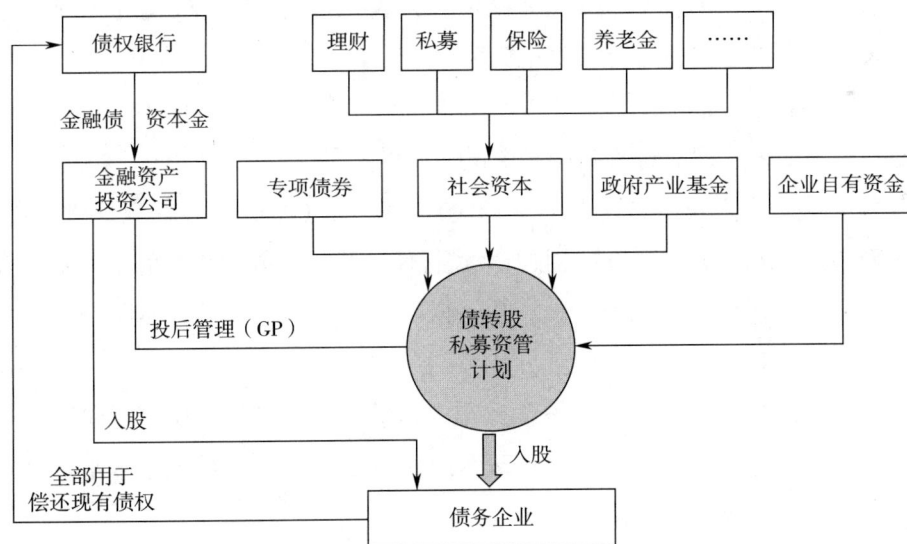

图 3 - 2　入股还债交易结构图

（1）购债转股，是指金融资产投资公司以债转股为目的收购商业银行对企业的债权，然后将债权转为股权的一种债转股方式。根据要求，在采取购债转股方式时，金融资产投资公司收购银行债权应当严格遵守洁净转让、真实出售的原则，通过评估或估值程序审慎评估债权质量和风险，坚持市场化定价，实现资产和风险的真实完全转移。

（2）入股还债，是指金融资产投资公司或其设立的债转股私募资管计划，以债转股为目的投资企业股权，由企业根据投资合同的约定，将股权投资资金全部用于偿还现有债权。根据规定，在采取入股还债方式时，金融资产投资公司对企业进行股权投资后，由企业将股权投资资金全部用于偿还银行债权的，应当与企业约定在合理期间偿还银行债权，并约定所偿还银行债权的定价机制，确保按照实际价值偿还银行债权。金融资产投资公司应当与企业约定必要的资金用途监管措施，严格防止企业挪用股权投资资金。

比较购债转股和入股还债两种方式，购债转股是先解决债权再解决股权，入股还债是先解决股权再解决债权，前者的操作流程更为简单，风险也更加可控。从《金融资产投资公司管理办法》的立法思路来看，监管更着重鼓励的也是购债转股模式。其具体的操作流程是：

（1）金融资产投资公司发行金融债券，或者通过私募股权投资（PE）子公司发行私募资管产品等方式筹集资金。

（2）金融资产投资公司用募集到的资金，收购商业银行的不良资产。商业银行需及时利用已计提拨备核销资产转让损失。

（3）金融资产投资公司和企业商定转股方案（原股东资本减记或增资、引进新股东等），根据商定的转股方案进行债转股，并办理相应的工商变更登记等手续。债权可以转为普通股，也可以转为优先股。当然，转股方案也可以在操作第（1）个步骤之前就已商定好了。

（4）投后管理。金融资产投资公司成为借款人股东后，切实行使股东权利，履行股东义务，推动企业进行改组改制，提高企业公司治理水平和经营绩效。

3. 债转股的定价

（1）收购不良资产时的定价

为保证不良资产真实地、市场化地转让，金融资产投资公司在收购不良资产时，应遵守以下规定：①洁净转让。金融资产投资公司收购银行债权，应当严格遵守洁净转让、真实出售的原则，通过评估或估值程序审慎评估债权质量和风险，坚持市场化定价，实现资产和风险的真实完全转移。②不得接受暗保。金融资产投资公司收购银行债权，不得接受债权出让方银行及其关联机构出具的本金保障和固定收益承诺，不得实施利益输送，不得协助银行掩盖风险和规避监管要求。金融资产投资公司不得与银行在转让合同等正式法律文件之外签订或达成任何协议或约定，影响资产和风险真实完全转移，改变交易结构、风险承担主体及相关权益转移过程等。③严格管理关联交易。金融资产投资公司在收购母行的不良资产时，应适用关联交易管理，遵循商业原则，以市场价格为基础，按照不优于非关联方同类交易的条件进行，防止利益输送，防范掩盖风险、规避监管和监管套利。重大的关联交易应当经董事会批准，并进行充分披露；重大关联交易应当自批准之日起 10 个工作日内报告监事会，同时报告监管机构。

（2）债转股的定价

债转股的定价，即金融资产投资公司就其所持有的债权，转换为多少份额股权。这是债转股的重点，也是难点。根据规定，金融资产投资公司应当对债转股对象企业开展尽职调查，合理评估对象企业价值，并与企业、企业股东等利益相关方协商明确转股价格、转股比例、资产负债重组计划、公司治理安排、经营发展规划、股权退出等事宜，签订债转股协议。

4. 债转股的资金来源

金融资产投资公司为债转股而收购不良资产时，其资金来源有：自有资金；银行授信；发行私募资产管理产品；发行金融债券；通过债券回购、同业拆借、同业借款等。为保证不良资产的真实、洁净转让，对不同种类的资金来源，有不同的限制性要求：

对银行授信资金的使用，有以下限制：①金融资产投资公司收购银行债权，不得由该债权出让方银行使用资本金、自营资金、理财资金或其他表外资金提供任何形式的直接或间接融资，不得由该债权出让方银行以任何方式承担显性或者隐性回购义务。②金融资产投资公司对企业进行股权投资，股权投资资金用于偿还企业银行债权的，不得由该债权人银行使用资本金、自营资金、理财资金或其他表外资金提供任何形式的直接或间接融资。

对银行理财资金参与债转股，根据资管新规的规定，私募产品可以投资"未上市企业股权（含债转股）"，"鼓励充分运用私募产品支持市场化、法治化债转股"。"鼓励金融机构通过发行资产管理产品募集资金支持经济结构转型，支持市场化、法治化债转股，降低企业杠杆率。"由此，银行理财原则上可以参与，但仅限于私募类，且只能投资于他行的项目，而不得对本行项目直接或间接融资。

鉴于金融债属于公开市场产品，对金融资产投资公司通过金融债募集资金的，在使用范围上享有豁免权利，即母行可以认购金融资产投资子公司发行的金融债。根据《金融资产投资公司管理办法》第二十六条规定："金融资产投资公司使用发行金融债券募集的资金开展债转股业务，不适用本办法第二十七条第三款和第三十一条。"第二十七条第三款是指，募集资金主要应该交叉实施债转股；第三十一条是指，母行不得对本行债转股项目直接或间接融资。根据这一规定，商业银行可以通过认购金融资产投资公司发行的金融债的方式，为本行的债转股项目提供融资。

5. 债转股的退出

债转股，对于金融资产投资公司来说，也就是一种不良资产处置方式，只是阶段性持有股权，不会永久持有股权。因此，如何退出，对金融资产投资公司也非常重要。根据现有规定，债转股以后，金融资产投资公司的退出主要有三个渠道：①协议退出，即在实施债转股时，也可以债转股之后，金融资产投资公司与债转股企业协商约定退出期限和退出方式。这种退出，主要是债转股企业原有股东回购。②上市退出，即实施债转股企业在符合上市条件而上市时，金融资产投资公司通过上市退出。③转让退出，即通过市场化措施，向社会合格投资者真实转让所持有的债转股企业股权而退出。

（四）商业银行实施债转股的问题与困难

自2016年重启债转股以来，配套政策与制度安排不断完善，实施机构不断增加，业务模式日趋丰富，债转股取得了一定的进展，对减轻企业负担、降低银行不良发挥了重要的作用，也被不良资产处置行业寄予厚望。但在实践中也暴露了一些问题，其中最大的问题是实际落地率偏低。根据统计，截至2017年底，各类实施机构与102家企业签署了市场化债转股框架协议，协议金额超过 1.6 万亿元；但落地债转股项目金额仅 1200 多亿元，项目落地率只有 8%。截至 2018 年 7 月底，债转股签约金额约 1.73 万亿元，落地金额 3500 多亿元。① 实际金额和落地率与预期相差较大。导致债转股没有达到预期的主要原因，是债转股并不能给商业银行带来超过资产转让等处置措施的收益，具体原因有以下几点。

1. 商业银行难以主导债转股

由于以下原因，商业银行，特别是中小型商业银行难以主导债转股：①并不是所有的商业银行都能成立金融资产投资公司。根据现有的制度规定，商业银行债转股必须通过金融资产投资公司实施，而成立金融资产投资公司的门槛较高，导致中小型商业银行只能将不良资产转让给非其控股的金融资产投资公司。②在债转股中，商业银行将不良资产转让给金融资产投资公司，必须遵循真实转让、洁净转让的要求。商业银行既然是真实地、洁净地将不良资产转让给非自己控股的金融资产投资公司，在债转股实施中必然就没什么话语权。

在债转股中，商业银行没有话语权，与资产批量转让或单笔转让又有什么区别呢？且资产转让，只要是不良资产就可以转让，区别只是转让价格；而债转股，对债务企业还有资质要求。这些要求与限制，必然降低了商业银行对债转股的兴趣。

2. 商业银行债转股将产生新的责任人

根据现有的内外部管理制度，出现不良资产必将追究责任人。贷款会出现不良资产，债转股也会出现企业无法救活、投资失败的情况。在一笔贷款成为不良资产后，原有的经办人员、审批人员自然需要承担相应的责任。但对于不良资产的处理来说，通过诉讼、转让等方式，只要不出现操作风险、道德风险，清收人员不需要承担没有收回或收回金额的责任；而通过债转股，如果债转股企业最终还是经营失败，商业银行债转股投资受损，根据现有的追责制度，必将会追究经办和决策债转股人员的责任。这种责任，对清收人员/业务人员、审批人员来说是一种额外的责任，必然会降低推进债转股的积极性。

---

① 国务院发展研究中心金融所课题组. 不良资产处置与金融风险防控［M］. 北京：中国发展出版社，2018：172.

3. 商业银行实施债转股没有额外的收益

商业银行是一个自负盈亏的企业，合法地追求收益应当被允许和鼓励。由于下列原因，商业银行实施债转股并不能获得比资产转让更高的收益：①资金成本较高。目前，债转股实施主体的资金来源有：自有资金；银行授信；发行私募资产管理产品；发行金融债券；通过债券回购、同业拆借、同业借款等。除自有资金外，其余的来源都是市场化筹集，都要支付市场化的资金成本。如果再加上实施主体的运营成本和债转股企业经营失败的风险补偿成本，债转股的资金成本将更高。较高的资金成本虽然是由作为实施主体的金融资产投资公司承担，但最终也会影响到其控股股东——商业银行的成本收益。②风险权重偏高。根据规定，商业银行被动持有企业的股权，持有期不超过 2 年的，风险权重为 400%；超过 2 年的，风险权重为 1250%；而贷款的风险权重最高为 100%。对于主动实施债转股的，金融资产投资公司按 150% 计算风险权重，对商业银行如何计算风险权重没有明确规定。即使根据并表规则，商业银行在并表时，按 150% 计算风险权重，也高于贷款的 100% 风险权重。③退出渠道不通畅。商业银行的优势是融通资金，金融资产投资公司的优势是清收处置不良资产，经营管理企业都不是两者的优势。因此，债转股后择机退出是商业银行、金融资产投资公司的必然选择。上市又是股权投资退出的最佳渠道。但根据现有的上市规则，上市还难以成为债转股企业的选择。非上市公司由于其人合①的特点，其股权也难以市场化交易。债转股更多的是依赖股东回购，即属于买方市场，还要看股东的回购能力。这些因素都导致债转股后，难以有效地通过市场化渠道退出。④税费负担较重。对于债转股过程中涉及的税费，《关于市场化银行债权转股权的指导意见》规定"符合条件的债转股企业可以按照规定享受企业重组相关税收优惠政策"，但缺乏配套政策。实务中，债转股一般都是通过设立有限合伙基金投资债转股企业，在资金募集、投资落地、期间收益分配、支付管理费、投资退出等环节都需要纳税，税费负担较重。以建设银行为例，在其已落地的债转股项目中，平均综合税费为 0.42%，平均缴纳税率为 0.37%。② 由于债转股金额

---

① 即以投资人之间的信任、联合而设立；上市公司是资合，即以资金的聚合而设立。
② 国务院发展研究中心金融所课题组. 不良资产处置与金融风险防控 [M]. 北京：中国发展出版社，2018：175.

一般都比较大，其税费的绝对额难免也较大，对实施主体来说，压力不小。

上述因素抑制了商业银行通过债转股处置不良资产的积极性。要充分发挥债转股在不良资产处置中应有的作用，达到其所期望的"降杠杆、降不良"双赢目的，还需要监管机构与商业银行沿着市场化道路继续努力。

案例：某钢铁公司市场化债转股案例[①]

某钢铁公司，为某省属第一大国企下属唯一上市平台。该公司以钢铁制造为主业。由于早年钢铁行业整体产能过剩，该公司自身面临着负债率高、资本结构不合理等问题，存在较强的市场化债转股诉求。

自 2009 年起，该钢铁公司负债率逐渐升高，而盈利情况却波动较大，2009 年上半年，负债率为 72.39%，当年归属母公司净利润为 1.2 亿元；2015 年资产负债率达到 86.05%，远远超出国企平均负债率水平，当年，其归属母公司净利润为 -29.59 亿元。2017 年初该公司收到退市风险警示，陷入高负债率和巨额亏损的旋涡中。2017 年末，随着钢铁行业供给侧结构性改革执行力度的加强和钢铁价格的稳定，公司盈利状况已经出现较大改善，但资产负债率仍高达 80.54%，公司财务费用负担较为沉重。

经过多方协商，该钢铁公司提出了如下债转股方案：①机构投资者通过收购金融机构债权后转为股权或现金增资的方式，完成后投资者持有该钢铁公司的 3 家子公司的少数股权。②上市公司发行股份购买机构投资者持有的 3 家子公司股权，实现机构投资者持有股权转换为上市公司股票。③上市公司操作资产置入运作，通过发行股份购买资产方式收购该钢铁公司所持有的 3 家子公司少数股权。

按照上述方案，2018 年 12 月，6 家机构投资者共同增资 3 家子公司 32.8 亿元。通过定向还债的形式，降低公司资产负债率约 5 个百分点，节省财务费用超过 1.3 亿元，提升了该钢铁公司的盈利能力，公司资产质量也得到优化，达到了债转股的预期目标。

---

① 李文举. 某钢铁公司市场化债转股案 [EB/OL]. [2019 – 08 – 21]. https：//mp. weixin. qq. com.

在本次债转股中，一家资管公司通过基金化的形式，与其他机构投资者共同组建私募股权基金出资，其中资管公司控股子公司担任基金管理人和执行事务合伙人。通过资管公司与交易方的多次创新改善，本次债转股方案的主要亮点有：①体外资产置入，提升盈利空间。该钢铁公司在债转股项目操作过程同时运作资产置入，有利于提升上市公司盈利和增厚每股收益。②增加持有子公司期间的分红，提升投资机构的期间收益。投资机构持有该钢铁公司3家子公司股权至发行股份购买资产运作完成前，由该钢铁公司的母公司为投资机构在持有子公司期间支付一定比例的预期收益率。此举有利于增加投资机构期间收益，解决了部分债转股实施机构对期间收益的要求，更充分地调动了实施机构参与债转股业务的积极性。③设置回购条款及调价机制。钢铁公司母公司为债转股业务出现发行股份失败的极端情形设置了回购条款，若投资机构最终无法通过上市公司发行股份购买资产的方式获得上市公司股票，可由母公司协助投资者转让其所持有的3家子公司股权以履行回购义务。同时，方案也加入了调价机制：在上市公司审议本次交易的首次董事会决议公告日至中国证监会核准本次交易前，如发生约定的价格调整的相关触发条件，经公司董事会审议，可以对按照已经设定的调整方案对股份发行价格进行一次调整。④将上市公司母公司列为发股对象，有利于解决利益诉求冲突问题。由于母公司与新投资者发行股份的定价都是同一价格，因此更有利于对发行方案达成共识、保障投资者利益。此举既是平衡了发行股份购买资产中发行股份价格的矛盾，也通过体外资产注入解决了控股股东和上市公司同业竞争的问题、提升了上市公司盈利水平，可谓一举多得。

综合来看，该债转股方案亮点纷呈，达到了一石三鸟的效果：①降低了企业负债率，为企业减轻财务费用压力，让企业轻装上阵、再创佳绩。②完成了优质体外资产注入上市公司，为企业经营和利润再添新动能。③形成了良好的资管公司、金融资产投资公司（AIC）合作降杠杆的模式，为债转股提供了新思路，是市场化债转股的典型案例之一。

第二节　出表类清收处置方式

出表类清收处置方式，是指商业银行通过一定的措施，将不良资产从其资产负债表中移出，但并没有从债务人那里收回或没有完全收回欠款；移出报表后，还需要商业银行或其他主体继续向债务人清收的不良资产处置方式。这种处置方式主要有核销、债权转让、收益权转让三种。

一、核销

核销，是指商业银行对一些难以收回的不良资产，在符合规定的条件下，予以从表内销账的一种不良资产处置方式。核销是商业银行一种常用的不良资产处置方式。

（一）不良资产核销的利弊

核销，对商业银行的好处有以下几点：①可以快速降低不良资产总额与不良率。②核销并不是放弃债权，只是将表内不良转为表外资产，账销案存，核销后的贷款银行依然可以主张债权，收回的核销贷款入营业外收入，回补利润。③可以获得一些监管红利。《关于调整商业银行贷款损失准备监管要求的通知》（银监发〔2018〕7号）规定：根据单家银行处置的不良贷款与新形成不良贷款的比例，对积极主动利用贷款损失准备处置不良贷款的银行，可适度下调贷款损失准备监管要求。具体规定见表3-2。

表3-2　　　　　　　　不良处置与拨备计提比率

处置的不良贷款占 新形成不良贷款的比例	拨备覆盖率 最低监管要求	贷款拨备率 最低监管要求
90%及以上	120%	1.5%
[75%，90%)	130%	1.8%
[60%，75%)	140%	2.1%
60%以下	150%	2.5%

当然，核销对商业银行来说也存在一些弊端：①需要核销大量的资产减值准备，从而减少利润。②如果商业银行的不良资产责任认定和责任追究制度不健全、管理不严格，会带来很大的道德风险和操作风险。③核销后的贷

款，银行再清收的积极性不高，实际损失金额会大于采取其他清收处置手段造成的损失。④对一些未达到核销条件的不良资产予以核销，存在合规风险，有可能被监管处罚。

（二）不良资产核销的条件

按照《金融企业呆账核销管理办法（2013 年修订版）》（财金〔2013〕146 号），予以核销的贷款需要符合一定条件。这些条件是不良资产核销的基础性要求，只有在满足下述相应条件基础上，才能纳入启动核销的范畴。

1. 借款人依法宣告破产、关闭、解散或者撤销，相关程序已经终结，商业银行对借款人财产进行清偿，并对担保人进行追偿后，仍无法收回的债权；法院依法宣告借款人破产后 1 年以上仍未终结破产程序的，商业银行对借款人和担保人进行追偿后，经法院或破产管理人出具证明，仍无法收回的债权。

2. 借款人死亡，或者按照《中华人民共和国民法通则》的规定宣告失踪或者死亡，或者丧失完全民事行为能力或劳动能力，商业银行依法对其财产或者遗产进行追偿，并对担保人进行追偿后，仍无法收回的债权。

3. 借款人遭受重大自然灾害或者意外事故，损失巨大且不能获得保险赔偿，或者以保险赔偿后，确实无力偿还部分或者全部债务，商业银行对其财产进行追偿，并对担保人进行追偿后，仍无法收回的债权。

4. 借款人已完全停止经营活动，被县级及县级以上工商行政管理部门依法注销、吊销营业执照，商业银行对借款人和担保人进行追偿后，仍无法收回的债权。

5. 借款人已完全停止经营活动或者下落不明，未进行工商登记或者超过 3 年未履行企业年度报告公示义务的，商业银行对借款人和担保人进行追偿后，仍无法收回的债权。

6. 借款人触犯刑法，依法被判处刑罚，导致其丧失还款能力，其财产不足归还所借债务，又无其他债务承担者，商业银行经追偿后，仍无法收回的债权。

7. 由于借款人和担保人不能偿还到期债务，商业银行诉诸法律，借款人和担保人虽有财产，但对借款人和担保人强制执行超过 1 年以上仍无法收回的债权；或者借款人和担保人虽有财产，但进入强制执行程序后，由于执行困难等原因，经法院裁定终结或者终止（中止）执行程序的债权；或者借款人和担保人无财产可执行，法院裁定执行程序终结或者终止（中止）的债权。

8. 商业银行对借款人和担保人诉诸法律后，或者借款人和担保人按照《破产法》相关规定进入重整或者和解程序后，重整协议或者和解协议经法院裁定通过，根据重整协议或者和解协议，商业银行无法追偿的剩余债权。

9. 对借款人和担保人诉诸法律后，因借款人和担保人主体资格不符或者消亡等原因，被法院驳回起诉或者裁定免除（或部分免除）借款人和担保人责任；或者因借款合同、担保合同等权利凭证遗失或者丧失诉讼时效，商业银行经追偿后，仍无法收回的债权。

10. 商业银行依法取得抵债资产，对抵债金额小于贷款本息的差额，符合上述 1 至 9 项原因，经追偿后仍无法收回的债权。

11. 开立信用证、办理承兑汇票、开具保函等发生垫款时，凡开证申请人和保证人由于上述 1 至 10 项原因，无法偿还垫款，商业银行经追偿后，仍无法收回的垫款。

12. 具有投资权的商业银行对外投资，满足下列条件之一的可认定为呆账：①被投资企业依法宣告破产、关闭、解散或者撤销，商业银行经清算和追偿后，仍无法收回的股权；②被投资企业已完全停止经营活动，被县级及县级以上工商行政管理部门依法注销、吊销营业执照，商业银行经追偿后，仍无法收回的股权；③被投资企业财务状况严重恶化，累计发生巨额亏损，已连续停止经营 3 年以上，且无重新恢复经营改组计划的；或者被投资企业财务状况严重恶化，累计发生巨额亏损，已完成破产清算或者清算期超过 2 年以上的，商业银行无法收回的股权；④商业银行对被投资企业不具有控制权，投资期限届满或者投资期限超过 10 年，且被投资企业资不抵债的，商业银行无法收回的股权。

13. 商业银行采取打包出售、公开拍卖、转让、债务减免等市场手段处置债权或者股权后，根据转让协议或者债务减免协议，其处置回收资金与债权或股权余额的差额。

14. 对于单户贷款余额在 50 万元及以下（农村信用社、村镇银行为 5 万元及以下）的对公贷款，经追索 1 年以上，仍无法收回的债权。

15. 对于单户贷款余额在 10 万元及以下（农村信用社、村镇银行为 1 万元及以下）的个人无抵（质）押贷款、抵（质）押无效贷款或者抵（质）押物已处置完毕的贷款，经追索 1 年以上，仍无法收回的债权。

16. 因借款人、担保人或者其法定代表人、实际控制人涉嫌违法犯罪，或者因商业银行内部案件，经公安机关或者检察机关正式立案侦查 2 年以上，商业银行对借款人、担保人或者其他还款义务人进行追偿后，仍无法收回的债权。

17. 商业银行对单户贷款余额在 3000 万元及以下的，经追索 180 天以上，仍无法收回的中小企业贷款和涉农贷款，可按照账销案存的原则自主核销。其中，中小企业标准为年销售额和资产总额均不超过 2 亿元的企业，涉农贷款是按《中国人民银行 中国银行业监督管理委员会关于建立〈涉农贷款专项统计制度〉的通知》（银发〔2007〕246 号）规定的农户贷款和农村企业及各类组织贷款。

18. 商业银行对单户贷款余额在 500 万元及以下的，经追索 180 天以上，仍无法收回的个人经营贷款，可按照账销案存的原则自主核销。个人经营贷款是指商业银行按照《个人贷款管理暂行办法》（银监发〔2010〕2 号）发放的，并且商业银行能有效监控资金流向，证明贷款符合合同约定用途的生产经营贷款。

19. 经国务院专案批准核销的债权。

20. 贷款转让（含批量转让）后，转让的折价部分需要核销。

（三）不良资产核销的管理要点

一般而言，商业银行内部各分支机构对核销额度的需求，远大于符合核销条件的不良资产金额，因此，是否符合核销条件，不是核销管理的重点。核销管理的重点是以下三个问题：一个年度或季度内，总行有多少核销额度；核销额度怎样在公司、零售、信用卡等业务条线之间，以及在各分行、事业部等经营机构之间分配；各经营机构具体核销哪些不良资产。

1. 总的核销额度

核销，对于不良资产的压降是又快又好。作为不良资产管理的主管部门和清收部门，肯定希望核销额度越多越好；但核销是需要消耗利润的，商业银行对利润的增长率又有一定的要求，作为利润以及利润增长的主管部门，无疑是希望核销越低越好。为了既保证商业银行实现一定的增长率，又将商业银行的不良资产总额和不良率控制在一定的水准内，就需要在核销额度和利润增长之间保持一定的平衡。这种平衡，需要商业银行的不良资产主管部门和财务部门，在每年年初/季度初时反复沟通，确定本年度/季度不良资产的核销总额。如果利润增长情况较好，或不良增长太快，在执行中可能会协商增加一些额度。在当前的经济金融形势下，同时实现高增长、低不良的目标是不容易的；在沟通核销额度过程中的艰辛，只有两个部门的经办和负责人才能体会。两部门达成共识后，再上报经营层、董事会审定执行。

2. 核销额度的分配

年度/季度核销额度确定后，就是在各业务条线、各经营机构之间分配了。这是总行不良资产主管部门在核销管理中最难做的工作。难就难在根据什么标准、什么规则，在各条线之间、各经营机构之间分配核销额度。

对总行不良资产主管部门来说，核销额度存在两个层面的分配：一是在业务条线之间的分配，即在公司、零售、信用卡等条线之间的分配。二是在各分行、事业部等经营机构之间的分配。通常而言，各业务条线之间的分配，是总对总分配，是总行不良资产主管部门与各业务主管部门之间沟通的结果。这种分配，一般是根据各业务条线的不良资产形势、收入和利润情况，在年初就基本分配完毕。各经营机构之间的分配，则包含了公司、零售两种核销额度的分配，是上对下分配，是总行不良资产主管部门与各事业部、各分行之间的分配，每个季度都会根据一定的规则配置。由于公司类不良资产和零售类不良资产的核销程序有所不同，核销额度的分配规则也就有所不同。在程序上，公司类不良资产核销，除经过审计部门完成责任认定外，还需要逐笔上报总行审批，金额大的还要上报董事会审批，审批通过后才能核销；而零售类的，则经过审计部门完成责任认定后，就可由分行在核销额度内直接予以核销。因此，公司类不良资产的核销额度分配，首要的分配规则就是根据完成审批手续的先后，先完成的先核，后完成的后核；在同时完成审批的较多时，即可以核销的不良资产总额大于可以核销的额度时，就需要根据其他的规则来分配了。利润贡献大小、不良资产余额多少、自行清收处置多少等，都是应考虑的因素。

零售类不良资产，具有笔数多、单笔金额小、总额不良金额大，清收处置难的特点，因而，各经营机构都希望给自己多分些核销额度，且都会振振有词地举出一些理由和主张：有人主张根据本机构收入和利润贡献大小的分配；有人主张根据本机构不良资产余额的多少分配；有人主张根据本机构清收处置不良资产贡献的大小分配；有人主张以前给其他的机构分配的多，这次应该给自己多分配些；也有人主张根据已完成不良资产核销审计和责任认定的多少分配；还有人直接向董事长、行长、主管行长诉苦，争取多支持些核销额度。这些理由、主张，都有一定的道理，都需要考虑，且对总行不良资产主管部门来说，各经营机构都是自己的下级机构，手心手背都是肉，难以拒绝又不得不分，最后有可能是无论怎样分配都难以让各机构百分之百满意。

到底怎样分配，还是要回到核销的初心和本源。核销的目的是要快速降低不良资产的总额和不良率。因而，核销额度的分配也要围绕怎样才更有利于降低不良资产总额和不良率来进行。降低不良率，可以依靠增加贷款、做大分母来实现，而降低不良资产的总额则只能依靠不良资产的清收处置来实现。因此，在各季度/年度期限内，清收处置不良资产总额多的经营机构应多配置核销额度，这是各机构都能接受的规则。这就是"处置换核销"思路的逻辑来源。也就是说，总行根据各经营机构在当季内自行清收处置（如现金收回、重组压降、以物抵债、转换盘活等）不良资产的多少，按比率配置核销额度，这是相对公平也最容易被各经营机构接受的分配规则。

当然，管理是发散的，需要综合考虑各种因素。在确定零售类核销额度的基本分配规则的基础上，也应适当考虑以下因素：①上级领导的特殊安排。②利润贡献的大小。核销需要利润支撑，利润贡献大的机构多分配些核销额度，也是说得过去的。③近几年核销的多少。在经济下行期，不良资产一般都按区域逐步暴露。暴露早的分行，在早些年度已经给予了核销额度支持；暴露晚的分行，在大面积暴露时，理应多给予一些核销额度支持。这也是能被其他分行理解和接受的。

总而言之，总行在分配核销额度时，要根据一定的规则，不能拍脑袋、凭印象、靠感情，可以直接将规则告知各业务条线、各经营机构。这样，才能减少误解和矛盾，有效调动各业务条线、各经营机构清收处置不良资产的积极性，充分发挥核销的作用。

3. 具体核销的资产类别

各经营机构在获得核销额度后，就要决定具体核销哪些资产。公司类的不良资产，基本上就是经过终审的，零售类的情况相对复杂一些。

分行在决定核销哪些零售类不良资产时，会面临以下问题：①在辖内各二级分行、各支行之间根据什么规则来分配核销额度。②核销额度在抵押类、信用类之间如何分配。③核销额度在计提了不同比率减值准备的不良资产之间如何分配。

对第一个问题，在不同的清收管理体制的商业银行，会有不同的分配规则。在实行分散式清收管理体制的商业银行，可参照前面所讲的总分分配规则；而在实行集中清收管理体制的商业银行，因各分支机构不再负责不良资产的清收处置，因而就不能根据其账面不良的压降情况予以分配，更合理的应是根据收入与利润贡献多少、不良资产余额多少等规则分配。对第二个问题，由于抵押类贷款方便进行转让处置，信用类贷款方便进行重组处理，具体核销哪类资产，主要根据下一季度对不良资产清收处置形势的预判，如要多进行转让处置的，应多核销信用类的；如要多进行重组处理的，应多核抵押类的。对第三个问题，主要应考虑对利润的影响，如需要少影响利润的，应多核销损失类、可疑类等计提减值准备较多的不良资产；如需要将利润控制在一定水准内的，就应多核销次级类的不良资产。总而言之，分行在获得总行的不良资产核销额度后，要根据分行的具体情况综合考虑，尽可能平衡好各方面的诉求，以免发生不必要的分歧、争议和麻烦。

4. 不良资产核销的审批与账务处理

不良资产核销需进行相应的审批。审批程序一般是经营机构每季度上报下季度拟核销的不良资产；总行不良资产主管部门进行初审后，转交审计部门进行核销审计和责任认定；审计部门完成审计和责任认定后，将符合核销条件的反馈给总行和分行；总行不良资产主管部门根据审批权限进行审批；审批通过后，通知分行核销；分行通过账务处理，完成核销。

（四）不良资产核销后的管理

核销，并不是债权银行放弃对债务人的债权，而是账销案存、账销权在；债权银行应继续向债务人追偿。当然，由于已核销的资产不能再回表内，只能是收回现金，清收处置的方式则主要有自催自收、诉讼清收等。

对已核销资产的清收，收回的就是利润，商业银行理应加大对已核销资产的清收力度。但在实务中，有些商业银行分支机构可能因表内不良资产清收处置压力大，或是已核销清收难度大等原因，将主要的精力放在表内不良资产的清收处置上，容易忽视或削弱对已核销资产的清收处置。对此，有必要通过以下几个管理措施，督促分支机构加大对已核销资产的清收处置力度：①建立专人负责制度。一级分行的资产保全部门，应由专人负责已核销资产的清收处置；同时，根据已核销资产的总额、笔数，配置相应数量的清收人员。②核定年度/季度收回指标。根据各分支机构已核销资产总额的多少，按30%左右的比率核定该机构已核销资产的年度现金清收指标，再分摊到季度现金清收任务。③略微高些的激励。被核销的资产，基本上都是穷尽其他手段也难以清收处置的资产，清收处置的难度相对较大，且只能是现金收回，可以采取给予比表内现金清收稍微大些的激励政策，以激发积极性。

在极个别的情况下，有些基层机构为了完成利润计划，有可能采取重组已核销资产的方式来增加利润，即对已核销资产的借款人，以重组贷款的名义，再发放一笔借新还旧贷款，归还已核销的贷款。这种操作方式，主要适用于审批权限在分行的零售类贷款。如此操作后，在账务上就体现为以现金收回已核销的资产。由于被核销的借款人，基本上都已丧失了经营能力和还款能力，新办理的贷款迟早也会变为不良资产，因此，这种做法是典型的作假行为，除了虚增利润外，既浪费了核销额度，又增加了以后不良资产的金额，需要严厉制止和打击：最有效的制止办法，是总行在零售授信系统中增加相应的功能，对已核销资产的借款人可以自动识别和显示，并在核销后3至5年内自动阻止再办理新的贷款；打击，就是商业银行总行和监管机构一旦发现这种行为，就立即予以严厉问责和处罚。

二、债权转让

债权转让，是指将已成为不良资产的贷款债权，转让给债权银行以外的第三方主体。债权转让，是不良资产清收处置中的一种常见方式。

（一）债权转让的基本要求

对于不良资产转让，目前有详细的监管规定。核心的规范有以下几点。

1. 能够转让的债权类型

能够转让的不良资产，是商业银行在经营中形成的一些不良信贷资产和非信贷资产，具体包括：①按规定程序和标准认定为次级、可疑、损失类的贷款；②已核销的账销案存资产；③抵债资产；④其他不良资产。

根据规定，下列不良资产不得进行批量转让：①债务人或担保人为国家机关的资产；②经国务院批准列入全国企业政策性关闭破产计划的资产；③国防军工等涉及国家安全和敏感信息的资产；④个人贷款（包括向个人发放的购房贷款、购车贷款、教育助学贷款、信用卡透支、其他消费贷款等以个人为借款主体的各类贷款）；⑤在借款合同或担保合同中有限制转让条款的资产；⑥国家法律法规限制转让的其他资产。

2. 债权转让的基本原则

在不良资产转让中，应坚持依法合规、公开透明、竞争择优、价值最大化、洁净的原则。其中的洁净原则，是指不良资产债权转让后，债权银行将其享有的权利、承担的义务全部转移给受让方；清收的风险也全部转移给受让方，对所转让的债权最终能收回多少，债权银行不承诺、不担保、不兜底。

（二）债权转让的种类

根据每次转让的债权是债权银行对多个借款人的债权，还是对单一借款人的债权，可分为批量转让和单笔转让。

1. 批量转让

批量转让，又称打包转让，是指将3户或3户以上的不良资产债权组成一个资产包，同时对外转让。

近几年，随着商业银行不良资产的大面积暴露，批量转让成为商业银行比较推崇的一种处置不良资产方式。与核销、现金清收等方式相比，批量转让对商业银行有以下几点好处：①快速压降。可以快速、大规模处置、压降不良资产。一个资产包少则几千万元，多则超过10亿元。如通过诉讼执行解决，从起诉到执行回款，没有3至5年是不可能完成的，而通过批量转让，一个季度就可以全部处理完毕。②回补损失。相对核销而言，可以立即收回部分转让款，回补部分损失。资产包的价格和信贷资产的质量/价值成正比。实务中，转让价格低的可能是本金的10%，高的可能会有本金的90%。无论具体价格是多少，都可以收回部分款项，减少对资产减值准备和利润的消耗。因此，消耗同样金额的资产损失准备金，批量转让比核销可以处置更多的不良资产。③节省成本。转让后，债权银行基本上不用再负责后续的清收工作，可以节省清收成本。当然，批量转让与现金清收、转化盘活相比，毕竟需要消耗大量的资产损失准备金，会减少商业银行的利润。大规模适用批量转让，是需要商业银行有利润为后盾的。

根据现有的监管规定，信贷资产批量转让具有以下几个特点：①部分债权的转让。转让的是债权及其担保权益，且是大公司类信贷债权。小微类等以个人作为借款人的不良资产，不能批量转让。②特定受让方的转让。受让方是国有资产管理公司，包括信达、华融、东方、长城，以及经批准的地方性资产管理公司。信达、华融、东方、长城等资产管理公司不能接受以个人作为借款人的不良债权。③竞价式确定价格的转让。由债权银行组织，通过拍卖的方式进行，需要遵守资产拍卖的相关规定。④本金要打折的转让。转让价都是债权本金（转让作价时，以贷款本金为基价，贷款的利罚息不计入转让基价中）的折扣价，具体折扣多少，取决于转让的债权定价和转让时不良资产市场的供求关系。

2. 单笔转让

单笔转让，是指债权银行将对单一借款人的债权，转让给第三方的处置措施。

与批量转让相比，单笔转让有以下几个特点：①转让的债权，多数情况下是以个人作为借款人的债权，如小微类贷款、消费类贷款等；少数情况是公司类信贷债权。因为根据现有的监管规定，四大资产管理公司目前不能受让以个人作为借款人的债权，且只能接受打包的公司类贷款债权。②受让的主体，基本上是民营资产管理公司、企业、个人等民间社会主体。③转让的信贷资产多数是抵质押类信贷债权。对受让方有吸引力的是处置抵质押物后能收回转让款，并有一定的收益。因此，信用类的信贷债权难以单笔转让。

④转让的折扣相对较低。由于多数是以住宅为抵押，只要授信时不虚高抵押物的评估值，抵押物的处置所得基本能覆盖贷款本金。因此，转让时折扣相对较低，多数都在2折以下，即债权银行在多数情况下，能收回贷款本金的80%以上。相比较批量转让，债权银行的损失相对较小。⑤转让后，债权银行需协助受让方推进诉讼执行程序。由于受让方多是民间社会主体，为便于推进后续处置，转让后，还是需要以债权银行的名义进行诉讼和执行。对此，债权银行需要予以配合，当然从转让成交日起，诉讼执行的成本应由受让方承担；最重要的是，债权银行不承担诉讼执行的最终结果，即最终能否执行以及执行回多少款项，都由受让方承担，债权银行不做兜底。⑥转让后，利罚息的计算规则不同。在债权转让账务处理时，对债权银行而言，转让价款扣除成本后，计入收回的金额；不足的部分，计为损失。从此，债权银行与债务人之间的债权债务关系已经终结，对借款人利罚息的计算也就自动终止。但这种终止，对不同的受让方却有不同的影响。对受让方是四大等国有资产管理公司来说，其可以依据转让合同和原借款合同，继续计算利罚息，在诉讼执行时，对转让日之后的利罚息，可以继续向债务人主张清偿；对非国有的民间受让方来说，由于在单笔转让时，多数情况下不通知债务人转让事项，而继续以债权银行的名义诉讼执行，但债权银行已停止计息，打印不出转让日之后的计息凭证，只能通过手工计算。对这种手工计算的利罚息，多数法院是不支持的。虽然在实务中，利罚息收回不了多少，但从受让方的权利的享有与行使来说，单笔转让要弱于批量转让。

单笔转让，是在商业银行小微类不良资产管控压力巨大，而又不能批量转让的情况下出现的。小微类信贷资产，各个分行的笔数多、总的金额大，但单笔金额相对较小，通过诉讼执行程序，耗时较长，难以在限定的时期内批量化执行完毕；通过核销，又需要消耗大量的减值准备和利润。而通过以单笔的方式转让，对债权银行可以带来以下好处：①加快处置进度。由于单笔的金额相对不大，有意向的买家数量较多；而且，基本上都是以住宅为抵押物，相对比较好处置，处置后的价款基本上能保证受让方有合理的收益，因而具有一定的吸引力。通过单笔转让，虽然损失了一点，但可以快速出表，降低不良率。②减少减值准备和利润的消耗。如果核销，需计提100%减值准备，需要以利润作支撑；而单笔转让，大约可以收回本金的80%，只需要计提约20%的减值准备，从而减少减值准备和利润的消耗。基于这两个好处，单笔转让值得推广适用。

（三）债权转让与核销、资产转让的比较

1. 债权转让与核销的比较

债权转让与核销，都是不良资产快速、成规模处置的方式，对商业银行各有利弊，需结合使用。

（1）核销的利弊。对债权银行而言，核销的好处是：核销的不良资产还在银行的表外，核销后收回的就是银行的利润。核销的弊端是：①需要消耗与核销金额同等的减值准备，对债权银行的利润影响较大。虽然减值准备可能在核销年度前已经计提，但归根到底是对利润的侵蚀；而收回后的利润回补是需要时间的，最终能收回多少，也存在一定的不确定性。②核销后，仍需要债权银行进行清收，需要支付诉讼费、执行费、人力成本费等各项成本。

（2）债权转让的利弊。对债权银行来说，债权转让的好处是：①消耗的减值准备比核销少。转让时，不管转让价是多少，都能够收回部分；收回了多少，就可以少消耗多少减值准备。如本金为100万元的不良资产，如核销，需消耗100万元减值准备；如转让，转让价款是10万元时，需消耗90万元减值准备；转让价款是50万元时，只需消耗50万元的减值准备。由此，债权转让对利润的侵蚀比核销要少。②转让后，债权银行不需要进行清收，可以节省人工等成本。债权转让的弊端则是：转让后，如果收回的金额高于转让价款，对债权银行就是一种损失；如果过高，对主导转让的清收人员来说就会非议不断。由于不良资产清收的过程和成效都是复杂的，虽然转让时有各种定价方法，但最终能收回多少，将受多种因素的影响。有时，收回款可能低于转让价，这意味着受让方亏损；多数情况下，收回款会高于转让价，这是受让方的收益。如果收益不太高，各方都能接受；如果收益较高，债权银行内部的非议就会不断出现。这种非议，对债权银行相关的清收人员也是一种压力。

（3）核销与债权转让的选择。通过上面的比较，债权银行在决策是核销还是债权转让时，需要考虑以下三个因素：①利润的支撑能力。如果利润情况好，可以多核销；如果利润情况不好，可以多转让。②现金清收能力。如果清收能力强，可以多核销；如果清收能力弱，可以多转让。③内部氛围。如果内部主要是各级机构的一把手，对清收比较理解、支持，可以适当转让；如果对清收表面支持、实际质疑，应只核销不转让。

2. 债权转让与资产转让的比较

在实务中，有时容易混淆债权转让与资产转让的概念。广义的资产转让，包括转让债权银行的资产，即这里所讲的债权转让，也包括转让借款人、担保人等债务人的资产，如抵质押物、查封物等；狭义的资产转让，即转让处置债务人的资产，也称资产处置。为便于理解，这里的资产转让/资产处置，仅是狭义上的资产转让，并将在本章第三节中作详细介绍。债权转让与资产转让具有以下几点区别。

（1）权利属性不同。债权转让，转让的是银行信贷资产所形成的债权，借款合同和担保合同项下的权益都一并转让。转让后，无论转让价格是多少，债权银行都不能再要求债务人清偿。受让方取得银行债权后，即可以债权人的身份要求债务人清偿；资产转让，转让的是债务人名下的资产，如果转让价款不足以清偿债务人对债权银行的欠款，债权银行可以继续向债务人追偿。受让方受让资产后，成为资产的所有权人，不管该资产是否物有所值，都不能要求债务人补偿。

（2）判断价值标准不同。债权转让的价值，是以借款人、担保人等债务人的全部资产为依据。处置抵质押物不足以全部清偿欠款时，受让方还可以继续要求借款人、保证人清偿。资产转让的价值，仅是所转让资产的固有价值，与借款人、担保人是否有其他资产无关。

（3）受让方的收益不同。债权转让，受让方最多能收回的是贷款的本金、利罚息和诉讼费、律师费等；资产转让，受让方如将受让的资产再次转让，不管价款多少，与债权银行、债务人都没有关系。

举例来说：在债权转让中，假设贷款本金是 100 万元、利罚息是 20 万元、转让价格是 85 万元，转让后受让方花费诉讼律师费 10 万元。如果处置完抵质押物和/或债务人其他资产后，共收回 200 万元，受让方也只能受偿 130 万元，其余的 70 万元应退回债务人，其静态收益是 35 万元（130 − 85 −

10）；如果处置完抵质押物和/或债务人其他资产后，只收回了90万元，那么其将静态亏损5万元（90 – 85 – 10）。因债权转让时，都是以贷款本金为转让基价，从该例可以看出，在抵质押物或债务人其他资产足值时，利罚息越多，对受让方越有利。而在资产转让中，继续假设贷款本金是100万元、利罚息是20万元、诉讼律师费是10万元、抵押物（一套商品房）评估值是150万元；受让方以100万元受让该抵押物。债权银行对未清偿的30万元（20 + 10）可以继续要求借款人清偿。后受让方将该房产以130万元的价款再次转让，其静态超额的30万元（130 – 100）是其合法收益，无须退还给抵押人或债权银行。

（四）债权转让的定价

在转让不良资产债权时，债权银行选定好拟转让的不良资产后，需要先确定一个转让的最低价，有意向的受让方也需要确定一个接受的最高价。当前，在不良资产转让中，资产包或单笔债权的定价方法比较成熟，主要有贴现现金流量法、市盈率法、市场价格法、自由现金流法、经济利润法、信用评估法、账面价值法、清算价值法、重置成本法、重组价值法、综合因素分析法等。债权银行和有意向的受让方都应客观定价，以作为双方是否成交的参考依据。

在不良资产价值评估中，实际上存在三个价值：①内在价值，即拟转让不良资产所实际具有的价值。这个价值因需要根据一定的评估方法评估得出，容易与评估价值混同。作为拟转让的债权银行，应基于对不良资产的深入了解，客观评估不良资产的内在价值，与评估价值参照使用。②评估价值，即根据上述方法，对拟转让不良资产所评定的价值。适用不同的评估方法，评估出的价值会有所不同。③成交价值，即拟转让不良资产在转让时的成交价值。这三个价值，往往并不一定完全相同。这种同一客体、三个价值的差异现象是客观存在的，在处置不良资产时可以相互对比，但不能相互否定。

在单笔转让中，特别是在以商品房作为抵押物的单笔转让中，因为债权债务关系清晰、抵押物比较单一，定价方法也可相对简单。一般是根据同类抵押物的最近成交价，作为抵押物的评估价（A）；以基本能确定的诉讼执行费用（B），大致的处置期的资金成本（按同期贷款利率计算，C），15%左右的收益，来计算债权转让价（D），即 D =（A − B − C）/115%。当然，这仅是转让双方的参考价，对债权银行则是转让底价；而最终的成交价，取决于拍卖时的竞买程度。

（五）债权转让的程序

1. 债权转让方案的审批

债权转让，应适用严格审批制度。债权银行在拟定转让方案后，应根据内部流程和权限规定，逐级上报审批。

审批的重点是转让底价的合理性。对上报的转让底价，上报人会有各种理由支撑，能否准确把握转让底价是否合理，对审批人也是一种考验。为做好审批工作，需要做好以下两点：①一级分行应实行集体审议制，由不良资产处置领导小组或风险管理委员会对转让方案进行集体审议；对金额大的，应由分行的风险管理部门或法律事务部门与有意向的受让方当面沟通确认。审议通过后，才能上报总行或分行的终审人。②总行的初审批人员，除负责审查形式要件外，对转让底价，要认真审查其计价依据的合理性、客观性；必要时，应现场查看抵质押物、查封物，面见有意向的受让方。在认可转让底价后，再上报有权人审批。

2. 邀约邀请

转让方案审批通过后，债权银行需在当地主流纸面媒体上刊登债权转让广告，向社会公众告知拟转让的债权金额以及明细、拍卖方式、拍卖日期与地点、参与拍卖是否需要交纳保证金等信息，邀请有受让意向的主体参与竞买。为增加受众面，在微信等社交媒体上也应转发，尽量广而告之，吸引更多的潜在买家。

3. 尽职调查

为合理确定债权转让的价格，有意向的受让方多数都需要对拟转让的债权做尽职调查（以下简称尽调），债权银行应予以配合。

尽职调查的目的，是相对客观地确定拟转让贷款债权的价格，以及初步了解受让后清收处置的难易程度。因此，其主要内容有：①贷款信息。如授信的历史沿革、担保方式、剩余本息、逾期原因、借款合同与担保合同的法律效力等。②借款人信息。如借款人的股东、行业、规模、管理层、经营情况、资产情况、财务情况、债权债务情况、逾期原因、还款意愿、债权债务、发展前景等。③保证人信息。如保证方式、保证人的行业、规模、经营情况、财务情况、履行保证责任的意愿、债权债务等。④抵质押物信息。如抵质押的法律效力，即是否依法办理了登记手续，或是否转移了占有；抵质押物的自然状况、使用情况或保管情况；抵质押物的初步评估价值；抵质押物自用、出租、出售的可行性；抵质押人履行担保责任的意愿，是否配合处置；等等。⑤其他信息。如地方政府、其他债权人对借款人、担保人的态度；借款人行业发展前景；等等。

在实务中，批量转让需要调查了解的内容相对较多，而单笔转让则重点在于了解抵押物的价值及其处置的难易程度。无论是批量转让还是单笔转让，债权银行都应给予有意向的受让方一定的尽调时间。

为做好尽职调查，债权银行与有意向的受让方需要做好以下几件事情：①债权银行与有意向的受让方签订"保密协议"，有意向的受让方需承诺不得向第三方披露在尽调中获悉的债权银行、债务人、抵质押物信息。②有意向的受让方应进入债权银行做现场调查，债权银行需提供借款合同、担保合同、抵质押他项证书、催清收记录等书面资料，并提供与拟转让债权相关的授信信息、债务人信息、逾期原因等信息。债权银行应客观、全面地向有意向的受让方提供相关资料和信息，不得因误导、欺骗、隐瞒而导致对方作出错误判断。③在有意向的受让方有必要与借款人、担保人见面，或现场查看抵质押物时，债权银行应予以安排。在债务人拒绝当面沟通时，债权银行应如实告知有意向的受让方。

根据规定，债权转让时，除网络拍卖外，对同一个资产包或同一笔债权，需有三个或三个以上的有意向的受让方参与竞买。由此，在尽调阶段，债权银行应邀请三个或三个以上的主体参与尽调。在实务中，多数情况是经意向沟通后，锁定一到两个意向强的受让方，进行尽调，再找一个到两个参与尽调。不管事先有无锁定，债权银行都应邀请三个以上的主体参与尽调。

4. 竞买

在有意向的受让方尽调后，即可组织竞买。竞买包括招标、竞价、拍卖等公开转让方式。拍卖有现场拍卖和网络拍卖两种。笔数多、单笔金额小的小微类债权，应主要通过网络拍卖；大金额的资产包，应主要通过现场拍卖。从发展趋势来说，都应逐步过渡到网络拍卖。在规定的时间内，如有人报价超过债权银行底价的，价高者得；如报价都低于底价的，拍卖失败。拍卖成功的，竞买成功者应在规定的时间内将转让款支付给债权银行；拍卖未成功，或竞买者未在规定时间内支付价款的，拍卖失败，债权银行需重新组织拍卖或调整转让方案。

5. 发布转让公告

对于批量转让成交的，债权银行和受让资产管理公司都要在约定时间内，在全国或者省级有影响的报纸上发布债权转让通知暨债务催收公告，通知债务人和相应的担保人，公告费用由双方承担。双方约定采取其他方式通知债务人的除外。单笔转让，则根据债权银行与受让方的协商，确定是否发布转让公告。

6. 债权转让的账务处理与档案移交

竞买成功，受让方将转让款支付给债权银行后，债权银行应及时进行账务处理。债权银行一般都是将转让款用于清偿本金；剩余的本金、利罚息作为损失，予以核销处理。

同时，债权银行应及时将与所转让债权相关的资产档案，做好整理、组卷，并移交给受让方。双方工作人员做好移交记录。

7. 转让后的协助清收

债权转让后，债权银行为受让方提供必要的清收协助。在批量转让中，由于受让方清收能力较强，债权银行多数只需要将与债务人、抵（质）押物等相关信息告知受让方，并将债权转让事项书面通知债务人即可。在单笔转让中，由于受让方清收能力较弱，如果将转让事项通知债务人，债务人一般也不会签收债务转让通知书。在单笔转让后的诉讼和执行中，为了方便，多数情况下受让方仍以债权银行的名义诉讼和执行，债权银行需予以配合。当然，债权银行的协助仅能到此为止，对诉讼和执行的结果不担保、不兜底。

在债权转让中，有时受让方会委托债权银行继续清收。在这种情况下，受让方是委托人、债权银行是受托人，债权银行需要根据受让方的指令勤勉清收，并根据约定收取清收费用，但对清收结果不承担责任。在委托清收中，为避免以后的争议，债权银行务必要做到以下几点：①在签订委托合同时，一定要明确约定债权银行在委托清收过程中的权利义务；②在清收过程中，对于决定是否诉讼，如何处置抵（质）押物或查封物，对还款金额是否减免等事项，一定要取得受让方的书面意见；③对清收回款，要根据委托合同的约定，及时划付给受让方；④做好书面的催清收工作记录。

（六）债权转让中的几个特殊事项

在不良资产转让实践中，有几个与债权转让息息相关，可能影响到能否正常办理债权转让的事项，现逐一介绍如下。

1. 债权转让中债权银行的损失与受让方的收益问题

在不良资产清收中，市场普遍认为资产管理公司利润较大，甚至有人提出：不良资产清收处置利润大，资产管理公司都能赚得盆满钵满，为什么商业银行不自己清收，为什么要转让给资产管理公司？

其实这是一种误解，没有搞清楚商业银行与资产管理公司在清收处置不良资产时的差异性。①两者的利润来源有区别。资产管理公司收购不良资产，都是本金折价收购，收购后，只要能收回支付的转让价款，额外部分就是其利润；而对于商业银行，必须是收回本金，再收回的利息部分才是利润。举例来说，A银行1亿元的不良资产包，银行在收回1亿元本金后，再收回的金额才是利润。在商业银行从事过不良资产清收处置的人会知道，有几笔不良资产能全额收回本金，又有几笔不良资产能收回本息呢？但如以0.5亿元的价格转让给B资产管理公司，B资产管理公司如果最终收回的款项低于0.5亿元，差额部分就是其亏损；如果高于0.5亿元，多出部分减去成本后就是其利润。②两者的处置时限要求不同。商业银行特别是上市的商业银行，每季度/年度都要公布财务报表。其中的资产质量和不良资产情况，会被无数双眼睛紧紧盯着。在这种压力下，商业银行对不良资产的清收处置，都有明确的期限性要求，即每个季度/年度，必须将逾期额与逾期率、不良额与不良率控制在一定的数据之下。每个季度/年度必须压降多少逾期贷款、清收多少不良资产，都是有明确的数量要求的。为完成这一硬性的管控任务，有时在处置抵质押物/查封物时，不得不使对时间的要求大于对价格的要求，或者不得不对外转让部分不良资产。而资产管理公司则在处置的时限性上没有这么严格的要求，每个季度/年度处置多少不良资产，更多的是自我要求，是为实现利润目标而设定的处置数额目标，在处置的时效性要求不很严格的情况下，在处置资产时可以更从容一些，从而可以将对价格的要求大于对时间的要求。

在实务中，由于以下两个原因，资产管理公司基本上是稳赚不赔的：①打折提供了安全垫。商业银行将不良资产批量转让给资产管理公司时，都是折价转让，折价一般都较低，从而为资产管理公司提供了赚钱的安全空间。②债务人清偿动力不同。对于债务人偿还债权银行来说，只要本金和利息没有100%清偿，债务便一直存在；而对偿还资产管理公司来说，只要比转让价款多清偿一些，就可以全部清偿了。还拿上述例子来说：如偿还债权银行，债务人至少需偿还1亿元，才能解决本笔债务；如偿还资产管理公司，债务人只需比0.5亿元多一些，如0.6亿元，就可以全部解决该笔债务；而偿还0.6亿元，资产管理公司也赚了0.1亿元。这样，批量转让后，债务人与资产管理公司实现了双赢：债务人偿债金额减少了，清偿的积极性提高了；资产管理公司的利润有保障了，清收成本也降低了。在实务中，这样的例子还比较多，有些债务人直接与资产管理公司洽谈，再明示或暗示债权银行将债权转让给资产管理公司。对此，在目前的法律环境下，商业银行也没有太好的办法打击或制约此类债务人；债权银行只能在授信时优选客户，在清收时加大力度，不随意打包处置。

对债权银行来说，债权转让就是在限期完成不良资产管控任务与尽量少让渡利益之间保持平衡。债权银行要避免在债权转让中自身损失大的问题，对策只有两点：①不转让，自己清收。②如转让，认真定好底价，并邀请多个意向者参与竞买。

2. 债权转让中的道德风险问题

债权转让，都是打折转让。这种打折容易被认为清收人员存在道德风险。

在实务中，上面所介绍的都是债权转让中的程序性和方法性的内容。实际上，能否成功转让，取决于有无受让方愿意以不低于转让底价的价格受让所转让的债权。目前，我国的各类资产，包括不良资产及其项下的抵质押物，绝大多数都是市场供应充分，处于买方市场；除少数抵质押物或债务人的土地、房产有吸引力外，其他的资产在市场上基本都可以找到替代品。在债权转让中，特别是单笔转让中，除不计成本的甩卖外，为找到愿意出价的受让方，债权银行的清收人员需要提前下足功夫，与资产管理公司、民间投资者、债务人的同行、抵质押物/查封物的相关方等有意向的受让方反复沟通，吸引这些主体来开展尽调、参与竞买。寻找到有意向、有实力的受让方，往往比前面所讲的尽调、评估、定价、审批等，都要困难得多。在寻找受让方的过程中，都是清收人员一个人或两个人去沟通洽谈，因此，在债权银行内部即使有多层审批，清收人员也处于主导地位。这种地位是不良资产处置的特有属性所赋予的（其他的授信业务也是如此，业务人员处于主导地位）。

对清收人员在资产转让中的这种主导地位，不同的人有不同的解读：有人认为是清收人员开展工作所必需的；也有人认为在这个过程中，清收人员容易存在道德风险，特别是在受让方是非国有的资产管理公司时，容易引起非议。有些管理者，一方面希望加快不良资产的处置进度和力度，不得不同意转让；另一方面又带着质疑的眼光冷冷地注视着清收人员，心里总在掂量在这笔转让中清收人员收了多少好处费；对转让方案，特别是转让价格半信半疑。对这种质疑，清收人员多是有苦难言。一方面，清收任务必须完成；另一方面，总是被人质疑，心情肯定不爽。对此，有必要通过他律和自律双管齐下的方式予以解决。商业银行的一级分行尤其是总行，有必要建立一套涵盖双人洽谈、集体议价、逐级审批、定期审计、严厉问责等相互制约的管理程序予以规范；清收人员必须加强自我管理，慎独慎微，只要能做到干干净净、问心无愧，其他的也就无所谓了。如果清收人员被证实存在道德风险，则毫无疑问须承担相应的责任。

3. 假转让问题

在实务中，有些商业银行为了既完成不良资产的清收处置任务，又不影响利润，甚至为了虚增利润，可能会操办假转让，即债权银行将不良资产转让给一家资产管理公司或工商企业，并对转让后的回收金额，做承诺或担保或兜底的转让。

假转让的通常做法是：①债权银行将一笔或多笔不良资产转让给一家企业；转让价非常高，最高的是本金与利罚息之和，低的也是远远超过所转让资产的真实价值。根据目前商业银行通常的授权管理，分行没有打折处置不良资产的权限，如分行要办理假转让，转让价只能是不良贷款的本金与利罚息之和。②受让企业委托债权银行清收，债权银行就收回金额向该企业直接或间接承诺、担保、兜底。③债权银行需向该企业支付管理费，也就是代持费。④债权银行需为受让企业寻找资金方，并委托贷款给该企业。该贷款利息需要在清收回款中扣除，即贷款也由债权银行间接承担。⑤这种交易结构安排，谨慎的会签订多个合同，即对资产转让（为避免办成容易被发现的批量转让，一般将一笔或两三笔不良资产签一份转让合同）、代持并收取手续费、安排购买不良资产的资金、债权银行的承诺/担保/兜底等事项，分别签订不同的合同；胆大的，直接签订一份合同，约定好所有的事项。

假转让在转让时，既可以大幅压降不良资产，又可以回补利润，对当期经营好处多多，但危害相当之大：①这是一种双重违规行为，既直接违反了洁净转让的监管规定，又容易违反应向监管机构报告的义务。近几年，为整顿金融秩序，监管机构先后组织了"两加强、两遏制""整顿不规范经营""治理市场乱象"等专项活动，要求商业银行主动报告经营中存在的风险问题和违规行为。此时，商业银行如将假转让报告监管机构，将会揭开假转让的盖子，将因假转让受到处罚；如不报告，又将面临不报告的风险，事后如被监管机构发现，将承担假转让和不报告的双重风险。在多数情况下，商业银行不会报告而欲自行消化处理。②成本很高，贷款利息加上代持费，都要在10%左右。③后续不可能通过清收所转让的债权予以解决。不良资产本来就不可能全额收回，现在还要承担10%左右的额外成本，靠清收所转让的不良资产抹平是不可能的。④可能引发其他风险。到期后，清收不足以抹平，回表也不可能，受让方起诉债权银行又将引发监管处罚和声誉风险。左右为难之下，债权银行只能通过其他方式解决。

举例来说：转让的不良资产本金是 100 万元、利罚息是 10 万元，有每年 7% 的委托贷款利率、每年 3% 的管理费；转让价款是 90 万元；清收期限是 3 年。在此案例中，债权银行至少要清收回 117 万元（90 + 90 × 7% × 3 + 90 × 3% × 3），才可以比较圆满地抹平这笔债务，不至于引发债权银行履行担保/兜底责任；如果转让价款更高，如 110 万元，则需要收回的金额就更多。

假转让可能会由商业银行总行组织办理，也可能会由商业银行分行组织办理。由于不良资产管控任务都由总行分配给分行，分行承担完成指标任务的第一责任。因而一般来说，总行组织假转让的动力较小，且即使办理了假转让，也可以通过利润弥补、回表再核销等手段解决；相反，分行办理假转让的动力较大。但分行办理了假转让后，解决的手段就非常有限，既不能直接用利润弥补，又不能回表核销，只能通过一些高收益项目体外解决。

稍微动动脑子，就知道假转让是不可能通过后续清收解决的，但假转让却时有发生，根本原因是：①办理假转让的不会承担责任。在现有商业银行管理体系中，能作出这种假转让决策的至少是一级分行的行长，但分行行长都是任期制，他更多的是只考虑自己任期内的业绩。等到假转让延续/掩盖不下去时，他多数情况下已经调离了。这颗雷是否引爆，怎么解决，都甩给后任了。由于操办假转让时，总行相关人员多数情况下是知道的、默许的，且雷没有引爆；因此，多数情况下操办假转让的前任也不会被追究责任，甚至可能被获益者认为有魄力、有担当。②相关方有利可图，愿意配合。对于受让方来说，3%左右的管理费是不用支付成本的净收益；对出资方来说，8%左右的贷款利息是完全没有风险的收益。因此，这两个主体对这样的业务都是心里偷着乐，非常愿意办理，内外几方一拍即合，立马操作。

但假转让对后任的影响可就大了：①引不引爆确实两难。后任如想引爆，将引发监管处罚和声誉风险，从而会受到总行的制止；不引爆，只能打下牙齿和血一起吞，想方设法予以解决。②解不解决都是风险。不解决，到期必定引爆。引爆的结果是内外都不是人：外部，将引发诉讼、声誉风险、监管处罚；内部，后任将被认为只会推卸责任、没有担当，甚至会被认为在要挟总行。解决假转让的办法只有一条：通过一些房地产开发等高收益项目贷款，在谈妥综合成本后，部分利息作为贷款收入，部分利息用于买断假转让的不良。

通过高收益项目来解决假转让问题，后任要"承受一个憋屈、面临两个困难、承担三个风险"。承受的一个憋屈是：如果不去解决，新项目的收益将体现为后任期内的业务收入和责任利润；但现在拿出来解决以前的问题、填以前的坑，除有明白的上级领导点个赞以外，基本上是悄无声息：既不能体现为现任期内收入和利润，也不会在考核上获得加分。面临的两个困难是：一是愿意配合如此操作的企业少之又少。这样的企业既要资质好，又要能够付出高成本，还要愿意承接不良，在一些地方，特别是不发达地区，是相对少的；二是项目都要上报审批，能不能获批也是未知数。对于新的授信项目，有权审批人不会为了化解不良而放松标准和要求，能获批的一定是好主体、好项目。承担的三个风险是：一是要承担不报告监管机构的风险；二是要承担用于解决假转让的新增业务的信用风险和操作风险；三是要承担新项目的借款人/实际控制人事后算账的风险。如果新项目的借款人/实际控制人在未来发展良好，这件事大概率过去了；但如果借款人/实际控制人发展不好，甚至陷入困境，麻烦就大了。根据目前的诚信状况，在借款人/实际控制人经营困难时，多数情况下首先会要求债权银行给予新增授信支持；要求得不到满足时，将会就化解不良的事情到处投诉举报，引起监管介入。

假转让后患多，严禁办理是正确的。但为什么还会发生呢？商业银行内部扭曲的评价机制和责任追究机制，是假转让屡禁不止的根本原因。

制止假转让，寄希望于监管机构的严肃查处，更重要的还在于商业银行各级管理者的经营理念要正确，不要总是想着投机取巧。

案例：香山国际游艇俱乐部公司债权资产包转让案①

2016年12月9日，在淘宝资产交易平台上，一个超过29亿元的债权资产包，经过4名竞买人343次竞价，在111次延时后，以25.016亿元的价格成交。

该资产包拟处置的债权共2笔，债务人均为香山国际游艇俱乐部（厦门）有限公司（以下简称香山公司），债权人分别是中国信达资产管理有限公司福建省分公司（以下简称信达公司）和中国金谷国际信托有限责任公司（以下简称金谷信托）。截至转让基准日2016年11月15日，2笔债权合计295874.15万元，其中，本金合计126825万元。

---

① 谭水梅，张定法. 中国式不良资产年度报告（2017）［M］. 北京：中国社会科学出版社，2017：153-156.

债务人香山公司，号称开发亚洲最大的游艇码头的专业公司。在2015年初，香山公司被爆资金链紧张，其董事长和总经理都背负大量民间借贷，被法院列为失信被执行人。

截至转让基准日，信达公司的债权合计54697.78万元，其中本金19500万元。该债权系信达公司于2011年11月15日，从中国建设银行厦门市分行所收购的该分行对香山公司的次级类开发贷款，收购时债权总计19500万元。信达公司收购后，与香山公司进行债务重组，延续至2015年再次逾期。本笔债权的担保为：①香山公司以其开发的香山项目249999.3平方米土地使用权及在建工程抵押担保，和香山公司的45.3874公顷的海域使用权抵押担保。②香山公司的董事长和总经理连带责任担保。香山公司逾期后，信达公司于2016年6月将香山公司诉至福建省高级人民法院。

截至转让基准日，金谷信托的债权合计241176.37万元，包括：游艇泊位收益权转让价款（债权本金）107325万元，应付未付的游艇泊位收益权回购承诺费（利息87357.08万元），逾期违约金46494.29万元。本笔债权的担保为：①香山公司以其开发的香山项目249999.3平方米土地使用权及在建工程设定第二顺位的抵押担保。②以香山公司全资股东南亚集团（香港）有限公司51%的股权设定让与担保。③由厦门达嘉集团有限公司、香山公司的董事长和总经理连带责任担保。香山公司逾期后，金谷信托于2015年5月向福建省高级人民法院申请对债务人和担保人强制执行。

2016年12月9日，该两笔债权在淘宝资产交易平台上公开转让，经多轮竞买后，由广东本心资产管理公司以25.016亿元的价格买下。

三、收益权转让

收益权转让，是指债权银行通过交易结构设计，将一定数量、金额的不良资产，组包转让给特定的机构所有，并将资产包的未来收益分成份额，转让给投资者的一种不良资产处置方式。目前的收益权转让，主要有信托受益权分层处置和不良资产证券化处置两种方式。

（一）信托受益权分层处置

信托受益权分层处置，是指商业银行将一定数量、金额的不良资产组成资产池，转让给信托公司，信托公司将资产包的未来收益分成优先级受益权和次级受益权，商业银行将优先级受益权出售给投资者，并自己持有次级受益权的一种不良资产处置方式。

在国内，最早采用信托受益权分层处置不良资产的，是中国华融资产管理公司于2003年，将分布在全国的256户借款人，共2000多笔、132.5亿元的不良资产，组成资产池转让给中信信托投资公司。根据评估，该资产池能产生现金流18亿元，其中AAA级的现金流资产为12亿元；华融资产管理公司将该12亿元拆分为12亿份优先级受益权，并将其中的10亿份转让给投资者，自己持有余下的2亿份优先级受益权和次级受益权。该笔业务创新了批量化处置不良资产的业务模式，为不良资产清收处置开辟了一条新的道路。

1. 信托受益权分层处置的交易结构

基于上述案例，信托受益权分层处置不良资产的交易结构如图3-3所示[①]。

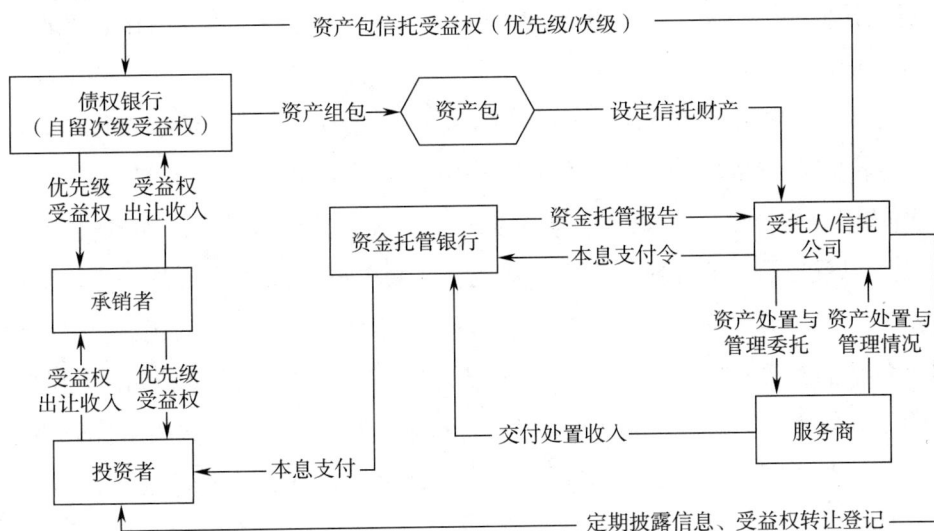

图3-3 信托受益权分层处置不良资产的交易结构

---

① 郑万春. 金融不良资产处置关键技术探究［M］. 北京：中国金融出版社，2008：260.

2. 信托受益权分层处置的主要交易流程

（1）选择好信托公司和服务商。商业银行一旦决定通过信托受益权分层处置不良资产，就需要选择好合作的信托公司，以及评估/评级公司、律师事务所、托管银行等服务提供者，协商确定交易结构、处置规模和服务方式等问题。

（2）债权银行组成资产池。资产池规模的大小，取决于该银行的不良资产余额多少，需要快速处置的金额多少，利润的承受能力，意向投资者投资额度的多少等因素。为便于评估资产价值、基本保证未来的现金流，入池的不良资产一般具有如下特点：①同一类型的不良资产进入同一个资产池。如公司类、小微类、消费贷款类、住房按揭类、汽车按揭类、信用卡类等，分别进入不同的资产池。②金额相对较大，笔数一定要多。金额小，没有通过分层信托处置的意义；笔数少，不能分散风险。

（3）资产价值评估和评级。确定好入池资产后，由评估评级机构对入池资产的价值进行评估，并根据 AAA 级、AA 级、A 级、BBB 级、BB 级、B 级等标准分层，进一步评估各层级的资产价值。由于资产池中的资产形态多样、债务人偿债能力不一、清收处置的难度不同，要客观地准确评估出资产池的真实价值，是非常不容易的。

（4）确定好交易结构。主要包括：①资产池转移方式。债权银行是直接将资产池转移给信托公司，还是先转移给一个虚拟的特许目的机构，再由该机构转移给信托公司。②优先级受益权、次级受益权的结构。如各自金额、份额，以及拟出售的优先级份额，优先级是否再进一步分为优先 A 级、优先 B 级等。③信用增级的方式。为提高投资者的投资意愿，需要对优先级进行增信。增信的方式主要有三种：一是由外部有相应实力的公司企业，如保险机构、担保公司等进行担保；二是降低优先级的比率，由相对厚实的次级对优先级增信；三是增加资产池中抵押类不良资产的比率，以保证未来的现金回收率。④清收方式。一般都是委托该债权银行进行清收处置。⑤支付投资者收益款项的方式、频率等。确定好的所有事项，都应由专业律师拟定为合同文本。

（5）寻找投资者。债权银行、信托公司都可以向社会投资者报价，寻找有意向的投资者。根据现有的规定，个人不能投资不良资产类信托产品，因而只能寻找机构投资者。既为了发行成功，也为了分散投资风险，一般都要寻找两个或两个以上的投资者。从不多的案例来看，这样的投资者多数是商业银行、信托公司等金融机构。

（6）发行。在确定好有意向的投资者并经过内部审批程序之后，就可以落地发行了。发行的基本步骤是：第一步，发行银行根据"信托合同"的约定，将确定好的不良资产组成资产池，作为委托财产交付给信托公司；同时，获得事前约定好的优先级受益权和次级受益权。第二步，发行银行将其中的优先级受益权转让给一个或多个投资者，将次级受益权留下自己持有。投资者将款项支付给发行银行后，即获得优先级受益权，成为新的优先级受益人。在预定的优先级受益权全部转让后，即标志着发行成功，分层处置成功。

（7）信托受益权分层处置的后续管理。分层信托发行成功后，发行银行需要根据委托清收合同的约定，积极清收处置资产池中的不良资产，并将收回的款项交由托管银行；托管银行根据托管合同的约定，按期将款项支付给投资者。在合同到期后，或资产池中的不良资产提前清收处置完后，应根据信托投资合同的约定进行清算。在支付完优先级投资者所得后，如有剩余，归发行银行所有；如收回款项不足以分配给优先级投资者，意味着投资者亏损。在发行后至清算期间，信托公司需根据合同约定，履行监督职责，督促发行银行勤勉清收。

（二）不良资产证券化

不良资产证券化也称不良资产 ABS，是指将不良资产通过一定的结构安排，将其转换为可以在金融市场上发售和流通的证券的一种处置方式。

1. 不良资产证券化的实践

不良资产证券化，在我国过去相当长的时期都是一个热门话题，但却命运坎坷、几经沉浮。在国内不良资产处置市场历史中，不良资产证券化经历了三个阶段：①破冰阶段。2003 年，中国信达资产管理公司通过离岸模式，将名下的 20 个债权、25.52 亿元的不良资产组成资产包，与德意志银行合作，由德意志银行在境外发债发行，但价格、投资者等由信达和德意志银行共同协商确定。②首轮试点阶段。2005 年至 2008 年，共成功发行了四单不良资产证券化产品，累计发行不良资产支持证券 134.15 亿元，处置不良资产本息合计 516.32 亿元。分别是东方资产管理公司的"东元 2006 - 1 重整资产支持证券"、信达资产管理公司的"信元 2006 - 1 重整资产支持证券"和"信元 2008 - 1 重整资产支持证券"、建设银行的"建元 2008 - 1 重整资产支持证券化信托"。③重启阶段。2016 年 2 月，中国人民银行等八部委联合发布了《关于金融支持工业稳增长调结构增效益的若干意见》，捏出"在审慎稳妥的前提下，选择少数符合条件的金融机构探索开展不良资产证券化试点"，并选定工商银行、建设银行、中国银行、农业银行、交通银行和招商银行作为首批试点银行，核定了 500 亿元的试发行额度，从而重启了不良资产证券化。2016 年 5 月，中国银行和招商银行分别发行了一单不良资产证券化产品。此后，工商银行、建设银行、农业银行、交通银行等又先后发行了几单不良资产证券化产品。到 2016 年底，共发行了 14 单、159.29 亿元不良资产证券化产品，实际消化不良资产 510.22 亿元。④常态化阶段。为应对经济新常态，加大不良资产处置力度，2017 年将试点范围扩大到 18 家银行。此后，各家银行都陆续发行了不同金额的不良资产证券化产品。其中，2017 年核定了 500 亿元额度，实际发行了 19 单、129.61 亿元，消化了不良资产 504.87 亿元；2018 年核定了 500 亿元额度，实际发行了 35 单、158.81 亿元，消化了不良资产 439.15 亿元；2019 年核定了 1000 亿元额度，实际发行了 29 单、143.49 亿元，消化了不良资产 663.36 亿元。①

2. 不良资产证券化发行过程

与信托分层处置不良资产相比，不良资产证券化发行过程基本相同，但也有特色。其最突出的不同之处有两点：①需要在银行间市场交易商协会备案，在信贷资产登记流转中心登记，从而将不良资产证券化，转换为公开发行的产品。②投资者除可以投资优先级证券外，还可以投资次级证券。

3. 不良资产证券化交易结构

根据银监会 2016 年《关于规范银行业金融机构信贷资产收益权转让业务的通知》（82 号文），以及银行间市场交易商协会《不良贷款支持证券信息披露指引》等规范性文件的规定，不良资产支持证券的交易结构如图 3 - 4 所示。②

---

① 整点金融. 盘点 2019 年不良 ABS——不良资产证券化专题 [J]. 中债资信，2020（1）.

② 郑万春. 金融不良资产处置关键技术探究 [M]. 北京：中国金融出版社，2008：253.

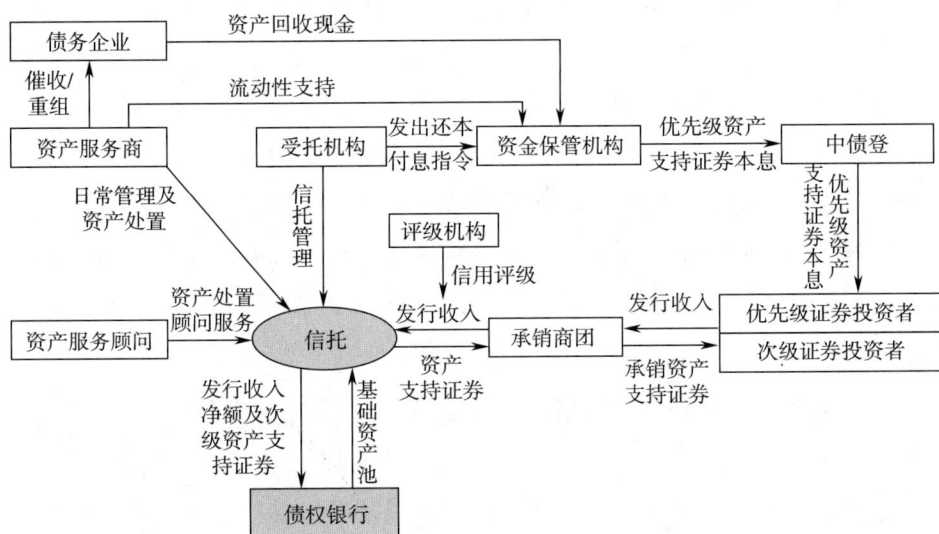

图3-4　不良资产支持证券的交易结构

（三）不良资产收益权转让实践中存在的问题

不良资产收益权转让早就声名鹊起，特别是不良资产证券化，曾在相当长的时期呼声甚高，但真正落地的却并不太多。其存在的原因，主要有以下几个。

1. 入池资产定价/评级难。无论是信托分层处置还是不良资产证券化，客观、准确地评估入池不良资产的价值和信用等级，是能否发行成功的基础，但这一点是比较难以做到的：①受益权转让一般都是商业银行的总行办理，其入池的不良资产笔数众多、来源广泛、形态不一，仅仅靠看看资料、用个模型、算算账，是无法准确评估其价值的；即使评估了价值，定了评级，多数人也是心知肚明，这个价值和评级只能是主观性大于客观性。②评估机构/评级机构由发行银行聘请，其独立性、客观性难以让投资者信服。③发行银行在发行前，会安排投资者做尽调，但由于入池资产笔数多、地域分布广，投资者对入池资产不可能逐笔进行深入的尽调，更多情况下只能信任评估机构/评级机构的评估/评级。由于前面所讲的原因，投资者对这个评估/评级多半是将信将疑。定价难、评级难，发行必难。要解决这个问题，就需要发行银行在产品设计上作出一定的安排。

2. 风险隔离难以做到。入池的不良资产只有从发行银行出表，对发行银行才有意义。而要出表，就要满足"洁净"转让的要求，即发行银行对该入池资产的清收处置回款情况、投资者的收益情况，不能直接或间接、显性或隐性地承担担保、兜底责任。在目前的监管形势下，发行银行肯定不会提供直接的、显性的担保、兜底，但要发行成功，发行银行是否提供间接的、隐性的担保，就不好说了，比如是否加大次级受益权的比率，为优先级受益权提供更为厚实的安全垫；是否在对入池不良资产的清收处置方面，作出更有力度的安排；等等。

3. 对发行银行利弊参半。根据目前的政策规定，商业银行通过收益权转让方式处置不良资产有利有弊，有时可能弊大于利，并不能产生明显的收益。

这种方式对发行银行有利之处是：①可以快速、大规模地处置、压降不良资产余额。②可以快速回收转让款，该笔款项又可以投向新的业务，产生新的收益。③主办产品发行的部门，可以赚取中间业务收入。

但这种方式对发行银行的弊端也是明显的。

（1）损失较大。通过收益权转让，只是解决了快速压降不良余额的问题，并不能因此增加清收处置回款率，但银行为此需要支付较高的成本、遭受较大的损失，却是实打实的：①入池折扣损失。由于入池资产难以定价，为了吸引投资者投资，发行银行需要在产品设计时保证对投资者的兑付，由此，在不良资产入池时，都要打折入池，且折扣较高。当然，折扣的高低是相对的，是相对于入池资产的内在价值而言的。内在价值低，折扣肯定高；内在价值高，折扣会相对低。不管折扣多少，都需要消耗一定的减值准备，影响当期利润。②产品发行成本。在产品发行过程中，增加了投资者，以及信托公司、评估机构/评级机构、律师事务所、承销机构、托管银行等合作者与服务商。这些参与者都不是免费的。投资者需要收益，其他参与者都要收取费用，且费率都是较高的。羊毛出在羊身上，这些收益要在不良资产的清收回款中支付，费用由发行银行直接支付。这些高折扣、高费用都是发行的成本，也就是发行银行的损失。

（2）获益有限。为防止商业银行通过收益权转让业务掩饰其不良资产的真实情况，保护投资者利益，监管机构对不良资产收益权转让业务有相对严格的规定。中国银监会 2016 年《关于规范银行业金融机构信贷资产收益权转让业务的通知》（82 号文）中规定：①出让方银行应当根据《商业银行资本管理办法（试行）》，在信贷资产收益权转让后按照原信贷资产全额计提资本。②出让方银行应当按照《企业会计准则》对信贷资产收益权转让业务进行会计核算和账务处理。开展不良资产收益权转让的，在继续涉入情形下，计算不良贷款余额、不良贷款比例和拨备覆盖率等指标时，出让方银行应当将继续涉入部分计入不良贷款统计口径。③出让方银行应当根据《商业银行贷款损失准备管理办法》、《银行贷款损失准备计提指引》和《金融企业准备金计提管理办法》等相关规定，按照会计处理和风险实际承担情况计提拨备。④出让方银行不得通过本行理财资金直接或间接投资本行信贷资产收益权，不得以任何方式承担显性或者隐性回购义务。⑤信贷资产收益权的投资者应当持续满足监管部门关于合格投资者的相关要求。不良资产收益权的投资者限于合格机构投资者，个人投资者参与认购的银行理财产品、信托计划和资产管理计划不得投资；对机构投资者资金来源应当实行穿透原则，不得通过嵌套等方式直接或变相引入个人投资者资金。⑥出让方银行和其他相关交易主体应当审慎评估信贷资产质量和风险，按照市场化原则合理定价，必要时委托会计师事务所、律师事务所、评级机构、估值机构等独立的第三方机构，对相关业务环节出具专业意见。⑦出让方银行和其他相关交易主体应当按照有关要求，向投资者及时、准确、完整披露拟转让收益权的信贷资产相关情况，并及时披露对投资者权益或投资收益等产生重大影响的突发事件。⑧符合上述规定的合格投资者认购的银行理财产品投资信贷资产收益权，需按要求在银行业信贷资产登记流转中心完成转让和集中登记的，相关资产不计入非标准化债权资产统计，在全国银行业理财信息登记系统中单独列示。其中的全额计提资本、继续涉入部分计入不良统计口径、本行理财资金不得投资本行信贷资产收益权、不得以任何方式承担显性或者隐性回购义务、个人不得投资等规定，都制约了商业银行通过收益权转让处置不良资产的实际运用。

4. 对投资者潜在风险不容忽视。从 2016 年以来所发行的不良资产证券化产品来看，发行利率基本在 6% ~ 7%，且到期的产品都得到了兑付。在近几年资产荒的局势下，这是相当不错的投资了，但并不意味着这个产品没有风险。投资者需要考虑的潜在风险，主要有以下两个：①产品兑付风险。从目前情况看，所有的不良资产证券化产品都得到了兑付，但并不意味着以后也都能得到兑付。金融产品的风险都是滞后的。随着发行规模的增大，特别是刚性兑付的真正打破，不良资产证券化产品是否都能得到兑付，还需要时间的检验。②中途退出风险。交投活跃的二级市场有利于投资者有效转移风险。但目前不良资产证券化的二级市场并不活跃，根据统计，2016 年的交易金额约为 12 亿元、2017 年约为 61 亿元、2018 年约为 35.19 亿元、2019 年约为 90.86 亿元，每年的交易总额不到当年不良资产证券化产品余额的 15%。交投不活跃，意味着退出不通畅；退出不通畅，就意味着风险难以及时转移。

不良资产收益权转让处置，尤其是不良资产证券化处置所存在的利弊，使得这种处置方式尽管在理论上具有种种优势，在实务上也一直在发行实践，但市场实际发行情况却并不尽如人意。自 2016 年以来，每年所核定的额度都远远没有用足，其核心原因就是缺乏强有力的收入、利润做支撑。从实际发行主体看，无论是发行数量还是发行金额，国有大银行都占大头。因此，不良资产证券化以后会继续实施，发行机制会逐步完善、发行规模也会随不良资产的形势而变换，但发行的主体可能会继续分化。一般的商业银行特别是商业银行的分行，不要寄希望于不良资产证券化，以为一证券化就可以解决自己的不良资产问题了，而是要脚踏实地、扎扎实实地通过成本更低的其他类清收处置方式，来完成不良资产清收处置的任务。

案例：和萃 2016 年第一期不良资产证券化信托[①]

和萃 2016 年第一期不良资产证券化信托（以下简称和萃一期）是《不良贷款资产支持证券信息披露指引（试行）》颁布后推出的首单不良资产证券化产品，标志着我国不良资产证券化时隔八年后重启。

---

① 旷涵潇. 和萃 2016 年第一期不良资产证券化信托案例述评 [J]. 金融法苑，2017（95）.

一、产品概览

和萃一期资产支持证券于信托财产交付日 2016 年 5 月 31 日开始计息，以簿记建档方式发行总额为 23300 万元人民币，在全国银行间债券市场挂牌交易流通。

招商银行作为发起机构，严格按照《关于进一步规范信贷资产证券化发起机构风险自留的公告》规定持有各档次资产支持证券：持有优先档和次级档规模各 5%，持有期限不低于各档存续期限。

二、交易结构

和萃一期不良资产证券化主要参与主体如下表所示：

机构类型		机构名称	机构简称
当事人	发起机构/贷款服务机构	招商银行股份有限公司	招商银行
	发行机构/受托人	华润深国投信托有限公司	华润信托
中介服务机构	主承销商	招商证券股份有限公司	招商证券
	资金保管机构	北京银行股份有限公司	北京银行
	登记托管机构/支付代理机构	中央国债登记结算有限责任公司	中债登
	法律顾问	北京市中伦律师事务所	中伦律所
	会计顾问/税务顾问	毕马威华振会计事务所	毕马威
	信用评级机构	联合资信评估有限公司	联合资信
	信用评级机构	中债资信评估有限公司	中债资信

和萃一期不良资产证券化产品交易结构如下图所示：

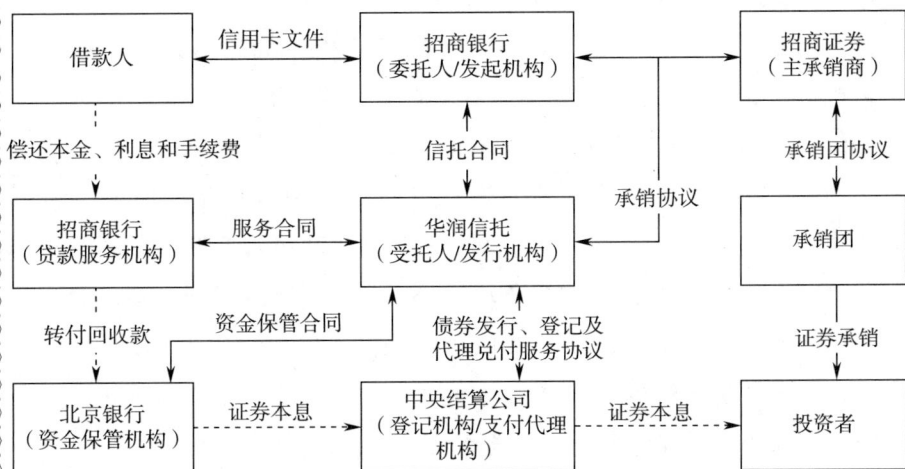

招商银行、华润信托与招商证券签订"承销协议"，由招商证券担任主承销商。之后，招商证券再与其他承销商签订"承销团协议"，组建承销团对和萃一期资产支持证券（招商银行作为发起机构自持的优先档和次级档各5%的部分除外）进行销售。投资者认购资产支持证券，同时向承销商缴款。

招商银行作为贷款服务机构，与华润信托签订"服务合同"，负责代表华润信托向借款人（持卡人）回收贷款的本金、利息，并收取相关费用。

华润信托作为信托财产的受托人，与北京银行签订"资金保管合同"，由后者作为资金保管机构，设立信托账户。

华润信托与中债登签订"债券发行、登记及代理兑付服务协议"，由后者作为证券登记机构及支付代理机构。华润信托配合招商证券在中债登进行证券发行初始登记。北京银行将信托账户中的资金通过中债登支付给投资者，偿付证券本息。

三、基础资产的界定

和萃一期的基础资产是招商银行的信用卡不良贷款债权。

（一）信用卡不良贷款债权的界定

信用卡不良贷款债权，是指当借款人的"信用卡账户"项下出现以下情况的资产：该账户的已出账部分超过下一个账单日后90天（不含90天）仍未偿还。当上述情况出现时，该借款人的信用卡账户项下的全部应付款项被视为一笔不良信用卡债权。

（二）和萃一期基础资产的具体情况

和萃一期的基础资产均为招商银行的信用卡不良贷款债权，涉及60007户借款人的60007笔资产。初始起算日（2016年2月1日0时）全部未偿贷款本息总额为209769.75万元人民币，预计回收总额为29684.53万元人民币，预计在2018年1月31日归集、偿付完毕。和萃一期向投资者发行的各档资产支持证券总规模合计23300万元人民币，现金流预计回收总额约为发行规模的127.4%。

招商银行采取自催、诉讼、外包催收等不同的清收手段。对于逾期时间在 90 天以上的信用卡不良贷款,招商银行主要采取委托催收机构进行催收,以保障基础资产的现金流归集。前五大催收机构负责催收的信用卡不良贷款债权未偿本金余额,占招商银行委托催收总额的 49.94%。

和萃一期的初始入池资产数量巨大,且信用卡不良债权同质化较强;会计师及律师的尽职调查,仅对资产池中具有代表性的少部分信用卡债权进行抽样,未对全部进行调查分析。为避免可能存在个别资产存在瑕疵或不符合标准,对资产支持证券的现金流造成不利影响的情况,"信托合同"约定了"不合格资产的赎回"条款。即在信托期限内,如招商银行发现入池资产中有不合格资产,其应在发现不合格资产后 5 个工作日内通知受托人;受托人要求委托人招商银行对该不合格资产予以赎回;因进行不合格资产赎回所发生的费用由委托人承担。

四、风险隔离机制

招商银行与华润信托签订"信托合同",所设立的特别目的信托(SPT)是单一信托、财产权信托。招商银行于 2016 年 5 月 31 日将被特定化的信用卡不良贷款债权委托给华润信托管理,这些信托财产独立于招商银行、华润信托和其他各方,具体表现在以下几个方面。

(一)信托财产独立于委托人

设立有法律效力的 SPT,需包含两个法律程序:一是将拟证券化的信贷资产转移,二是对已转移的信贷资产进行有效公示。

根据招商银行与华润信托之间的"信托合同",在合同生效日,招商银行即将上述信用卡不良债权转让给华润信托。对于通知事项,根据目前的法律规定,招商银行应就将信用卡债权转让给 SPT 这一事实逐一通知持卡人,才能对持卡人产生效力。但由于持卡人人数众多,无法事先逐一通知,"信托合同"规定,仅在发生约定事件时,招商银行再以权利完善通知的形式,将债权转移的事实通知持卡人。

(二)信托财产独立于受托人

在 SPT 设立后,有两项机制保障信托财产独立于华润信托。一是受托人的信义义务,尤其是忠实义务。华润信托在受托管理资产过程中不得出现挪用信托财产、财产混同等违背信义义务的情形。二是在交易结构中设置资金保管机构及专门的信托账户。投资者在资产支持证券下的追索权仅限于该信托财产，不得向华润信托的固有财产和其管理的其他信托财产主张权利。华润信托仅以信托财产为限，向投资者承担支付资产支持证券本金和收益的义务，不负责刚性兑付。

（三）信托财产独立于资金保管人

按照"资金保管合同"的约定，持卡人对信用卡债务还本付息产生的现金流，将由招商银行汇集，并即时转付至信托收款账户，各方都不得挪用。北京银行有义务保障现金流的安全、独立性，不得挪用信托收款账户的资金用于放贷或其他目的。

五、账户与现金流归集机制

和萃一期中涉及的账户包括借款人在招商银行开立的个人信用卡账户、招商证券负责开立的主承销商收款账户和华润信托在北京银行开立的信托账户。

信托账户专为该产品而设置，下设三个一级分账户："信托收款账户"、"信托付款账户"和"信托（流动性）储备账户"。

（一）信托收款账户

信托收款账户的资金来源包括：①招商银行在SPT设立期间收到的所有"回收款"；②招商银行收到的全部贷款债权（含违约金），应于下一工作日前将款项划付至指定归集账户——信托收款账户；③"信托分配（税收）账户"在支付税款后的余下资金；④在违约事件或信托终止后，以及"优先档资产支持证券"全部未偿本金余额及利息当期预计可以或已经偿付完毕的，"信托（流动性）储备账户"内的全部剩余资金。

（二）流动性储备账户

在发生违约事件前、"优先档资产支持证券"的全部未偿本金余额及利息偿付完毕前或信托终止前，部分回收款将从信托收款账户被归集至流动性储备账户，其储备金额将至少覆盖下一期的信托费用及优先级资产支持证券利息。

在发生违约事件后，"优先档资产支持证券"本息偿付完毕后，或者信托终止后，于确定的"信托分配日"，受托人将流动性储备资金按照"信托合同"进行分配/支付，剩余资金最终划付给信托收款账户。

（三）信托付款账户

华润信托应于"支付日"将信托收款账户中的资金划付至信托付款账户，以支付税款、费用以及资产支持证券本息。

六、增信与其他风险缓释措施

和萃一期未设置外部增信措施，采用了内部信用增级——在证券化项目中通过交易结构或证券结构的相应安排，以实现证券信用增进并缓释风险。具体包括：

（一）优先/次级结构设计

招商银行回收的资金，将会按照事先约定的现金流支付顺序支付，排序在现金流支付顺序最后面的证券档将承担最初的损失。

（二）信用触发机制

和萃一期设置了证券兑付相关的"违约事件"，一旦触发将引致基础资产现金流支付机制的重新安排。信托收款账户中的资金不再转入流动性储备账户，直接将回收款或者流动性储备账户中的资金进行分配。受托人在支付有关的税费、报酬以后，直接用于偿付优先档证券的利息和本金，以及支付次级档证券本金，其余额分配给次级档证券持有人。

（三）流动性储备账户

流动性储备账户是信托账户之下的一级分账户。部分回收款将从信托收款账户被归集至流动性储备账户，储备金额至少覆盖下一期的信托费用及优先档利息。

第三节 收回类清收处置方式

收回类清收处置，是指债权银行从借款人、担保人处收回现金的清收方式。根据不同的标准，收回类清收处置有不同的分类：①根据直接向债务人清收的主体不同，可分为自催自收、委外清收、诉讼清收、刑事报案清收；②根据从债务人处收回的资产不同，可分为现金清收、以物抵债。在上述清收方式中，除债务人自筹资金清偿外，多数都需要通过处置债务人资产来筹集现金。下面，将对有代表意义的自催自收、委外清收、诉讼清收、刑事报案清收、以物抵债、资产处置等，逐一介绍。

一、自催自收

自催自收，就是债权银行的业务人员、资产保全部门的清收人员，通过非诉讼的方式，自行向借款人、担保人等债务人追偿欠款。自催自收是清收不良资产的一种基本模式，是成本最低、应用最多、最应被提倡的一种催收方式，适用于所有类型的不良资产。由于自催自收没有强制力作后盾，缺乏对债务人有效的制约，有时会受到债务人的抵制、抗拒乃至威胁，需要清收人员与债务人反复联系、沟通和施压。

（一）自催自收的方式

自催自收的方式，有上门催收、电话/短信催收、信件催收、员工自行代理诉讼催收等。

上门催收，即清收人员到债务人的经营、生活场所，与债务人面对面沟通，可以相对真实地了解债务人的经济状况，对清偿债务的态度，是否愿意对贷款进行重组，是否有供处置的财产等。这些信息对于制订催清收方案，是十分重要的。上门催收时，有时可能连续几次都难以见到债务人，可以通过在其大门上张贴大字打印或印刷的"催收通知书"，告知其尽快与清收人员联系，归还欠款。在上门催收中，清收人员需要防范极个别债务人可能会狗急跳墙，威胁、辱骂、殴打甚至关禁清收人员。为安全起见，原则上应派两名清收人员同时参加，特别是晚上上门、见面地相对偏远、债务人有暴力倾向等情形时，一定要有两名清收人员，其中一名须为男性。

电话/短信催收，即通过电话、短信的方式，通知、督促债务人清偿欠款。这种方式要发挥作用，关键是要保持一定的频率，经常给债务人提示归还欠款。

信件催收，是在通过上门、电话、短信、微信等方式联系不上债务人时，向其预留的通信地址发送催收信件。为提高催收效果，在信件催收时需要做到以下几点：①在邮寄信件时，要做好公证，留好证据。②尽量选择在春节前发送，便于其在春节前收到。③在信封上打上"催收通知书"字样。④对于一些恶意逃废债务甚至威胁过清收人员的，可以将信件寄至其所在单位、村落，请其转交债务人。

员工自行代理诉讼催收，是一种既可以节省债权银行诉讼成本，又可以锻炼提升清收人员工作能力的催清收方式。这种双赢的催清收方式理应应用较多，但实际却较少应用，除一些自我提升意愿强的员工愿意代理外，多数员工则不主动、不拒绝，其原因主要是：①债权银行的清收人员不足：没有时间、精力进行自行代理诉讼。②责任承担机制不明确：外聘律师代理如在诉讼中遇到问题，都交由代理律师去沟通解决，即使败诉，也由律师承担责任；而自行代理，不仅需要员工自己去解决遇到的问题，更需要承担诉讼进程缓慢甚至可能败诉的风险。③利益共享机制不明确：外聘律师代理，银行或多或少都会支付代理费；而员工自行代理则全部免费，即使偶尔尝试给予一定的激励，基本上也难以具有持续性。说到底，其根本原因是银行内部催清收工作责权利不对等，而建立这种责权利对等的管理机制，不是一两个人、一两天就能办成的。作为清收人员，无论有无这种机制，都要把尽心尽力敬业履职、扎扎实实提升自我作为一种基本的职业素养。如果有了这种认识，这些问题也就不成问题了。

（二）自催自收的主要作用

在不良资产的清收中，自催自收是最基础的清收方式，其作用主要有以下几点。

1. 与债务人重新建立联系

在一些信贷业务中，如小微贷款、消费贷款、网络贷款等，多数都是重贷轻管、有贷无管；贷款发放后，借款人除定期还款外，与贷款银行没有联系；担保人除叙做时到银行签字外，与贷款银行更加没有什么联系。在贷款逾期后，通过催清收，贷款银行可以与借款人、担保人重新建立联系。

2. 了解债务人、抵质押物的现状

联系上借款人后，清收人员应及时上门催收。上门催收时，清收人员应

重点了解以下信息：借款人逾期的原因是经营失败还是恶意不还；借款人和保证人有无现金清偿的意愿和能力；通过调整还款方式、还款期限，借款人、担保人是否愿意重组续贷；抵质押物的物理状况；抵质押人是否愿意配合处置；抵质押物是否能够顺利处置；抵质押物的大体处置价格。通过实地走访、面对面沟通，可以真实地了解、掌握债务人和抵质押物的重要信息，为制订清收方案提供第一手素材。如果因种种原因难以上门催收，也应通过电话催收，尽可能了解、掌握上述消息。

3. 表明债权银行的态度

有些债务人以为银行的贷款是可以不用还的，提走信贷资金后就没有按期归还的意愿。通过自催自收，可以直接表明银行贷款必须清偿的态度，告知其不清偿将承担被起诉、处置资产、纳入失信人名单等不利后果，警示其及时端正态度、必须归还。

4. 制订可行的清收方案

在全面了解、掌握债务人的信息后，根据一户一策的原则制订清收方案。清收方案由具体的清收人员提出初步意见，经清收部门、分行的清收领导小组审核认可后，作为清收的依据。随着债务人态度、状况的变化，以及债务人有多个债权人时其他债权人处置方案的变化，清收方案也应及时调整优化。

在清收实务中，有必要根据一户一册的原则，建立清收档案，详细记录债务人的基本情况、清收方案、清收责任人、清收动作等信息。这种清收档案具有以下作用：①证明清收人员敬业履职。对清收工作一般要进行审计，详细的催清收记录可以证明清收人员是否敬业履职。②避免忘记重要信息，特别是在清收人员发生变更时，后面接手的清收人员可以很快熟悉情况。③作为已核销资产纳税抵扣的依据，如果有完整的催清收记录，在下一纳税年度可以申请已核销资产纳税抵扣。技术力量较强的银行可以建立催清收管理系统，在系统中详细记录清收信息。

二、委外清收

委外清收，有广义和狭义之分。广义的委外清收，是指债权银行委托本单位外其他的公司、企业、个人清收，包括委托律师事务所、资产管理公司、第三方催清收公司等。狭义的委外清收，仅指委托第三方催清收公司清收。本处所讲的是狭义的委外清收。

这些第三方催清收公司，主要以人员的直接上门催收、跟踪催收等方式，逼迫债务人清偿欠款。这些公司的管理，多数比较简单、粗犷，员工的来源和素质也多种多样。在催清收过程中，言行举止难以完全规范，行为优雅、言辞优美更是难以做到；个别的可能还会存在暴力行为，容易引发次生矛盾；极个别的，可能出现黑社会清收，负面影响将更大。因此，债权银行在决定是否委外、委托给哪家催清收公司时，一定要慎之又慎。

（一）委外清收的适用范围

委外只是在特定时期、特定情形下的催清收方式，而不能成为一种普遍的催清收方式。在以下几种情况下，可以考虑委外催清收。

1. 大面积不良，传统催清收难以见效

根据资产质量变化的一般规律，批量开发、批量授信的结果，就是批量逾期和批量不良。在同一个联保互保、商圈、市场、行业协会，有一两个借款人逾期和不良时，其他的借款人也容易受传染而逾期和不良。在一些情况下，这种传染还具有溢出效应，即从一个联保体、一个商圈、一个市场、一个行业协会传染到另外的联保体、商圈、市场和行业协会。而且，在借款人存在多个债权人或债权机构时，其清偿的顺序一般是：民间债权人、小贷公司、抵押债权行、信用债权行、批量授信债权行。在实务中，正如有些欠款人所讲的"小贷公司的钱要还，××银行的钱要还；××银行的钱不需要还"，其结果就是信用类贷款债权银行，特别是批量授信债权银行容易出现塌方式不良。如果在授信过程中，债权银行的业务人员存在风险误导、操作瑕疵、收取好处等不当行为时，大面积不良在意料之中，此时追偿肯定是难上加难。

在这种大面积不良局势下，传统的催清收作用有限，可以引进第三方机构。此时，第三方催清收公司的主要作用，一是可以聘请多家，以保证催清收人员的数量；二是可以借其特有的催清收方式，遏制和扭转大面积恶化的局面。

2. 正常渠道查找不到债务人财产线索

贷款成为不良后，部分债务人会想方设法不予归还，隐匿财产、转移财产是其通常做法。查找不到财产，执行就要中止，清收就难见成效。此时，可以通过委外清收，由第三方清收公司通过上门、跟踪等方式，有可能查找到一些财产线索。

3. 诉讼时效已过，债权成为自然债务

诉讼时效过期后，债权无法通过法院予以保护。此时，除银行清收人员自催自收外，可以通过委外，借助第三方催清收公司进行催讨。

（二）委外清收的主体资质

债权银行毕竟是一家金融机构，对自身的声誉、形象还是要在乎、要保护的。因此，对委外机构不能只以业绩为标准，还是要有所选择，要选择那些管理相对规范、做事相对合规的催清收公司。一般而言，委外的催清收公司需符合以下资质要求：①正式注册成立。②至少成立并运行3年。③没有重大的负面消息，没有涉黑嫌疑。④管理层稳定，催清收人员相对固定。⑤优先选择全国性的公司。

（三）对委外清收的管理

对委外清收的管理，总体原则是"谁聘请、谁管理、谁负责"。在催清收过程中，第三方催清收公司与债务人产生矛盾、冲突在所难免，但一定要控制在一定的范围和程度内。为了不引发一些不必要的麻烦和风险，有必要采取一些比对律师事务所更为严格的、强制性的管理措施。总分行的资产保全部门，都需要指定专人管理委外机构。

1. 聘请委外机构的审批

对委外清收，一定要实行审批制。审批的模式，可以是总行制定标准，一级分行审批；也可以是总行既制定标准，又负责审批。资产保全部门准备委外时，需要将委外机构的基本情况、费率标准、委外清收的案件范围等信息，书面上报分行；分行根据权限，终审或初审后，上报总行审批。在获得审批同意前，具体使用机构不得委外。

2. 委外的过程管理

对委外机构的过程管理非常重要。过程管理主要包括以下几个方面。

（1）签订委外合同。终审部门审批同意后，使用机构就可以与第三方催清收机构签订委外合同，移交不良案件的信息资料。在委外合同中，需要对委外机构在催清收时可以采取哪些方式、不能采取哪些方式，委外机构需要承担哪些义务和责任，债权银行享有哪些管理权力等内容，都予以明确约定和要求，作为双方合作的基础。

（2）催清收人员培训。使用机构的清收人员，应定期对第三方催清收人员进行培训。培训的内容主要包括催清收方式、警示案例、注意事项、管理要求、工作纪律等。

（3）催清收过程跟踪。为及时了解掌握催清收过程信息，使用机构的清收人员有必要每周都和催清收公司的代表面对面碰头沟通，通报信息、纠正偏差、提示注意事项。

（4）矛盾或冲突的协调解决。在委外机构与债务人产生矛盾或冲突时，债权银行的清收人员需要予以协调解决。协调解决的方式，有直接介入和间接指导两种：直接介入，就是银行清收人员直接出面，介入解决委外人员和债务人的矛盾或冲突；间接指导，就是银行清收人员指导委外人员，解决与债务人的矛盾或冲突。在委外实务中，矛盾或冲突时有发生，银行清收人员要有思想准备，耐心处理。

3. 委外的终止与退出

在出现以下情形时，需要及时终止或解除与委外机构的合作：

（1）清收局面得以好转。在债务人认识到银行债权必须清偿，或债务人重新回到与银行谈判，或不良资产大面积暴露得以遏制或扭转时，就应该逐步终止与委外机构的合作。

（2）出现声誉风险等重大负面事件。因债务人激烈抵制委外清收，或委外机构因催清收方式不妥当而引发声誉风险、监管投诉等负面事件时，应及时终止与委外机构的合作。

（3）社会环境不允许委外清收。如国家举行重大政治活动，或监管机构规范整顿银行经营行为、禁止不规范清收时，就需要及时终止合作关系。

无论是哪种情况的终止，债权银行需要妥善处理以下两件事情：①及时、完整移交回业务资料。②对委外机构的付出和成果，应根据合同的约定，及时、足额支付相应的费用。

三、诉讼清收

诉讼是不良资产清收处置的一种最传统、最基本、最有效的方式，适用于所有类型的不良资产。仲裁也是纠纷的一种解决方式，在清收实务中，特别是在国际贷款业务的不良资产清收中会经常用到。仲裁与诉讼，除裁判的有权机关不同外，其流程和所面对的问题基本相同，且仲裁庭的裁定也需要通过法院予以强制执行，因此对仲裁程序，本处就不具体展开。

（一）诉讼的发起

一般而言，在贷款/融资逾期后即可提起诉讼。但是，受季度/年度不良资产考核指标的压力、诉讼费用等因素的影响，诉讼往往都是在贷款重组无望、抵质押物协商处置不成的情况下提起诉讼。当然，有时为了压迫借款人、抵质押人回到债权银行的谈判桌上，也可以随机发起诉讼。

为节约诉讼时间和费用，在实务中经常采取强制执行公证的方式。强制执行公证，可以在金融业务合同签订时就予以办理，也可以在逾期后，由银行和借款人、担保人协商确定办理。签订业务合同时办理强制执行公证，需要借款人交纳一笔费用，多数借款人都不愿意。因此，强制执行公证多数是在贷款逾期重组时或逾期后予以办理。办理了强制执行公证，在逾期后即可直接向法院申请强制执行，可以有效地节省时间和费用。

（二）诉讼效用最大化的关键

在不良资产清收工作中，诉讼不是目的；诉讼的目的是迫使债务人清偿债务。因此，要最大化发挥诉讼清收的作用，关键是要做到"快、准、狠"。

1. 快

快，就是动作要快。多数情况下，债务人都会有多个债权银行；而且，在一个银行的逾期，意味着在其他银行也迟早会逾期。在各家银行都逾期后，各债权银行肯定都会采取诉讼等催清收动作。在诉讼实务中，债务人的财产不管有无抵质押，也不管抵质押给谁，谁先查封，谁就有主动权（不一定是优先权）。因此，为抢占先机、争取主动，当债务人逾期后，会出现必定逾期的信号而由债权银行宣布提前到期后，债权银行应立即行动，面谈借款人、担保人等债务人，了解情况，尽快作出重组续期、按期归还/代偿、纳入清收的决策。

在清收中，对"快"的工作要求，就是要决策快、立案快、查封快。决策快，就是快速作出诉讼的决定。对于应该诉讼的就快速决定诉讼，这本来不应是个问题，但清收实务往往是复杂的。有些决策者不愿意花费诉讼费，致使坐失良机；到最后不得不诉讼时，因落于人后而查封不到资产，或非首封而实际分不到处置款时，却又指责清收人员。对此，清收人员除了背黑锅外，也没有其他办法。当决定诉讼清收后，应立即启动诉讼程序，包括准备立案材料、提交诉讼材料等。最重要的快，就是查封要快。由于在司法实务中，一般由首封法院负责查封物的处置，因此，不管有无抵质押权，如果能抢得首封，都将极为主动。这就要求债权银行的清收人员，要尽快查清债务人的财产状况，立案前或立案后，即申请查封债务人财产，并协助法院实施查封。

2. 准

准，就是对债务人的诉讼、财产查封要准确。对于恶意逃废债务的债务人，其逾期前就已经周密地转移了财产；对于有一定规模的公司/企业类债务人，其资产可能较为分散，且不同的资产，其价值不同，处置的难易程度也会不同。这些情况，都需要清收人员在业务人员的支持配合下，尽快掌握清楚债务人的实际经营状况、财产状况，以准确地找到、查封到有价值的、易处置的财产。

3. 狠

狠，是指对债务人的诉讼、查封，一定要有力度，特别是要查封到对债务人有制约作用的资产或权利。比如：建筑施工类企业，其基本账户被查封后，就不能参加工程的投标；不管其基本账户上有无资金，查封其基本账户要比查封其挖土机等资产更有用。

查封后，债务人多数会通过各种渠道找到查封银行清收人员、相应管理人员，然后各种流泪、表态，希望给予通融。对这种情况，清收人员要基于对债务人的准确了解，再作相应决定。如果债务人讲究诚信，愿意解决逾期，如其只是暂时困难，特别是提出了可执行的债务解决方案的，经审批同意后，可以适当通融；而对那些只是想争取同情，争取时间转移财产的，则要心如磐石，不为眼泪所动，查封不解、诉讼到底、执行拍卖。

快准狠的实际效果，既取决于债权银行的清收机制以及清收团队的反应能力，也取决于当地法院的司法环境和司法能力。在一些地方，执行法院可以在特定时期组织开展专题执行行动。曾有地方法院，在春节前开展上门执行活动，"不让老赖侥幸过年、不让老赖舒心过年"。这些专项执行活动，都能取得良好的效果。但还有一些地方的法院，能按部就班推进执行，就已经很不错了。对债权银行而言，这种差异巨大的司法环境是客观存在的，无论在哪种环境中，债权银行的清收人员都要争取好、配合好法院的工作，以实现有力度的清收效果。

（三）对代理律师事务所和代理律师的管理

银行债权，无论是表内贷款还是表外融资，一般情况下，业务的法律关系都是简单、清晰的。银行胜诉，基本是可以确定的。因此，债权银行发起诉讼，可以由资产保全部门员工自行代理。但是，在资产保全部门人手不足，或业务涉及主体较多、法律关系比较复杂，或业务的合同背后还有其他故事时，就需要聘请律师代理了。

鉴于诉讼之后就是执行，诉讼和执行难以截然分开的情况，在诉讼阶段，聘请哪个律师事务所和哪位律师代理，重点需要考虑拟聘请律师的代理业绩和代理成本。具体包括以下几个因素：①主办律师而不是协办律师，有没有时间、精力来办理此案。②与法官特别是执行法官的沟通能力。③代理费用。其中：第①②项，在案件交予代理律师之时，难以客观量化评估，需要银行工作人员在业务实际中动态把握和调剂；第③项，银行可以也有必要进行量化管理，特别是投入产出的量化管理。

不过，实际运行是复杂的。资产保全部门承担不良资产管理的最终责任，在业务一线与代理律师打交道，其对律师事务所及其代理律师的工作能力和工作效果最了解，对应该聘请谁不聘请谁，每个诉讼案件可以给予多少代理费用，应该是最有发言权的；但实际情况却不尽然。为了相互制约，有时也是为了相互争权，对律师事务所的管理，不同的银行有不同的管理模式。聘请律师时，除需要考虑业务因素外，还要考虑以下一些因素。

1. 律师事务所的准入管理

在一些银行中，对律师事务所的管理往往涉及三个部门：①招投标主管部门。该部门可能是专职招投标部门，也可能是财务主管部门，个别情况下可能是法律主管部门，负责律师事务所的准入招标管理。②法律主管部门。该部门负责律师事务所的资质品定、业绩评估。③实际使用部门，也就是资产保全部门。该部门负责律师事务所的实际选聘、过程管理和效果承担。因此，在需要外聘律师时，资产保全部门需要经过多个环节，与多个部门沟通：第一步，需要会商法律事务部门，向招投标主管部门提起招投标申请，由招投标部门主持招标，选定后，进入律师事务所名单库。这种招投标，可能是一年一次，也可能根据需要临时举行；第二步，在具体确定需要外聘代理律师的诉讼案件后，资产保全部门再从名单库中选择。此时，往往还需要逐级审批，即二级分行资产保全部门或支行上报分行资产保全部门审批，分行上报总行资产保全部门审批。有时，还需要同时上报分行、总行法律事务部门审批或备案。

从形式上看，这种管理模式符合相互制约的内控要求，但实际上是为管理而管理，为内控而内控，徒增管理成本。其原因是：虽然有这种管理流程，但在该流程中起主导作用的还是资产保全部门，实际承担最终后果的也是资产保全部门；招投标主管部门除在形式要件上把关外，基本起不上作用，招标管控实际上徒有虚名；法律事务部门除收集诉讼数据、代理数据外，也难以有所作为；无论是招投标主管部门还是法律事务部门，对诉讼结果或代理结果都不承担责任。由此，这种管理模式属于一种人为增加管理成本、责权利不对等的管理模式。其实，真正能有效防范资产保全部门员工可能存在"道德风险"的，是代理费用的管理。

2. 代理费用的管理

对银行不良资产的诉讼来说，胜诉不是问题，难在执行收回现金。同时，对于支付不良资产诉讼执行的代理费用，中国内地的习惯做法是根据工作量和工作结果，而不是仅仅根据工作量和工作时间。由此，银行不良资产诉讼案件的代理费用基本不会采用按时付费，多数会分段计价：诉讼阶段的代理费用和执行阶段的代理费用。其中：诉讼阶段的代理费用，应该低于执行阶段的费用，而且应该根据案件的金额大小适用不同的计价标准。大公司类诉讼的，可以采用诉讼本金的百分比计价；小微类、按揭类、消费贷款类、信用卡类，可以采取按件付费，如一个诉讼案件 2000 元至 5000 元不等。执行阶段的代理费用，基本上适用风险代理付费，即根据实际收回的金额×代理费率付费，没有实际收回的则不付费；收回的是以物抵债的，应降低代理费率，如支付 1/2 或 1/3。

代理费率，应根据有无抵质押物、抵质押物的处置变现难度、借款人有无可供执行的财产、借款人和抵质押物是本地或外地、本地同业标准等因素确定。由于抵质押物的处置变现难度、借款人有无可供执行的财产等因素都具有弹性，容易被清收人员利用，因此，对代理费用有必要建立相互制约的审批机制。资产保全部门初步谈定代理费用标准后，应报经法律事务主管部门、财务主管部门审批；大额的，还需要经分行财务管理委员会审批。

3. 代理结果的管理

外聘了代理律师，并不意味银行资产保全部门就可以放手不管。多数律师逐利而为，回报多的、回报快的，必然投入的时间精力多，回报少的、回报慢的，投入的时间精力自然会少。由此，资产保全部门除需要配合代理律师推进诉讼进程外，有必要采取以下管理措施，管理好代理预期和代理结果。

（1）代理进度的报告。资产保全部门除需要主动了解、跟进、督促诉讼进度外，还需要根据案件的具体情况，要求代理律师按周、按月、按季度，向资产保全部门报告代理进程及其阶段性结果。普通的案件，可以口头报告；大额、重要的案件，需要书面报告。

（2）代理结果的评估。外聘律师的目的，是借其专业能力获取一个好的结果。因此，对代理律师的代理效果定期进行评估，是非常有必要的。评估的周期，一年一次比较适当。评估的内容，主要是诉讼的阶段性突破和执行结果。如久无进展的，要当断则断，及时终止代理关系，更换其他的律师或律师事务所。为便于根据评估结果终止代理合同，在签订代理合同时，需要明确代理期限或终止代理关系的情形。

（3）代理积极性的调动。为发挥代理律师的积极性，除最终代理结果的评估外，在代理过程中需要注意提高代理律师的积极性和工作效果。由于代理律师不是银行工作人员，对代理律师不能直接适用资产保全部门员工的管理模式，但还是有些管理措施的：①差别化费率。在代理费率、支付时间上，根据收回的速度快慢和金额大小，实行差别化处理。现金收回越快的、收回金额越大的，费率可以适当高些。②劳动竞赛。在各代理律师之间开展劳动竞赛，即在一定期限内，根据收回现金总额、回收率等指标，给予合同费用以外的、一定金额的奖励。③案源集中。对代理效果好的律师和律师事务所，可多给予案源。

（四）诉讼清收的难点及其对策

1. 诉讼的漫长

诉讼，是有效的，也是成本较高的一种清收方式。其中的成本，主要就是时间成本。从发起诉讼到执行回款，一般都需要 2 年至 3 年，个别的，可能需要 3 年至 5 年。诉讼期长，除正常的受理、送达、审理、生效、评估、拍卖、回款等程序外，主要原因还是债务人恶意拖延。拖延的方式主要有以下几种。

（1）管辖权异议。在一审时，借款人、担保人都可能提起审理法院的管辖权异议。一经提起异议，法院就需要先审查该异议是否合法。管辖权异议，是被诉人的合法权利，债权银行能做的，一是争取债务人不主张异议；二是争取法院尽快审查。

（2）不领取、不签收送达的司法文书。对法院送达的应诉通知书、裁定书、判决书等，债务人明明能联系上，就是不领取，也不签收，导致法院只能公告送达。每个公告环节，都需要 60 天，几个公告送达下来，一年半载就过去了。对债务人的这种恶意行为，法院也没有有效的手段，只能公告送达。在法律对这种行为作出强硬规范之前，债权银行只能是沟通好、协调好法院各个环节，尽量缩短送达时间。

（3）滥用二审、再审等诉讼程序。有些债务人抱着侥幸心理，一审以后提起上诉；二审终审以后提起再审；个别的，再审后还申请检察院提起抗诉。其目的，无非是拖延时间，迫使债权银行让步，减免债务。

（4）制造社会舆论压力或维稳压力。在一些小微不良案件中，借款人以联保互保、行业协会、商圈、市场为单位，或者集体到债权银行门前闹事；或者集体联名向监管机构、党政机关投诉举报；或者在法院开庭时，在法庭外静坐，目的就是制造压力，迫使债权银行让步，减免债务。出现这种情况时，审理法院、法官都会有所考虑，放慢审理、判决的进度。

2. 败诉的风险

银行不良资产诉讼案件，一般情况下都会胜诉。但凡事无绝对，在一些情况下也存在败诉的可能。

（1）业务办理过程中存在过失。为管控好风险，无论是监管机构，还是商业银行自己，都制定了一系列管理制度，如双人实地调查、亲见亲访、取印核保面签、抵质押办理中的送件取件、合同和他项权证入库保管等，都有明确的规定和要求。但在业务实际中，特别是在一些诸如小微贷款、消费贷款等业务办理过程中，可能存在冒名贷款、资金归集、担保人被欺骗、虚假合同签字、虚假他项权证、合同丢失、银行工作人员误导或欺骗等问题。这些问题一旦被确认，银行基本上都会败诉。出现这种情况，银行能做的只有两条：一是追究内部人员的责任；二是在客户存在诈骗嫌疑时，向公安局刑事报案。但无论采取哪种措施，对于欠款的实际追讨来说，都是收效甚微；银行能收获的，可能仅仅是当时的气愤和过后就忘的教训。

（2）诉讼时效过期。在一些笔数多、单笔金额小的贷款业务中，如小微贷款、消费贷款、信用卡逾期等，可能存在诉讼时效内未能及时提起诉讼的情况。诉讼时效过期，既包括对借款人诉讼时效过期，也包括对担保人的诉讼时效过期。由于业务实际中的担保都是连带责任担保，因此，容易出现的过期是在联保互保中，对多个担保人中的一个过期。出现这种情况，只能归为自然债务，由债权银行或代理方直接催收。

3. 执行的困难

执行难、难执行，是不良资产诉讼清收中经常面对的问题，其具体情况主要有以下几种。

（1）没有可供执行的财产。在信用类（含直接信用授信和信用保证授信）贷款中，这种情况经常出现。没有可供执行的财产，可能是借款人、担保人真的经营失败，且没有积累下财产；但更为可能的是其在逾期前，将财产转移了。对信用类不良资产，在逾期前后，至少在发起诉讼时，应立即查找其财产线索；一旦查到，应立即查封。这种查找，应通过银行业务人员、资产保全人员、代理律师、执行法官等主体，通过合法的方式进行。在穷尽各种方式依然找不到财产线索时，就需要根据法院的要求，申请中止执行，待找到财产线索时再申请恢复执行。

根据法律的规定，在找到被借款人或保证人转移的财产线索时，债权银行可以行使代位权、撤销权等权利。但在实务中由于举证困难，这些措施仅具有个案意义；这些权利，也仅是理论上或法条上的权利，而不是实际可行使的权利。

在清收实务中，可能存在第三方向银行清收人员提供借款人或保证人财产线索的情形。获得了财产线索，肯定有利于银行的清收；但是否有利于清收人员，就不一定了，清收人员需要审慎处理，原因是：①提供财产线索的人，一般是借款人或保证人的情人、朋友，多数都是因为对债务人怨恨而提供财产线索。无论是谁，都会要求对其身份保密。②提供了线索，一般都会要求比较高的回报，且回报只能是现金。此时，在债权银行内部，为做好保密，必然是知道内情的人越少越好；但高回报、现金支付，又必须经过一定的审批流程。如果相关的人员了解情况、理解清收还好，但如果不了解情况、不理解清收，甚至借机歪曲清收、打击清收人员时，就会有麻烦。"有道德风险"是一顶信手拈来的大帽子，这种戴帽子的做法，特别是在分行一把手调整时是极容易出现的；届时，清收人员将有口难言、无处申辩。为争取雇佣自己的债权银行的利益而想方设法查找财产线索，是清收人员的本职，但清收人员也有保护自己不被恶意伤害的权利。因此，在遇到第三方向清收人员提供借款人或保证人财产线索时，一定要审慎处理，不要冲动。

（2）抵质押物变现的困难。由于抵押物位置不好、抵质押物评估价值虚高、市场价格下跌较大、抵债价格过高、抵押人或案外人阻挠等，导致抵质押物变现困难。在出现抵质押物变现困难时，需要根据具体情况具体处理。

抵押物位置因素，多数是商铺或工业厂房的位置偏远、不临街，或物理空间被其他商铺所包围。遇到这种情况，只能低价转让。

抵质押物评估价值虚高，多数是在办理业务时，评估值远高于市场价，导致在处置时难以收回本金。

市场价格下跌较大，可能是房产等抵押物，但多数是股票质押，其市场价格在短时间内，急速下跌。在业务办理时，虽然有平仓线的约定，但在市场大跌或质押股票大跌时，平仓约定难以实际行使，只能寄希望于股票价格回升。

抵债价格过高，既包括普通诉讼执行流拍后的抵债，也包括司法重整等被动接受的抵债。尤其是后一种情况，为了所谓的"百分百清偿"，价格多数是高得离谱。此时，银行面临两难：果断处置，即使亏损较大；长期持有，损失不好确定。分行等经营单元经营效益好、一把手有担当时，可能会果断处置；经营效益不好，还可能是前任遗留的问题时，一般都会推迟处置。直到风险资产占用已难以承受时，才可能予以处理。

抵押人或案外人阻挠，情况相对比较复杂。抵押人阻挠时，一般会采取以下动作：抵押物是不动产时，主要是不配合评估、不愿意腾房；抵押物是动产时，主要是转移、哄抢、以次换好等；极个别的，可能还会以民族、宗教为借口阻挠执行。案外人包括抵押物的承租人、抵押人的供应商等，这些人阻挠时，小的动作是拒不腾房，大的动作是组织员工静坐、上访等。面对这种情况，法院出于维稳的目的，可能在执行的节奏、方式上，会综合考虑。无论是哪种情况，既需要清收人员、代理律师与相关人员耐心沟通，争取理解、配合，更需要与法院沟通，依法维护、保障、实现抵押权。

（五）诉讼清收效益的保障

在穷尽诉讼清收手段，债务人还是没有清偿或没有完全清偿时，债权银行可以向执行法院申请，将债务人列入"失信人名单"，即俗称的"老赖黑名单"。

根据现有的法律规定，一旦被列入"失信人名单库"，失信人将承受一些限制：①不得有以下高端消费以及非生活和工作必需的消费行为：乘坐列车软卧、G字头动车组列车全部座位、其他动车组列车一等以上座位、民航飞机等交通工具；住宿星级以上宾馆饭店、国家一级以上酒店及其他高消费住宿场所；在夜总会、高尔夫球场等高消费场所消费；高消费旅游；以其财产支付子女入学就读高收费私立学校；支付高额保费购买具有现金价值的保险产品；新建、扩建、高档装修房屋等。②政策受益限制：即不得获取政府补贴、获得政策支持。③身份限制：即不得担任国企高管、担任事业单位法定代表人、担任金融机构高管、担任社会组织负责人、招录（聘）为公务人员、入党、担任党代表、人大代表和政协委员、入伍服役、海关认证。④投资限制：即不得设立金融类公司、发行债券、合格投资者额度、股权激励、股票风险或挂牌转让、设立社会组织。⑤特许资格限制：即不得参与政府投资项目或主要使用财政性资金项目；参与工程建设项目的招标投标活动；从事食品药品、烟草、消防等行业；房地产、建筑企业、消防技术服务机构资质；授予文明城市、文明村镇、文明单位、平安先进单位、文明家庭、道德模范、慈善类奖项；律师和律师事务所荣誉；授信；从事不动产交易、国有资产交易；使用国有林地限制；使用草场限制；其他国有自然资源利用限制；出境等。这些限制，将对一个正常的社会人带来极大的不便，具有一定的威慑力。在实务中，一些平时无法联系的债务人，在被列入"失信人名单"后主动现身，找债权银行沟通清偿事宜。债权银行一定要充分发挥好该保障措施的作用，积极推进诉讼进程，在符合条件时，及时申请将债务人列入"失信人名单"，绝不能心慈手软，任由债务人不偿还欠款而逍遥法外。

在出现以下情形时，债权银行应及时申请将债务人移出"失信人名单"：①全部履行了生效法律文书确定义务的；②与申请执行人达成执行和解协议并经申请执行人确认履行完毕的；③人民法院依法裁定终结执行的。

四、刑事报案清收

刑事报案清收，是在借款人有骗取贷款嫌疑时，或不执行法院判决、裁定时，债权银行向公安机关报案，由公安机关通过刑事侦查，识别借款人是否有犯罪行为，从而迫使借款人偿还欠款的一种清收方式。刑事报案清收，是"王炸式"的清收方式，是债权银行在穷尽其他清收手段都没有效果之后的终极手段，只有在特殊情况下才能使用。

（一）刑事报案清收的适用情形

刑事报案清收，一般只在以下两种情况下使用：

1. 借款人有骗取贷款的嫌疑

即借款人在申请贷款时，存在提供虚假的生产经营信息，如虚假的身份、经营资质、业务合同、订单、财务报表等，或是骗取担保人担保，或是虚假的签字等行为时，债权银行可以借款人有骗取贷款嫌疑为由，向公安机关报案，请求公安机关侦查。

2. 拒不执行生效的法院判决、裁定

即对债权银行与债务人之间的债权债务纠纷，法院已经判决裁定；在判决、裁定生效后，债务人有履行能力，但拒不执行时，债权银行可以向公安机关报案，请求公安机关追究其刑事责任。在公安机关或检察院对负有执行义务的人不予追究刑事责任时，债权银行也可以直接向法院立案提起刑事自诉案件。

其中："对人民法院的判决、裁定有能力执行而拒不执行，情节严重的行为"，全国人大常委会解释规定了五种情形：①被执行人隐藏、转移、故意毁损财产或者无偿转让财产、以明显不合理的低价转让财产，致使判决、裁定无法执行的；②担保人或者被执行人隐藏、转移、故意毁损或者转让已向人民法院提供担保的财产，致使判决、裁定无法执行的；③协助执行义务人接到人民法院协助执行通知书后，拒不协助执行，致使判决、裁定无法执行的；④被执行人、担保人、协助执行义务人与国家机关工作人员通谋，利用国家机关工作人员的职权妨害执行，致使判决、裁定无法执行的；⑤其他有能力执行而拒不执行，情节严重的情形。而对于上述的"其他有能力执行而拒不执行，情节严重的情形"，2015 年，最高人民法院将其具体为以下八种情形：①具有拒绝报告或者虚假报告财产情况、违反人民法院限制高消费及有关消费令等拒不执行行为，经采取罚款或者拘留等强制措施后仍拒不执行的；②伪造、毁灭有关被执行人履行能力的重要证据，以暴力、威胁、贿买方法阻止他人作证或者指使、贿买、胁迫他人作伪证，妨碍人民法院查明被执行人财产情况，致使判决、裁定无法执行的；③拒不交付法律文书指定交付的财物、票证或者拒不迁出房屋、退出土地，致使判决、裁定无法执行的；④与他人串通，通过虚假诉讼、虚假仲裁、虚假和解等方式妨害执行，致使判决、裁定无法执行的；⑤以暴力、威胁方法阻碍执行人员进入执行现场或者聚众哄闹、冲击执行现场，致使执行工作无法进行的；⑥对执行人员进行侮辱、围攻、扣押、殴打，致使执行工作无法进行的；⑦毁损、抢夺执行案件材料、执行公务车辆和其他执行器械、执行人员服装以及执行公务证件，致使执行工作无法进行的；⑧拒不执行法院判决、裁定，致使债权人遭受重大损失的。

（二）刑事报案清收的注意事项

对拒不执行生效的法院判决、裁定的债务人，债权银行可以理直气壮地刑事报案；但对有骗取贷款嫌疑的，需要审慎而为。一般情况下，一笔贷款从申请到贷前调查、审批、放款，在银行内部需要经历若干环节、若干人员，基于商业银行现有的内控要求和内控水平，借款人还能将贷款骗取成功，其实情可能并不简单。在这种情况下，债权银行一定要事先排查清楚，是否涉及内部人知情默许或主动协助甚至牵头操纵，评估好刑事报案对银行的正面和负面影响，做到心中有数，做好应对预案，以免杀敌一千自损八百。

五、以物抵债

以物抵债，是在抵质押物、查封物等债务人的财产通过变卖、拍卖等方式无法变现时，债权银行和债务人协商，或由法院/仲裁庭裁定，将抵押质物、查封物等财产折算成现金抵偿债务的一种清偿方式。这里的抵质押物，是抵质押给拟接受以物抵债的债权银行；查封物，也是被拟接受以物抵债的债权银行所查封。如果是抵质押给其他的债权银行，或被其他的债权银行查封，那只能根据轮候的余额清偿规则清偿了。

（一）以物抵债的适用范围

1. 以物抵债的前提条件

借款人、担保人等债务人自筹现金清偿是最好的一种清偿方式，但在不良资产清收中，债务人难以筹集到足够的现金是常态。此时，如果债务人还有财产，就可以考虑适用以物抵债。

根据规定，债务人出现下列情况之一，无力以货币资金偿还银行债权，或当债务人完全丧失清偿能力时担保人也无力以货币资金代为偿还债务，或担保人根本无货币支付义务的，银行可根据与债务人或担保人的以物抵债协议或人民法院、仲裁机构的裁决，实施以物抵债：①生产经营已中止或建设项目处于停、缓建状态。②生产经营陷入困境，财务状况日益恶化，处于关、停、并、转状态。③已宣告破产，银行有破产分配受偿权的。④对债务人的强制执行程序无法执行到现金资产，且执行实物资产或财产权利按司法惯例降价处置仍无法成交的。⑤债务人及担保人出现只有通过以物抵债才能最大限度保全银行债权的其他情况。

2. 以物抵债的财产范围

债务人的财产，如房地产、有价证券、股权、专利等知识产权、车辆、船舶、贵金属、玉石、珠宝、字画、收藏品等，无论是否抵质押、是否被查封，只要是债务人所有的、产权明晰、权证齐全、具有独立使用功能、易于保管且有市场交换价值的财产，都可以物抵债。

债权银行接受以物抵债，必须是有市场价值的合法合规的资产。同时，考虑到多数情况下，抵债之后还需继续变卖，对抵债财产需要有一定的限制。根据规定，下列财产一般不得用于抵偿债务：法律规定的禁止流通物；抵债资产欠缴和应缴的各种税收和费用已经接近、等于或者高于该资产价值的；权属不明或有争议的资产；伪劣、变质、残损或储存、保管期限很短的资产；资产已抵押或质押给第三人，且抵押或质押价值没有剩余的；依法被查封、扣押、监管或者依法被以其他形式限制转让的资产（银行有优先受偿权的资产除外）；公益性质的生活设施、教育设施、医疗卫生设施等；法律禁止转让和转让成本高的集体所有土地使用权；已确定要被征用的土地使用权；其他无法变现的资产。另外，划拨的土地使用权原则上不能单独用于抵偿债务，如以该类土地上的房屋抵债的，房屋占用范围内的划拨土地使用权应当一并用于抵偿债务，但应首先取得获有审批权限的人民政府或土地行政管理部门的批准，并在确定抵债金额时扣除按照规定应补交的土地出让金及相关税费。

根据《商业银行法》的规定，商业银行"不得向非自用不动产投资或者向非银行金融机构和企业投资"，导致在实务中，对不动产和企业的股权、股票能否以物抵债，尚存有争议。商业银行法相关规定的本意应在于：①商业银行不能投资非自用的不动产，既可避免商业银行炒作房地产、抬升房价，又可避免影响其流动性；②商业银行不能投资公司/企业，是防止银行和公司/企业捆绑形成垄断，也防止公司/企业风险直接向银行传导。在以物抵债中，债权银行不是主动投资，而是被动接受；不可能大规模接受，只会是小规模、个案式接受；不会长期所有/持有，只是暂时所有，最终需要根据限期处置。据此，商业银行接受以不动产、公司/企业的股权或股票作为抵债物，是不违背《商业银行法》的。当然，债权银行在抵债后，需要争取在限期内处置完毕。

（二）决定是否以物抵债的关键因素

到了以物抵债环节，说明存在两个问题：①债务人没有现金了，或债权银行没有办法也没有渠道找到债务人的现金。②拟以物抵债的资产，在抵债前后的一段时间内，难以通过正常的变卖、拍卖等渠道予以变现。在这种情况下，债权银行是否接受以物抵债时，必须考虑以下几点问题。

1. 抵债价格

按什么价格以物抵债，是决定是否以物抵债的最重要的问题。作为债务人，当然希望抵债物的价值越高越好，希望随便一个或几个抵债物就抵偿完全部债务；作为债权银行，当然希望抵债物的价值越低越好，因抵债价格将关系到债权银行最终是否存在损失，以及存在多大的损失。

为保证以物抵债价格的公道，对拟抵债物需要由专业的评估机构进行资产价值评估。债权银行内部也会组织人员进行内部评估。但评估价应仅作为参考，其原因是：除股票、商品房等因有大众化的交易市场，能保证价格的公道外，其他的资产，如股权、商铺、厂房、专利权、商标权、玉石、珠宝、字画等，不同的评估机构/人员，在不同的时间段，评估价都会有较大的出入；而且，即使有评估价作为参考，最终的抵债价也取决于债务人和债权银行双方的谈判。

在实务中，抵债价格的确定会反复拉锯，最终将根据以下情形分别定价。

（1）执行流拍后，法院裁定的以物抵债。在执行阶段，根据现有的法院拍卖规则，在流拍（网络拍卖是两次拍卖，现场拍卖是三次拍卖）后，法院即可裁定以物抵债；以物抵债的价格，就是流拍时的底价。

在实务中，一般人都把法院拍卖视为捡漏的机会。因此，抵押物也好，查封物也好，法院拍卖的成交价，除少数能收回债权本息外，多数都会低于债权的本金。没有卖不出去的资产，只有卖不出去的价格。流拍，意味着即使拍卖底价低于债权的本金，该价格也无法得到认可。如果按此价格抵债，银行再次处置时，亏损势必在所难免。

为避免出现这种情况，需要在启动拍卖时，就为此做些准备。重点的准备有：①在拍卖前的资产评估时，尽可能地做低评估价。当然，评估价太低，债务人会不同意，因而提出执行异议；同时，评估机构是法院聘请的，是独立评估的，也不会完全受债权银行的影响。债权银行只能请评估机构尽量客观评估。②每次拍卖时，都降到能降的最低价，以压低最终拍卖的低价。③多营销，多吸引投资者参与拍卖并成交，避免流拍。④在流拍后，如果债权银行没有考核压力，债务人也不反对，执行法院也同意，还可以再次降价变卖。

（2）双方协议的以物抵债，或诉讼/仲裁阶段，法院/仲裁庭裁定的以物抵债。这种情形下的以物抵债，能否成交的关键是抵债价格的确定。一般情况下，债权银行和债务人对抵债价格肯定存在相当大的预期差；特别是对于玉石、珠宝、字画等没有大众交易市场的财产，抵债价格预期差不是一般的大。一些债务人都希望随便拿点东西出来就抵偿掉全部债务。双方都有诚意的，还可以推进到由评估机构完成评估；双方没诚意的，也就是口头谈谈而已。无论双方有无诚意，鉴于抵债价格预期差的存在，最终能完成以物抵债的，基本上少之又少。

考虑到债权银行每个季度甚至每个月底都有不良资产清收处置指标的压力，对于诸如房产等一些确有市场交易价值，只是变卖需要时间的财产，债权银行可以适当做些变通让步。比如：抵债后两年内，债务人可以原价赎回；或是再次变卖后，变卖款实际完全清偿了贷款本息后的剩余部分，或超过抵债价格再加变卖期利息的部分，可以返还给抵债人。这些变通的抵债处理方式，给债务人一定的想象空间，有利于减少分歧，促成抵债。当然，这些变通做法需要经过有权人的审批同意。

（3）司法重整时，法院裁定的以物抵债。在债务人进入司法重整时，法院一般会裁定以债务人的股权、股票以物抵债。

在目前司法重整的实务中，多数都是地方政府牵头处置。为尽量维持债务人的继续经营，势必想方设法减轻债务人的负担，其结果就是，债权银行都会成为冤大头，成为被剪羊毛的对象。此时抵债的价格，就不是市场价格或评估价格，而是重整工作组直接认定的价格。基本做法是：需要清偿的债务总额，减去现金清偿（30%左右）部分后的余额，除以股权/股票的份额，得出每股的抵债价格。这个抵债价格与市场价格相比，不是一般的高。有些司法重整案例中，牵头方会描绘一个注入资产、引入战略投资者等激动人心的远景规划，但多数都是纸上画图，在司法重整大局确定后，多数都会不了了之，只剩下一个蓝图。根据法律规定，对司法重整方案，债权银行可以投反对票，否决重整方案。但在实务中，对于地方政府牵头的司法重整，债权银行处于弱势地位，一般不敢投反对票；就算胆大投了反对票，在后续的程序中，将会面临被各种收拾或刁难。当然，对于债务人自己或大债权人牵头的司法重整，债权银行则可以独立自主地决定是否同意司法重整方案。

对于地方政府牵头司法重整程序中的以物抵债，债权银行必须做好大额损失的心理准备。当然，债权银行的负责人也是"流官制"，为避免处置后的损失体现为当期损益，抵债后多数不会立即处置，而是能拖则拖，最终在谁的任上确认损失，则不得而知了。

在各种抵债资产中，房地产和上市公司股票具有一定的特殊性，需要分别情况，区别对待。

就房地产抵债来说：在过去相当长的时期，房地产的价格都是处于上升通道，部分以房地产作为抵债物的，最终处置时得益于房地产的增值，收回了抵债金额，甚至还有超额收益。决定房地产抵债最终能收回多少的，取决于两个因素：①授信时，抵押物房地产的评估价值和抵押率。这是债权银行与债务人谈判抵债价格的重要参考因素。房地产的价格评估方法，除住宅相对简单外，商铺、写字楼等，都有历史成本法、市场比较法、现金流折算法等评估方法。这些方法中，除取得成本、房龄是固定的、客观的以外，地段、外部环境、市场氛围等都是主观的，具有很大的弹性空间，其评估出来的价值也具有很大的主观性。到了以物抵债时，许多因人气带来的溢出价就基本不存在了。如果物有所值，在变卖、拍卖阶段就处置了。变卖/拍卖没处置成功，只能说明该物业的实际市场认可价低于处置底价。②抵债价格，这取决于债权银行与债务人的博弈。如果评估值相对客观、抵押率较低、抵债价格也合理，以房地产作为抵债物的，收回抵债金额是大概率事件；如果这三个要素存在问题，最终处置时，亏损也是大概率事件。当然，在现阶段以及后续阶段，房地产价格走势具有一定的不确定性，以房地产作为抵债物，最终的处置效果也具有一定的不确定性。无论如何，把握好抵债价格还是关键中的关键。

就上市公司股票抵债来说：在我国，股票价格的波动性很大，低价抵债、高价出售也不是没有可能性。在一些以股抵债的实例中，也有因抵债后股票价格上涨，债权银行不仅全部收回了抵债款项，而且还大赚一笔。但这种情况仅是孤例，可以作为以股抵债孜孜以求的目标，难以推广应用。

抵债后，引起股票价格大幅上涨的，主要有两种情形：①通过注入资本、引入战略投资者等措施，引发股价上涨。这属于债务人重组，在本章第一节中已有介绍，这里就不再重复。②通过炒作引发股价上涨。炒作股票，需要讲述动人的故事，在监管严厉打击炒作，且上市公司壳资源越来越不稀缺的背景下，靠炒作拉动股票价格大幅上涨的可能性越来越小。

总体而言，股票抵债，并不是必然意味能不能收回抵债金额，关键还是根据公司的内在价值，合理确定抵债价格。至于能否引进战略投资者或能否讲述故事，只能作为参考。

2. 抵债成本

抵债成本，包括抵债时的过户成本，持有阶段的管理成本和持有成本，变卖时的再次过户成本。这些成本，具体明细如表 3 - 3 所示。①

表 3 - 3　　　　　　　　以物抵债成本一览表

	税费名称	税费率
取得环节	营业税	动产 3%，不动产 5%
	契税	3% ~ 5%
	印花税	0.05%
	土地出让金	如果原产权人欠缴，则由抵债接收方承担
	评估费	分段计价：100 万元以下，0.8%；100 万 ~ 1000 万元，0.35%；1000 万 ~ 5000 万元，0.12%；5000 万 ~ 1 亿元，0.075%；1 亿元以上，每 1 亿元，收 1 万元
	公证费（或有）	分段计价：0.3% 不等

①　国务院发展研究中心金融所课题组. 不良资产处置与金融风险防控［M］. 北京：中国发展出版社，2018：59.

续表

	税费名称	税费率
持有环节	营业税	动产3%，不动产5%（出租的）
	房产税	房产出租的，房产租金收入的12%。未出租的，抵债房产原值一次减去10%至30%后余值的1.2%
	土地使用税	各地有所不同
	车船使用税	基于排气量，每车每年收180～4500元不等
	仓储费/保管费	或有；动产抵债时会发生，根据实际情况支付
处置环节	营业税	动产3%，不动产5%
	增值税	17%
	土地增值税	按增值额与扣除项目金额的比率，实行四级累进税率：不超过50%的部分，收30%；50%～100%的部分，收40%；100%～200%的部分，收50%；超过200%的部分，收60%
	印花税	0.05%
	所得税	25%
	评估费	分段计价：100万元以下，0.8%；100万～1000万元，0.35%；1000万～5000万元，0.12%；5000万～1亿元，0.075%；1亿元以上，每1亿元，收1万元

在实务中，除司法重整中的以物抵债外，如果到了以物抵债的境地，债务人基本上没有现金了，即使有也不愿意拿出来了。因此，债务人应支付的税费也需要由债权银行支付。也就是说，在以物抵债中，从抵债到最终处置，债权银行需要支付的税费包括处置环节税费（本应由债务人缴纳）、取得环节税费、持有环节税费。这些税费的总额，因具体抵债物的不同会有所不同，但基本上要占到抵债金额的30%左右。

为了促使尽量不采用以物抵债清收不良资产，以及促进抵债机构加快抵债物的处理，监管规定：商业银行需要承担较重的风险资产权重，即在以物抵债后，持有期不超过2年的，按抵债资产金额的400%计算风险权重；超过2年未处置的，按抵债资产金额的1250%计算风险权重。而普通贷款的风险权重仅为100%。这种风险权重计算，也是以物抵债的一种成本。宝贵的风险资产，本来可以用于支撑发展正常信贷业务，因以物抵债被消耗在了非生息资产上，实在是可惜。

从上面的分析可以看出，以物抵债存在虚高的抵债价格和高昂的抵债成本，到最终处置时，处置价扣除各项成本后，实际能收回的金额是可想而知的。因此，对以物抵债，应该是能不抵就不抵，不到万不得已，不要以物抵债。但以物抵债也存在当期能账面收回、实际损失则往后推迟的作用，因而在清收实务中，有些人也愿意以物抵债。这种做法，实际上是在虚增当期业绩，损失由后续者承担。其决策者只考虑自己的当下，对债权银行而言既没有担当又损害银行利益。这种人往往处于不同层级决策者的位置，对这种决策，清收人员也只能是无可奈何。

（三）以物抵债的管理程序

为规范以物抵债的管理，尽量减少损失，以物抵债应遵守以下管理规定：

1. 审批

为保证以物抵债的必要性，并以合理的价格予以抵债，以物抵债必须经过一定的审批程序。

审批的重点内容有：原不良资产的基本情况；债务人的现状；清收处置的过程；以物抵债的原因和必要性；抵债物的基本情况；抵债物的评估以及评估价格；抵债的税费；抵债后的管理；抵债后的处置方案；等等。拟实施以物抵债的经营机构需围绕这些内容详细说明，上报审批。

审批权限与审批流程：以物抵债的审批权限，在不同的银行有所不同。从兼顾内控制约与审批效率角度，规模小的银行，应由总行审批；规模大的银行，可以授权一级分行审批。无论审批权限在总行还是在一级分行，一级分行都应实质审查。也就是说，支行、二级分行、一级分行的资产保全部门上报以物抵债申请后，一级分行的主管部门都应进行实质性审查，而不能仅履行形式审查，就上报总行。实质性审查的要求或标准是：是否尽到了勤勉尽职的义务；直白地说，如果是抵债给自己，自己是否会接受。要达到实质性审查的要求，主管部门可以召集风险管理委员会或不良资产处置领导小组，以会议的方式，集体研究决策，投票表决是否同意以物抵债方案；在不同意现有方案时，可以提出更优化的抵债方案（主要是抵债价格）。在经由分行实质性审查后，再上报总行/分行有权人进行终审。

在司法重整中的以物抵债，即使是司法重整工作组决定的以物抵债，债权机构也应按程序上报审批。

终审同意后，才能办理以物抵债，而不能逆程序操作。

2. 过户或转移占有

终审同意以物抵债后，就可以进入抵债操作程序。拟抵债的资产是不动产、股权、股票、车辆、船舶、专利等知识产权的，需要办理过户登记手续；拟抵债的资产是玉石、珠宝等动产的，则需要由债务人将资产移交给债权银行，由债权银行实际占有和保管。至于是办理过户登记手续还是转移抵债物的实际占有，需要根据法律对相关资产所有权转移时的具体适用规则，由债权银行的清收人员具体落实，负有监督/监控职责的部门及其员工跟进督办、监督。

在取得过户登记权利证书后，或者移交占有后，债权银行即可进行账务处理。根据抵债金额和抵债约定/裁定，抵扣相应的本金、利息和清收费用。

在实务中，不动产以物抵债可能会存在债务人是所有权人，但因种种原因，还没有办理国有/集体土地使用权证、房屋所有权证、不动产权证的情形。这种情形，多是因为以下一些原因：①前些年，有些地方存在一些边批边建、未批先建等管理不规范现象，在楼房、厂房建成后，甚至实际使用后，规划、消防等手续可能还没有办理完毕。②债务人因债务纠纷、投资纠纷而迟迟没有办理相关产权手续。③其他种种原因，在楼房、厂房建成后，产权手续办妥前，债务人破产、实际控制人跑路；等等。在这种情况下，这类资产抵债后，在再次变卖时，很难办理不动产权利手续。对这类资产，债权银行除非万不得已，否则不能接受以物抵债。当然，有胜于无，在债务人没有其他资产时，也是可以接受的；接受后，可以将其转为债权银行自己的固定资产，自用、出租或作其他的处置。

对于抵债物，不管数量多少、状态如何，都应造册登记，登记簿由专人保管。

3. 保管或管理

抵债后，抵债物即成为债权银行的资产。以物抵债不是最终目的，债权银行在抵债后应立即启动变卖程序。一般而言，抵债的资产再次变卖，是需要时间的。在这段时间内，债权银行需要保管好、管理好抵债物。

判断是否妥善保管、管理的标准是：不发生人为损害是底线，鼓励保值增值。当然，具体的保管或管理方式，则根据抵债物的权利属性、自然属性的不同而有所不同。

抵债物是股权、股票的，债权银行即成为相关公司、企业的股东，应及时通知该公司、企业；并根据该公司、企业章程的规定，行使股东权利，收取股息；有权提名董事或监事的，应及时提名；有权派驻财务人员的，应及时派驻。

抵债物是不动产的，债权银行即成为房东。抵债物已出租的，应根据原租赁合同和抵债合同的约定，及时收取房租；抵债物未出租的，应及时出租，以增加收益。当然，债权银行作为房东出租房产，会存在一个现实问题：银行开具不了房产出租发票。对此，只能出租给那些不需要发票的承租人。

抵债物是其他资产的，应根据其不同的自然属性，妥善保管和管理。

4. 处置

根据《商业银行法》等法律法规的规定，对于抵债物，应在两年内处置完毕。因此，在办理完抵债手续后，应再次启动处置程序，即再次变卖。不过，抵债物的变卖，多数情况下都不是一件容易的事情。其结果，要么是拖延处置，要么是再次折价处置。对于一家分行而言，哪任行长抗不住监管压力时，就是最终处置之时；实际能收回多少，损失多少，就只能自求多福了。

对于可以自己正常使用的抵债物，如办公楼、车辆，或根本就无法再次处置的抵债物，债权银行可以将其转为固定资产。当然，这种转换也需要经过审批，并做相应的账务处理。

案例：东北特钢司法重整案[①]

东北特钢重整案，是在国务院《关于积极稳妥降低企业杠杆率的意见》（国发〔2016〕54 号）及附件《关于市场化银行债权转股权的指导

---

① 金成峰. 东北特钢重整案：债转股在破产重整程序中的运用. 天同诉讼圈（微信号 tiantongsu-song），2018－12－13.

意见》出台后，第一个尝试在破产重整程序中运用市场化债转股化解企业债务和经营危机的典型案例。

2016年10月10日，辽宁省大连市中级人民法院（以下简称大连中院）裁定受理东北特殊钢铁集团有限责任公司及其关联企业（以下统称东北特钢）重整案。东北特钢重整案，是截至2016年底，中国法院裁定受理的负债规模最大的破产重整案件，所申报的债权人有1911个；负债规模达700亿元，其中90%以上为金融机构债务。2017年8月11日，大连中院裁定批准东北特钢重整计划；2018年10月15日，东北特钢重整案管理人向大连中院提交重整计划执行监督报告，标志着东北特钢重整计划执行完毕。

一、东北特钢重整案情回顾

东北特钢重整案，始于董事长的意外身亡，终于管理人向法院提交重整计划执行完毕的监督报告，整个事件历时两年半。重整过程的重点时间节点如下：2016年3月24日，董事长杨华意外身亡；2016年3月28日，公募债首次违约；2016年7月28日，债权人向大连市中级人民法院提出破产重整申请；2016年8月2日，东北特钢承诺不会单方面债转股；2016年8月8日，东北特钢所持抚钢股票被冻结；2016年8月28日，抚顺特钢（东北特钢的子公司）终止20亿元公募债；2016年9月21日，辽宁省决定对东北特钢实施破产重整；2016年9月28日，中国银行间市场交易商协会暂停东北特钢债务融资；2016年10月10日，大连中院裁定受理东北特钢等三家公司破产重整；2016年12月1日，东北特钢重整案召开第一次债权人会议，核查债权并指定债权人会议主席；2017年8月8日，东北特钢重整案召开第二次债权人会议表决重整计划草案，表决通过；2017年8月11日，大连中院裁定批准东北特钢重整计划；2017年9月20日，沙钢集团正式进驻东北特钢并介入经营管理；2017年12月，沙钢集团及联合投资人55亿元投资款全部到位；2018年10月12日，东北特殊钢铁集团股份有限公司注册成立，全体投资人、债转股股东等股权登记工作全部完成；2018年10月15日，管理人向大连中院提交重整计划执行完毕的监督报告。

二、东北特钢重整案与债转股方案的主要内容

在东北特钢重整计划中，管理人基于市场化、法治化原则，即在符合企业《破产法》等相关法律法规的前提下，结合债务人企业的实际情况，对不同性质和不同主体的债权类型，以"现金清偿＋留债延期＋债转股＋打折豁免"为原则，设计一揽子整体性债务解决方案。对于该方案，债权人意见分歧较大，但在各方努力下，获得通过，并最终执行完毕。该方案的主要内容如下。

（一）转股债权的范围

东北特钢的债权债务数额大、种类多。其中：按照债权法律性质，可分为：有担保债权、职工债权、税款债权、普通债权。按照债权主体类型，可分为：银行类金融机构债权、非银行金融机构债权、经营性债权、民间借贷类债权、税款滞纳金类债权。按照债权确认程序进展，可分为：已申报且已确认债权、已申报但暂缓确认债权、未申报但可确认债权、未申报且无法确认债权。

对于上述各种类债权，在破产重整程序中选择转股债权范围时，一般应以已申报且已确认的银行类金融机构普通债权为主，同时可根据实际情况考虑已申报且已确认的非银行金融机构普通债权、经营性普通债权适当参与，但须排除民间借贷类债权和税款滞纳金类债权。

根据上述原则，东北特钢重整计划仅对金融类普通债权实施债转股，而债券类和经营性债权则给予债权人现金打折受偿方案和债转股方案间的选择权。另外，东北特钢重整计划中，对于已申报但由于诉讼未决、融资租赁物价值未确定等原因暂缓确认的债权，由于后续仍具有较高的确认可能性，为其安排转股部分统一由管理人与金融机构总行/总部级债委会协商确定的第三方机构代持，待该部分债权获得最终确认后，办理相应的交割手续。

（二）转股企业的估值

在东北特钢重整案中，清算假设下的三家公司（包括东北特钢、大连特钢、大连高合金）资产评估值合计为105.34亿元，持续经营假设下

的三家公司资产评估值合计为 214.78 亿元。由于东北特钢债权清偿方案中存在留债，且部分负债（如未申报债权、决定继续履行合同的经营性负债等）没有纳入本次重整的债权清偿方案，因此，结合上述持续经营假设下的评估值，经与债权人、债务人及意向重整投资人反复磋商后，最终确定了东北特钢三家公司在重整状态下的净资产评估值，并以此作为重整投资人出资额度、所占重整后东北特钢股权比例以及转股债权人的折股比例等一系列重整方案核心问题的重要参考依据。

（三）整体债务重组方案设计

在东北特钢各类债权中，需要在程序内安排和解决的债权分类情况具体如图 1 所示。

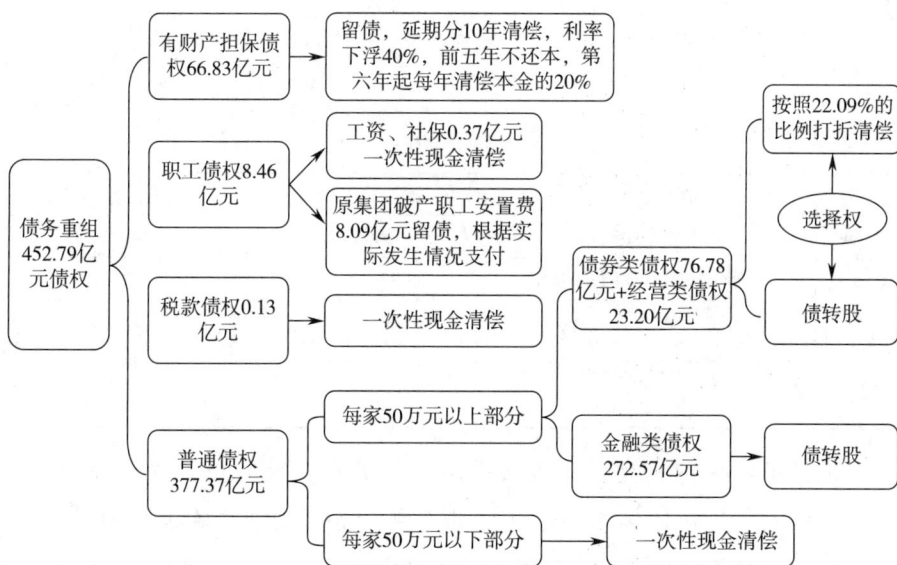

图 1　债权分类情况

上述 452.79 亿元的债权，按照"留债延期清偿一部分、现金清偿一部分、债转股一部分、债权打折现金清偿一部分"的原则，针对不同法律性质、不同债权主体类型设计了不同的债权调整和清偿方案，具体如表 1 所示。

表1 债权调整和清偿方案 单位：亿元

序号	项目	债务人及金额			
		东北特钢	大连特钢	大连高合金	合计
1	有担保债权	60.65	6.18	—	66.83
2	职工债权	8.11	0.29	0.06	8.46
3	税款债权	0.13	—	—	0.13
4	普通债权	281.64	60.35	35.39	377.37
其中	经营性普通债权	11.47	8.76	7.03	27.25
	债券类普通债权	77.09	—	—	77.09
	金融类债权	193.08	51.59	28.36	273.03
	合计	350.53	66.82	35.45	452.79

（四）债转股定价和股权比率确定

重整前，东北特钢的注册资本为 36.44 亿元，具体股权结构如表 2 所示。

表2 股权结构

序号	股东名称	出资额（万元）	出资比率（%）
1	辽宁省国资委	168080.00	46.12
2	辽宁物产集团有限责任公司	82664.00	22.68
3	中国东方资产管理公司	60763.00	16.67
4	黑龙江国资委	52910.00	14.52
	合计	364417.00	100.00

根据东北特钢审计、评估结果，重整前东北特钢已严重资不抵债，东北特钢现有资产远远不足以清偿其全部债务，因此在东北特钢破产重整程序中，对原出资人权益全部调减为零，东方资产保留部分股权。

重整投资人根据东北特钢重整偿债资金和未来经营发展资金的需求，同时考虑谋求对东北特钢的绝对控股地位，确定向东北特钢合计出资 55 亿元，并获得重整后东北特钢 53% 股权的重整投资方案。在这一投资方案下，重整投资人所出资的 55 亿元，按照 1:1 的比例对应重整后东北特钢新增的 55 亿元注册资本。

　　根据重整投资人出资 55 亿元对应持有重整后东北特钢 53% 的股权，可以推算出，重整后东北特钢的出资额为 103.78 亿元，即重整后东北特钢的注册资本由 36.44 亿元变更为 103.78 亿元，在此基础上，扣除重整投资人的出资 55 亿元（以及为东方资产保留的 0.45 亿元）后，转股债权人整体对重整后东北特钢的出资额为 48.33 亿元。由于债券类和经营类债权人具有转股选择权，因此可以推算出转股债权的折股定价区间为 5.64:1 ~ 7.26:1。重整后东北特钢股权结构如表 3 所示。

表3　　　　　　　　　　重整后东北特钢股权结构

序号	股东名称	出资额（万元）	出资比率（%）
1	重整投资人	550000.00	53.00
2	债转股股东	483275.58	46.57
3	东方资产	4462.27	0.43
		1037735.85	100.00

（五）转股债权人数量问题

　　根据《中华人民共和国公司法》（以下简称《公司法》）的有关规定，有限责任公司的股东人数应为 50 人以下，股份有限公司的发起人应为 2 人以上、200 人以下。在东北特钢重整案中，由于拟转股金融机构实际已超过 50 家，且选择转股的债券类和经营类债权人人数在制订方案时尚无法确定，因此在设计方案时考虑了多种途径解决上述问题："为保留有限责任公司的组织形式不变，可通过以下方式实施债转股：（1）债权人全部或者部分共同通过第三方持有东北特钢的股权；（2）将由参与转股债权人以根据本重整计划规定所应取得的股权设立 N 家有限合伙企业（N + 3 ≤ 50），由合伙企业持有东北特钢股权，转股债权人间接持有东北特钢的股权。如果实际选择债转股的债权人超过 50 家，且通过前述方式仍然无法将股东人数缩减到 50 家以内的，可将东北特钢改制为股份有限公司。"根据东北特钢后续债转股实施过程和结果来看，东北特钢最终还是通过改制为股份有限公司的方式解决了转股股东人数超过 50 人的问题。

（六）转股后公司治理机制问题

在债转股中，债权人即将成为重整后公司的股东，必定会关切债转股方案中的有关公司治理的内容。但是，转股债权人关注重整后公司治理结构，并不代表其要完全掌控公司全部经营和管理事项。转股债权人接受债转股方案，更多的是一种权衡之计，其落脚点仍在于如何实现顺利退出上。而在破产重整程序中，重整投资人的引入及其对标的企业控制权的谋求，势必会使得转股债权人更多站到监督者的立场去参与重整后企业的经营，进而使转股债权人对上述问题的关注点落在理顺公司治理结构、建立健全制衡机制、保障其对重整后企业重大事项决策上的制衡力上。

东北特钢重整计划中关于公司治理机制的安排上，既满足了重整投资人的控制权要求，又满足了转股债权人对公司的监督权及重大事项决策上的制衡力。

（七）债转股退出问题

退出方案是债转股方案的重中之重。没有设计好退出机制的债转股方案，设计得再"缤纷华丽"也将不过是"花拳绣腿"。要实现转股债权人良性退出，核心有三点：①提升企业估值，即转股企业通过后续经营提升运营价值进而在本质上提高企业估值；②提升股权流通性，即转股企业通过登陆股权交易相对活跃的资本市场，进而提升转股债权人所持股权资产在资本市场上的流通价值；③提高退出效率，即在依法合规前提下如何在较短时间内实现前两点。而在破产重整程序中设计债转股方案时，上述三点一般集中体现在重整企业未来经营方案中，具体体现在企业未来三至五年的盈利预测及能否在三年至五年登陆资本市场实现债转股退出上。

东北特钢重整计划中设定的经营方案环环相扣、层层递进，为最终实现债转股的良性退出给出了相对合理且清晰的路径：①通过引入重整投资人获得30亿元偿债资金和25亿元未来经营所需资金；②在重整投资人的管理下，通过强化开拓市场、发挥装备能力、加强成本管控、优化经营思路、强化集团管控五方面，整体改善重整后新东北特钢的经营效果；③重整投资人在依据原东北特钢生产运营数据基础上，依靠行业经验，并综合考虑各项因素后对新东北特钢未来三年的盈利情况进行了预测，预期在三年内扭亏并逐年增厚利润，满足登陆资本市场的需求；④在前述三项措施基础上，通过将新东北特钢经营性资产注入符合条件的上市公司，实现包括转股债权人在内的新东北特钢全体股东转换成上市公司股东的目标，进而实现债转股退出。

（八）债转股后对连带债务人的追偿问题

《东北特钢重整计划》在其最后一节"其他"中是这样规定的："本重整计划规定的债转股属于债权清偿的方式，债转股完成后，权利人未实现清偿的部分不能再向东北特钢等三家公司主张，但对保证人和其他连带债务人的债权仍然可以依法主张。债转股部分的实际清偿率根据股权价格确定，清偿率可以参照如下公式计算：清偿率 = （持股数量×每股价格）/转股的债权金额。'每股价格'指的是重整后东北特钢的股权价值。"

从上述规定可以看出，东北特钢重整案中首先是将债转股认定为是一种债权清偿方式，并认可了转股后债权人可以就其未实现清偿的部分债权继续向保证人和其他连带债务人主张的权利。但是，这一权利如何在下一步实务操作中得以实现？东北特钢重整案没有给出明确的答复。

六、资产处置

广义的资产处置，指债权银行既包括处置已形成为不良资产的贷款债权，又包括处置借款人、担保人等债务人的资产；狭义的资产处置，指债权银行处置债务人的资产。处置已成为不良资产的贷款债权，已在本章第二节详细介绍了，这里仅介绍狭义的资产处置。

在不良资产的清收中，债务人是否有可以用于清偿的资产直接决定了清收效果。一般都是"有资产有清偿，无资产泪汪汪"。在清偿实务中，除债务人自筹资金清偿，查找和处置债务人的资产是经常会遇到的事情。清收人员接受一笔不良资产后，如有抵质押物，心里一般就比较安定；如没有抵质押物，就需要积极查找债务人的财产了。经过一番辛苦查找，如能找到有价值的财产或资产，清收人员就会心境怡然。锁定好用于清偿的资产后，就进入到资产处置环节。以合理的价格快速地处置掉资产，对于不良资产的清收处置和回款来说，是非常重要的。

（一）资产处置的种类

在锁定好用于清偿债务的资产后，即可启动资产处置程序。在不良资产清收中，可以处置的资产包括抵质押物、查封物、非抵非封物、抵债物。对于抵债物，办妥抵债手续后，也需要再次处置，其处置的流程、方法与处置债务人名下资产基本一样，这里一并介绍。不同的资产类型，其处置方式会略有不同。

1. 抵质押物的处置

抵质押物的处置，在诉讼前、诉讼后都可以进行，多数是在执行阶段处置。

逾期后，诉讼前或诉讼中，如果债权银行与债务人能够就抵质押物的处置达成一致，也是可以处置的。这个阶段的处置，多数是债务人有积极清偿的诚意，且债务人或债权银行初步谈妥了买家，只是需要一定的时间。债权银行经过与潜在买家沟通等渠道，如果能基本确定能够处置成功，可以给予债务人一定的宽限时间。在这一阶段，债权银行需要紧盯处置进度，一旦发现难以按期处置，应及时启动诉讼或加快推进诉讼进度。

在执行阶段的处置，债权银行与债务人基本已经翻脸，债务人多数不会配合，甚至会反复刁难。债权银行需要与执行法院紧密配合，推进处置。

在抵质押物的处置中，有几类特殊情况需要特别注意：

（1）债务人授权债权银行处置抵质押物。有些债务人，尤其是抵质押人就是借款人的，如果有诚意处理欠款，也会授权债权银行处置抵质押物。在这种情况下，为避免以后的纠纷，债权银行需要做好以下几点：①抵质押人出具书面的授权委托书，在授权委托书中须明确：授权债权银行直接处置的意思表示；委托处置的资产种类以及具体清单；可以处置的价格底线；授权的有效期间。授权委托书须由抵质押物所有权人签字画押，最好办理公证。

②抵质押物应移交给债权银行占有或保管，并制作移交清单，双方签字。③债权银行必须根据授权处置，不能低于价格底线，并做好书面的记录。④如果债权银行还需要委托其他第三方处置时，一定要事先征得抵质押人的书面同意；需要再次转移抵质押时，应购置保险。

（2）第三人提供的抵质押物。在抵质押人不是借款人时，情况有些复杂，主要有以下三种类型，每种类型的情况也会有所不同：①抵质押人和借款人存在股权关系，即抵质押人是借款人的子公司，或抵质押人是借款人的母公司，或抵质押人和借款人受同一人实际控制。这种情形，实际控制股东的态度是关键。如果其配合处置，就相对简单；如果不配合，就只能通过诉讼执行程序了。②抵质押人是借款人的亲戚朋友且抵质押人不是借款人的同业中人，或抵质押人是借款人的员工。这种类型，因借款人碍于生活关系的制约，除极少数道德底线缺失的老赖外，多数借款人都会想方设法解决；有时，借款人确实无力清偿时，抵质押人也会自筹资金清偿或比较配合处置抵质押物。③抵质押人是借款人的生意伙伴或同业。这种类型比较麻烦。作为生意伙伴或同业，之所以愿意提供抵质押担保，多数是在借款时就有问题，即借款人有相对优质的经营历史和经营业绩但没有抵质押物，抵质押人有抵质押物但经营业绩不理想，两人又都需要银行贷款资金。在这种情况下，为了申请到信贷资金，两人组合向银行申请授信，信贷资金到位后，再一人使用一部分；还款时，抵质押人将其使用的本金及其利息支付给借款人，再由借款人支付给贷款银行。这种联合贷款，银行信贷业务人员可能知情，也可能不知情。这类贷款逾期后，多数都会发生争执。借款人将责任推给抵质押人，抵质押人将责任推给借款人，如果银行业务人员事先知情，则会推给银行，指责银行误导。对于这类不良资产，基本上都要通过诉讼执行程序。

（3）被其他债权人首封的抵质押物。抵质押物被其他债权人首封，多数是作为抵质押权人的债权银行行动太慢。这种情况虽然从理论上讲，不会影响到抵质押权人的优先受偿权，但实际却有许多麻烦：①根据"谁首封，谁牵头处置"的司法原则，在程序上，抵质押权人无疑要受制于人。如果首封法院和抵质押权人的执行法院，是同一家或同一地区的，情况还好些；如果是跨区的、跨省的，情况就相对复杂了。②如果首封的债权人也是银行等金融机构，大家都还在乎面子，遵守规则；如果不是，对于首封的债权人来说，能多分一点是一点，将会出现直接要求、封而不卖、抬高拍卖底价、执行款迟迟不划付等各种状况，为的就是迫使抵质押权人让步。此时，债权银行为尽快收回欠款，多多少少需要做些让步，比如：本金能收回的，利罚息部分就不要了；本金也收不回的，留一点给首封债权人。

2. 查封物的处置

这里的查封物，是指抵质押物以外的查封物。在没有抵质押物，或抵质押物不足以清偿时，如果债务人还有资产，债权银行可以申请另外查封债务人的资产。启动对查封物的处置，与抵质押物基本相同，不同之处主要有以下几点。

（1）查封资产。在没有抵质押物时，债权银行更需要动作迅速，查找并查封债务人资产。在这种情况下，查封一点是一点，债权银行要广泛寻找债务人的资产，且也不用考虑是第几轮查封，都要查封。如是首封，则有一定的主动权；即使是轮候查封，也可以给债务人增加一点压力，获得一点主动权。

（2）申报债权。债权银行的查封，如是首封，在申请查封时，即已向法院提交了债权债务情况；如是轮候查封，除向本地法院提交查封申请外，还需要及时向首封法院申报债权。

（3）主导或参与分配。在仅有债权银行查封，而没有其他查封时，债权银行可以就查封的拍卖款受偿。在有多个查封时，首封的，主导分配，在清偿享有优先权的债权后，可以清偿；后续查封的，则只能等清偿优先权债权、前序查封以后，再予受偿。前述债权清偿完后，可能已完全没有余额，也可能所剩无几，但对于清收人员来说，即使明知分配不到几个钢镚儿，也要去做最后的努力。

3. 非抵非封物的处置

非抵非封物，是指属于债务人的资产，但既不是抵质押物，也没有被查封的资产。这种情形，一般是在刚逾期时，借款人清偿债务的意愿比较强，立即着手进行资产处置，而且拟处置的资产有相对确定的潜在买家，债权银行经判断后，认为可以信赖债务人，而不用申请查封该资产。

在这种情况下，一般是债务人和债权银行互信度较高的情况下，才有可能存在。虽然有互信，但债权银行的清收人员仍需要密切跟进资产的处置进程，掌握资产处置的真实情况，防止借款人以主动处置清偿债务为名，行转移资产逃废债务之实。清收人员一经发现处置进度不理想，或债务人有转移资产的嫌疑时，应予以制止，并立即申请查封资产。

资产一旦被查封，就需要根据查封物的处置程序予以处置。

4. 抵债物的处置

抵债物，除转为债权银行固定资产的，都要予以变现处置。抵债物与非抵债物处置的区别，主要有两个：①在处置时限方面，抵债物可以稍微从容些。抵债物的处置时效要求有：法律法规规定的抵债后两年处置时限；商业银行自己规划的，主要是总行要求的每年处置金额。②由商业银行自行组织拍卖或变卖，而不是通过法院组织。

（二）资产处置的定价

无论是哪种类型的资产处置，都需要进行处置定价。合理的定价是资产处置成功的关键。债权银行需要以一定的估价作为对外转让的挂牌底价，有意向的买家需要以一定的估价作为接受的底价，资产所有者也需要估价作为是否同意处置的依据。由此，资产的定价成为各方关注的重点。为了真正相对客观地确定资产的价值，在资产定价前，还需要做好尽职调查。

1. 尽职调查

无论是债权银行还是有意向的买家，为客观、准确地评估拟处置资产的价值，都应进行尽职调查，区别在于处置方式的不同，如法院拍卖、协议处置等；尽职调查的主体、范围、深度，也会有所不同。

（1）尽职调查的适用范围。即在什么情况下，需要尽职调查。作为债权银行，无论是通过哪种处置方式，都应进行尽职调查，以便确定处置底价。作为有意向的买家，除上市公司的股票外，也要根据处置方式进行相应的尽职调查。如通过协议买卖、法院组织的拍卖大额资产时，需要尽职调查；小额且有市场参考价的，如住宅类，各二手房经纪网站，都可查询到同小区或相近楼盘的挂牌价，这种挂牌价可以作为市场参考价。

（2）尽职调查的主体。无论是通过哪种方式处置，债权银行都应进行尽职调查，并在调查的基础上，通过内部评估，初步评估资产的处置底价。在此基础上，通过协议处置时，该内部评估价可以作为处置的底价；通过法院拍卖时，法院会聘请专业评估机构进行尽职调查，再据此评估资产价值，该评估价将会作为拍卖的起拍价；如果该评估价高于债权银行的内部评估价时，债权银行应提山异议。对于买家来说，法院聘请机构的评估价，可以作为参考依据，但大额的资产，或诸如字画等小众的资产，最好也聘请专业机构进行尽职调查，以客观地评估资产价值。

（3）尽职调查的主要内容。尽职调查的信息越详细越好，但因处置时限等原因，尽职调查一般都会有时限要求，因而，尽职调查重点是要调查主要信息。根据处置的资产类别的不同，尽职调查的主要内容也有所不同：

拟处置的资产是房地产类的，尽职调查的主要内容有拟处置资产的位置、面积、性质（住宅、商业、写字楼、工业、农业等）、自然状态（是否烂尾、已竣工、已交付使用）、使用与保管状态、产权办理情况、初步评估价值，等等。

拟处置的资产是铁矿、铜矿、煤矿等采矿权的，尽职调查的主要内容有矿场的位置、矿场的占地面积、采矿权剩余年限、矿产的品位、矿产的大致储量、开采和运输的难易程度、现采矿权所有人的态度。这类资产的价值评估相对比较困难，需要行业专业人士参与；且在多数情况下，都要打井采样。

拟处置的资产是煤炭、铁矿石等矿产类的，尽职调查的主要内容有：矿产的重量、矿产的品位、堆场的位置以及运输成本、现矿产所有人的态度。对于矿产类的资产，无论是采矿权还是存货，现矿产所有人的真实态度一定要摸清楚。这些资产多数位于偏远地区，一些经营者法律意识淡薄、自我利益至上、能赢不能输，到因不良处置其资产时，法律意识、合同意识、责任意识早已抛到九霄云外，哄抢、阻拦、勒索、威胁等动作时有发生。有意向的买家事前如没了解清楚，贸然接受，将会面临一系列麻烦。

拟处置的资产是股权类的，尽职调查的主要内容有：股权持有者的基本情况；股权标的企业的经营情况；股权总额与拟处置的份额；股权是否被查封；股权是否有争议；标的企业章程对股权转让的规定；标的企业管理层对股权转让的态度；股权的初步评估价值；等等。

拟处置的资产是其他类的，都应根据资产的特性，进行重点调查。

（4）尽职调查的程序与要求。为保障尽职调查有序进行，也为了保护债务人、债权银行的合法权益，尽职调查时，也应遵守一定的程序和要求。

提出尽职调查的需求：债权银行催清收过程中，需要尽职调查时，债务人应予以配合；在潜在买家需要尽职调查时，应告知债权银行，债权银行应给予配合；在债务人不配合时，债权银行应予以协调。如果债务人不予配合，说明债务人根本就没有解决债务问题的诚意，债权银行只能通过诉讼执行渠道解决。

签订保密协议：正式尽调前，债权银行应与潜在买家签订"保密协议"，债权银行应明确要求：潜在买家应明确承诺在尽职调查中获得债权银行、债务人的信息，不得向第三方披露；如有违反，应承担相应的违约责任。

进场调查：潜在买家应能进入债权银行，详细翻阅与拟处置资产相关的合同档案，如借款合同、抵质押合同、他项权利证书等；同时，也能面见债务人，详细了解债务人的现状，翻阅债务人的会计报表、原始凭证、重要经营合同等材料，查看抵质押物的现状等。

撰写尽调报告：客观描述尽调的过程、方法、发现的问题及结论等。

2. 资产定价的方法

在尽职调查后，即可进行资产评估定价。目前，对资产定价的方法较多。对大多数资产而言，根据资产的类别，具体有以下一些定价方法：重置成本法、收益现值法、现行市价法、假设开发法、基准地价修正法、路线估价法等；在债务人资产种类较多时，需先评估各具体资产的价值，再组合评估所有资产的价值。这些资产定价的技术方法，在资产评估行业都是成熟的方法，可以根据不同的资产类别，相应加以运用。为审慎起见，也可以同时通过两到三种方法，分别得出评估价，由使用者参照使用。

对于一些小众资产，如玉石、珠宝、字画等，资产价值的主观性较大，市场成交价的弹性也比较大，在对这些资产定价时，只能采取专家定价法，即由三个到五个行业内的专家，背对背定价，再取平均价作为基准价。

对林权等一些与农林业相关的特殊资产，这些资产本来都有内在价值，但一方面由于树木种类的不同导致价值差异较大，如台地茶树与古树茶树的价值、茶树与橡胶林的价值，根本就没有可比性；另一方面，受限于林业采伐政策，实际上是有价无市。这些因素，都导致林权等农林业资产/权利的定价更为复杂，只能采取专家评估法；且即使有定价，也难以转让。

评估后，应撰写资产评估报告。评估报告应重点报告如下内容：评估的背景、目的和原则；评估的对象；评估的过程；评估定价的方法；定价的程序；定价的敏感性分析；定价的结论。

基于评估定价和与潜在买家的前期洽谈结果，债权银行应及时制订处置方案。

（三）资产处置的审批

在完成尽调、得出定价结论、初步制订好处置方案后，应按银行内部规定的程序上报审批。

在实务中，审批链条越长，层级越高的审批人越不可能深入掌握每笔资产处置的适当性。这就要求一级分行的不良资产处置小组切实承担起实质审查责任，对尽职调查的全面性、资产定价的客观性、处置方案的合理性进行审查；必要时，应当面问询尽调人员、评估人员，了解尽调、评估工作中的细节。当总行层面审批时，更多的是复查尽职调查的全面性、资产定价的客观性、处置方案的合理性。

处置方案终审通过后，就可以进入交易的操作环节了。

（四）资产处置的交易

资产处置的交易环节，应遵循公开、公平、公正的原则。原则上，无论哪种处置方式，都应在拟处置的资产所在地、债权银行所在地的主流媒体上刊登资产处置广告，公开邀约潜在买家。在微信等社交网络上转发资产处置广告，也值得提倡和鼓励。在此基础上，根据具体处置的方式不同，而有不同的要求：

债权银行推进的抵押物、债务人其他资产的变卖，应在与债务人充分协商的基础上，与债务人共同推进实施。

债权银行自行处置抵债物时，应根据拍卖的相关规定进行；金额大的，最好委托拍卖公司组织拍卖。

法院组织的抵质押物、查封物等资产的拍卖，适用法院拍卖的相关规定。

目前，通过淘宝"拍卖网"进行网络拍卖的实践也越来越多。网络拍卖，可以将资产处置的信息投射到更多信息浏览者，吸引更多的潜在买家，不仅有利于促进成交，也有利于提高成交价格，可以更广泛地使用。

案例：一起不太成功的资产处置案[①]

借款人 A 公司，从 D 银行贷款后逾期，经法院判决债权本金为 3000 万元，抵押物为坐落于宿迁市宿城经济开发区的工业厂房和土地，厂房建筑面积约为 3.4 万平方米，土地面积为 7.68 万平方米；贷款保证人为 A 公司的全资子公司 B 公司，及 A、B 两个公司的实际控制人 C。

代理律师接受委托后，决定从抵押物以及实际控制人 C 两个角度入手。对于抵押物优先选择司法拍卖的途径，通过与法官积极协商，法官同意前往现场查看，拟清场后进行拍卖，但是抵押物现场较为混乱，且目前占用人情绪较为抗拒，清场难度很大，加之其他案外因素的干扰，司法拍卖迟迟未能推动。在推进司法拍卖的同时，代理律师与实际控制人 C 多次协商解决债权债务问题，C 最初愿意以 1800 万元的价格一次性回收债权。后在 2018 年 2 月，C 的报价为 2400 万元。经过对抵押物的价值评估、A 公司债务情况的了解，代理律师认为即便是抵押物能够成功变现，预计最终能够回款最理想也就在 2400 万元左右，如果再考虑到清场难度的问题，至少回收周期在 1 年左右。综合回收金额和回款周期两个因素，代理律师认为该转让价格较为理想，可以按照该价格转让。

代理律师将该转让方案报送给债权人，但是债权人不同意该方案，其理由为抵押物回收金额预计能达到 2400 万元，加上 C 目前来看显然具备一定的还款能力，免除保证人 C 的责任也应该支付一部分对价，因此转让价格应该在 2400 万元以上。最终未能成功转让。

2018 年 7 月左右，A 公司的其他债权人向法院申请破产，得知此消息后，代理律师立即向债权人进行汇报，并建议以 2400 万元的价格进行

---

① 韩翼驰. 复盘一个失败的不良资产处置案例［EB/OL］.［2020－02－27］. https：//mp. weixin. qq. com.

债权转让。因为根据代理律师的处置经验，破产程序很可能导致处置周期无限制地延长，并且会降低抵押物的变现价值。但是债权人仍然坚持原有的观点，不同意转让该债权。其后，虽然多次与债权人及C进行协商，双方均无让步的可能，债权处置陷入僵局。鉴于此种情况，代理律师未继续代理该债权。

2019年9月，代理律师得知该债权已经转让，转让方式为该债权和另外五户保证类债权组成资产包进行转让，整体转让价格为2400万元。此时距离启动清收已经有2年多的时间。

在本案例中，一户抵押类债权从落地到最终变现经历了2年多的时间，最终变现时价格不但没有提高，事实上是还变相地缩水了。其原因是：对于不良资产处置来说，主要考虑的是两个因素：回收周期和回收金额。一般来说，希望回收金额最大化，就需要延长处置时间。但是由于不良资产所涉及的资金规模相对较大，资金成本也是不容忽视的因素。不然会出现虽然回收金额提高了，但是债权的收益率却下降了。所以在考虑是否延长处置周期时，一定要考虑回收金额能否进一步增长。如果回收金额无法进一步增长，那么就要当机立断，尽可能地节约处置时间，这样才能保证收益最大化。本案例就是为了追求收益最大化却最终导致周期无限拉长，且未能提高收益的案例。

第四章　次生风险的应对处置

次生风险，是在不良资产清收处置过程中所引发的风险，包括外部债务人反清收产生的风险，以及内部发现以前就存在的或新产生的风险。这些风险会严重干扰清收处置工作的有序有效开展，需要商业银行谨慎应对、妥善处理。

第一节　外部风险的应对处置

一、外部风险的内涵

外部风险，是指在不良资产清收处置过程中，借款人、担保人等债务人为逃废债务，针对债权银行的清收行为，所采取法律程序以外的抵制行为。这些抵制行为，或者会引发债权银行的声誉风险，或者会延缓清收进度，从而给债权银行的清收结果带来相当大的不确定性。

（一）外部风险的源起和目的

随着不良资产清收处置工作的推进，对债务人追索压力的加大，部分债务人，可能会采取投诉、举报、聚众等措施，引起党政机关、监管机构、媒体等外部力量介入，从而达到迫使债权银行让步的目的。

（二）容易产生外部风险的业务领域

从实务上看，容易产生外部风险的信贷业务领域，主要有以下几类。

1. 资金归集类小微贷款

资金归集类小微贷款，是最容易引起群体事件等外部风险的业务领域。

这类贷款的基本操作方式是：由若干个借款人向商业银行申请小微信用贷款或联保互保类贷款；这些借款人从商业银行拿到信贷资金后，将信贷资金归集到一个企业，由该企业实际使用，并由该企业实际归还贷款。这种转贷操作，导致小微贷款乱象丛生，其结果往往是借款人、实际用款企业、商业银行三方俱伤，反目成仇。

（1）小微贷款产生资金归集贷款的原因。小微贷款，特别是信用类小微贷款，是商业银行为支持小微企业发展，解决小微企业融资难、融资贵而推出的一种信贷业务。小微企业从商业银行借到的资金，本来应该用于本企业的生产经营，但为什么会归集给别的企业使用呢？其原因主要在于以下四点：①小微企业的贷款资金超过其正常需要。为解决小微企业的信贷需求，在过去一段时间，国家连续出台支持政策。在这种情况下，小微企业成为商业银行的香饽饽，相对比较容易从商业银行借到资金。在一家或多家商业银行同时支持下，有些小微企业实际拿到的资金超过了其正常的生产经营需求。②有些企业通过正常渠道难以融到资金。为控制风险，商业银行对借款企业的资质及其资金用途都会有一定的要求。这样，必然有些企业难以通过正常渠道从商业银行融到资金。为了实现融资，有些企业就通过民间借贷解决资金需求，或者通过组织多个小微企业从商业银行融资，再进行转贷，从而间接实现从商业银行融到资金。③小微企业转贷有利可图。转贷不会是免费的，都是要支付一定成本的。有些小微企业出于谋取高收益等目的，愿意充当借款人，从商业银行融到资金，再将信贷资金高利转贷给那些实际的资金需求方，自己则收取一定的好处费。④商业银行的默许或纵容。一些商业银行的客户经理、经营机构为了快速扩大业务规模，往往会对这种转贷行为视而不见、听而不闻，甚至一些商业银行的业务人员是资金归集贷款的组织者、策划者，极个别的还认为这是一种金融创新而受到表彰和宣传学习。⑤商业银行内部审批权限的条线分割。在商业银行内部，公司类和零售类信贷业务是分开管理的。其中：公司类贷款一般都实行集权下的授权审批制，分行的审批权限很小，绝大多数业务都由总行或总行派出机构审批。而零售类贷款，一般实行的是授权审批制，即将大部分授信审批权限都授权给各分行。在这种有区别的审批权限管理制度下，总行授信审批部门因没有直接的业绩压力，比分行的授信审批部门都会更为审慎；而商业银行分行或者是出于业绩的压力，或者是盲目乐观、自欺欺人，同意了这类贷款。因此，通过公司类通道难以获得的贷款，反而以更为复杂的归集类形式在零售类通道中获得。这种乱象，无论是对商业银行，还是实际用款企业，悲兮喜兮，只有自己知道，只有在贷款资金能否真正收回时才知道。在上述五个因素的综合作用下，小微企业信贷资金被归集使用的扭曲式操作就产生了。

（2）小微信贷资金归集使用贷款的特征。一般情况下，小微信贷资金归集使用贷款具有以下几个特征：①存在多个借款人。为了融到一定的资金量，都会组织多个借款人申请借款。实务中，借款人少的有两三个，多的会超过100个。②借款人具有关联性。为便于组织，这些借款人的关联性非常强：或者是实际用款企业的员工，或者是与用款企业的经营地位于同一个市场、商圈，或者是某个商会/协会的会员，或者是同一个产业链上的分销商。实际用款企业/实际用款企业的控制人对这些人都有一定的影响力，能够组织这些人到商业银行借款，并将借到的资金再转贷给其使用。③信贷资金支付对象是同一个企业或是关联企业。为避免信贷资金被挪用，监管政策要求信贷资金都要实贷实付、受托支付，都要根据借款人贸易合同等基础交易合同的约定，由借款人委托贷款银行将信贷资金支付给其上游。为实现信贷资金被归集，并规避受托支付的监管要求，在贷款资金归集使用操作中，借款人都会向贷款银行提供贸易合同，但这些贸易合同的收款方或者是同一个企业，或者是关联企业，收款企业与实际用款企业也存在一定的关联关系或合作关系。如此，实际用款企业才能够拿到资金。④实际是同一个企业在归还贷款。在还本付息时，都是由实际用款企业或其关联企业将资金划付给借款人账户，再由借款人归还贷款银行。

（3）资金归集类贷款的实际用途。实际用款企业获得转贷的资金后，一般都会投向所谓的高收益项目，如土地拍卖、房地产开发、赌石等。这些项目或是经营主体的原因，或是资金用途的原因，无法从商业银行获得正常的信贷支持。从实际情况来看，这些项目的结果基本上都是高收益没法实现，高风险却是实实在在。

（4）资金归集类贷款的结局。资金归集类贷款的最终结局一般都是一地鸡毛。其原因是：①项目失败。这些项目之所以不直接通过用款企业向商业银行申请贷款，而通过这种高成本的曲线申请，是因为项目的高风险性难以获得商业银行公司类审批通道的同意。项目的风险是客观存在的，并不会因为资金来源的变化而减少，且分散融资还会增加成本和协调难度。其运行一段时间后，多数都会陷入困境，走向失败。②矛盾顿起。项目失败后，贷款即失去了直接的还款来源。有实力、负责任的实际用款企业可能还会从其他渠道筹集资金归还欠款；但大多数实际用款企业或者是没有实力，或者是不想承担责任，贷款逾期是必然的结果。贷款逾期后，由谁来承担还款的义务，贷款银行与借款人会产生严重的分歧和矛盾。贷款银行会根据"谁借谁还"的原则，要求借款人归还欠款。借款人会以贷款银行知道甚至是组织归集贷款，因而主张"谁用谁还"，认为应由实际用款企业承担还款义务，要求贷款银行直接向实际用款企业追讨欠款，而借款人不用承担还款义务。③借力逃废。贷款逾期后，在贷款银行与借款人对于"应由谁承担还款义务"这一问题达不成一致意见时，事实上也是无法达成一致意见，矛盾和冲突就发生了。贷款银行在自行催收没有效果时，都会诉诸法律、到法院起诉借款人。由于"借款合同"是借款人签署的，根据合同的相对性原则，法院一般都会根据"谁借谁还"的原则，判决借款人承担还款义务和责任。借款人在难以获得法院支持时，一旦有人点拨、指使或串通，就会采取向国家机关、监管机构、媒体投诉或举报等方式，意图引起外部介入、干预，迫使贷款银行让步，放弃对借款人的追索，改为对实际用款企业追索，从而达到不承担还款义务和责任的目的。

2. 互联互保类贷款

互联互保类贷款，是为解决中小企业、小微企业在申请银行贷款时缺乏有效的抵质押物，而由若干家具有一定关联关系的企业，以相互担保的方式向商业银行申请贷款，银行给予贷款的一种融资方式。

互联互保类贷款，本是商业银行为解决中小企业、小微企业融资难、融资贵而推出的一种创新产品。商业银行的本意，是对于那些因没有有效的抵质押物而无法给予贷款的中小微企业，在具有一定关联性时，如一个产业链的上下游、同一个商圈的企业、同一个市场的企业等，通过互为担保人而实现相互捆绑，或以强带弱，相互增信，组成一个个联保体，共同向商业银行申请贷款，银行经审查符合要求后给予这些企业信贷支持。这种信贷产品推出后，曾获得广泛认可，但最终却是商业银行受伤惨重，成为现代金融版"农夫和蛇"的故事。

互联互保类贷款的负面后果主要有：①一家逾期、全部逾期。在市场经济环境中，总会有企业经营失败。但在互联互保类担保中，容易出现负向连锁反应的局面。在联保体中，当一家企业难以归还贷款而逾期时，其他借款企业因不愿承担连带担保责任，也先后逾期。最后出现一倒一大片的局面：先是联保体内相互传染，即在一个联保体中，一家逾期、全部逾期，一家不还、全部不还；再是联保体之间的相互传染，即一个联保体逾期、其他联保体也先后逾期；最后是大部分联保体都先后逾期。②众口之敌、广被指责。一些适用联保贷款获得过信贷支持的企业，在逾期后掉转枪头，指责是商业银行的误导才组成联保体，是商业银行将风险转移给了联保体企业，导致其本不会经营困难却因被其他企业拖累而陷入经营困难，本不会拖欠银行贷款却因负担太重而拖欠银行贷款。一家企业如此强词夺理后，其他企业也纷纷效仿。一些专家学者，甚至个别地方官员，也或明或暗地认为联保互保类贷款是地方性信用风险的原因之一。一时间，互联互保贷款就像过街老鼠一样成为众口之矢。③名为申冤、实为逃废。部分互联互保类贷款企业在舆论做足后，开始强调贷款银行也有过错，认为联保体成员之间本来互不认识也不了解情况，是商业银行牵头组织、劝诱大家组成联保体互相担保的，商业银行误导了联保体成员，应该自行承担责任。因此，主张解除各自的担保责任，在要求得不到满足时，就诉诸媒体、行业协会等外部力量，喊冤求助，希望给予贷款银行声誉压力，迫使贷款银行让步，从而逃废其担保责任。

3. 动产融资业务

动产融资业务，也是商业银行为解决中小型企业融资难问题而创新推出的，以流转中的货物或其权益为质押物，以银行承兑汇票为融资品种的融资产品。具体的产品类型较多：以担保方式为标准，包含动产质押、浮动质押、仓单质押、第三方仓储监管、汽车合格证质押等；以货物类型为标准，包含钢材、汽车、煤炭、铁矿石、棉花、药品等。

这类产品，对银企双方带来的是初期美好、结局悲催。曾经一段时间，这类融资产品给银企双方带来诸多好处：对于企业，既不用提供其他抵质押物，又不影响货物的流转，银行承兑汇票的成本也低（手续费5‰）；对于商业银行，增加承兑和贴现的业务机会，带来较多的派生存款。如果银企双方都能根据实际的贸易合同、实际的资金需求进行融资安排，这类产品对银企双方都是双赢，但实际运行的结果却多数是悲催的。因承兑和贴现的成本都比较低，助长了部分企业通过虚构合同套取银行低成本资金，再投资到一些所谓的高收益项目中，如房地产、民间借贷等。但在经济结构调整的大背景下，这些借贸易之名行投机之实的企业先后出现问题，其结果就是无法归还承兑的资金，商业银行不得不垫款。

垫款前后，这些企业逃废债务、抵制清收的做法就先后涌现：①换货。对挪用资金进行投机以及投机的风险情况，企业是非常清楚的，商业银行则可能知晓也可能不知晓。在一旦意识到投机可能要出现问题时，这些企业便采取换货的手段，即以次充好、以假充真，如将高热值的煤炭换成低热值的煤炭，将煤炭换成煤矸石，将玻璃种的玉石换成石头种的玉石等，是企业采取的第一个步骤。由于商业银行多数是雇请第三方公司监管，或由市场方自行监管，监管都有名无实，这种换货是很容易做到的。等到商业银行发现时，货场的货物在数量上可能还有，但价值已经没有多少了。②拦货。垫款逾期后，在债权银行准备处置货物时，融资企业或在货场路口设置种种障碍，让债权银行或货物的意向买家难以将货物运走；或是组织员工或供应商员工直接占领抵押的商铺、厂房等，从而达到阻止债权银行处置货物的目的。③抢货。融资企业将货物从约定好的货场直接拉走；债权银行发现时，冲突在所难免，但人手、时间都处于劣势；等到公安等机关介入时，货物早就被抢运一空。货物一旦被转移，法院多数会认为占有转移了，债权银行失去了"质权"而无法查封。即使公安、法院愿意维护债权银行的合法权益，但几个程序下来，货物早已无影无踪。对这种结局，债权银行纵然可以胜诉，但面对执行的结果却只能无可奈何。

4. 第三方重组的公司类贷款

第三方重组贷款，是对一些难以收回又无法核销的问题资产、不良资产，如商业银行提供暗保兜底的表外融资业务、假转让的不良资产等，商业银行以低利率、长期限、高额度等优惠方式给予第三方企业贷款，由该企业承接或买断这些问题资产、不良资产的一种融资方式。

第三方重组贷款，因可能会将新的信贷业务复杂化，商业银行一般不会轻易采用，只有在通过其他措施难以解决一些问题时，才不得不使用。这类贷款实际上是商业银行用自己本该收取的部分利息收入来解决自己的难题。借款企业往往因为通过正常渠道融资有些难度，便通过帮助银行解决难题而获得银行的信贷支持。这种做法本是两相情愿、双方共赢的事情，但结局却不一定尽如人意。

第三方获得信贷资金后，如果经营正常，特别是获利较多时，对帮助商业银行解决不良资产之事，一般会不了了之。但在经营出现困难，特别是陷入困境时，其实际控制人的心态会有所变化，部分人会将曾帮助银行解决问题的事情，给商业银行明示或暗示，要求商业银行继续给予支持帮助其渡过难关。此时，商业银行面临骑虎难下的局面：如果提供帮助，但企业现在经营困难，下一步能否救活还两说；如果不提供帮助，企业却曾帮过自己。由于商业银行的公司类授信审批权限一般都在总行，对陷入困难的企业再给予新增支持，在多数情况下是不可能的。在不能得到商业银行实质性帮助时，部分企业的实际控制人可能会翻旧账，采取如下措施：或是组织员工到商业银行门前聚众，要求商业银行退回购买、消化不良资产的款项，或是投诉举报到监管机构，请求监管机构介入调整。第三方借款企业采取这些措施的目的，就是为了逼迫贷款银行让步，减免消化不良资产的款项。

5. 曾向银行工作人员行贿的贷款

在信贷实务中，一些借款人为了获得贷款，或是为了降低信贷的成本，或是为了加快拿到贷款资金，可能会向商业银行相关工作人员送礼行贿。

行贿后，多数借款人都会保持沉默，但也有少数借款人或借款人内部人员，因种种原因，将行贿的事实向司法机关、监管机构投诉举报，要求处理相关人员和商业银行。

6. 银行工作人员有重大过错的贷款

在极个别贷款中，商业银行工作人员的过错，导致借款人出现损失时，其可能会以此为由而不归还贷款，甚至要求商业银行赔偿其损失。如在一个案例中，借款企业将资金划付至贷款银行账户后，因贷款银行没及时扣划归还贷款，而被借款企业的财务人员将资金划走并卷款跑路，该企业即以贷款行有重大过错为由，拒不归还贷款，并将该事项投诉到监管机构。

（三）外部风险事件的主要形式和核心诉求

1. 外部风险的主要形式

外部风险事件的形式/方式，主要有以下六种。

（1）撒泼取闹。撒泼取闹，是指单个或两三个借款人在债权银行营业场所哭闹，诉说"冤情"、博取同情，要求债权银行还其公道、赔其血汗钱、减免债务、恢复征信等。

这种方式，多数是在与债权银行相关人员沟通谈判，其要求得不到满足时现场爆发。爆发的场所多数是在债权银行的营业大厅，以吸引其他客户的关注，并扰乱银行正常的经营秩序，从而意图迫使债权银行让步。

（2）侵占抢换。侵占抢换，是指借款人组织人员占领抵押的商铺、厂房，或以低价值货物置换高价值货物，或直接将货物拉走处置。其目的是阻止债权银行通过处置抵质押物清偿债务。

这种行为，在动产融资或抵质押担保业务中时常发生。实际上，抵质押物不可能全部由商业银行直接占有，从而为这种行为的得逞创造了便利。

（3）投诉举报。投诉举报，是指借款人将其认为债权银行在贷款过程中存在的种种违法违规行为，以书面的方式，向地方政府、纪检监察部门、政法委、监管机构等反映，请求这些机构介入，调查并处理商业银行的违法违规行为。

在实务中，投诉举报的方式多数是邮寄书面材料；在投诉举报材料上签名的人数，少的一人，多的几十人、上百人（资金归集类贷款）；投诉举报的次数，少的一次，多的反复寄送；寄送的对象包括中纪委、中国银保监会、省委省政府、省纪委、省政法委、省银保监局、人民银行等。

在实务中，商业银行多数都希望借款人向公安、法院投诉举报，以核查投诉举报所讲事实的真实性，给商业银行一个"公道"。但借款人一般不会向公安、法院投诉举报，因为公安、法院对证据的要求较高，在事实没有核实前不会轻易发表意见，而借款人投诉举报的目的，就是希望在事实或真或假之间引起有关机构的重视和介入，从而在混沌状况中迫使债权银行让步。

（4）静坐示威。静坐示威，是指借款人或自己或邀请亲朋好友，或一人或多人，在法庭上或地方政府门前静坐，以引起法院、政府的重视和介入。

静坐时，有的比较随意，有的则经过认真策划，如身穿统一的服装，有的还每人衣服上贴一个字，在静坐时亮出来，组成"小民有冤""还我公道"等字句。静坐时，虽然不会有过激言辞或行动，但也会给债权银行带来一定的压力。

（5）聚众施压。聚众施压，基本上都是资金归集类贷款中的借款人，在债权银行分行楼前聚集，通过拉横幅、喊口号的方式，引起周边人员的关注，迫使债权银行让步。

聚众施压时，人数可多可少，少的十来个，多的几十个；横幅、口号的内容都是：××银行是骗子（有的会指名道姓银行工作人员×××是骗子）、银行行骗商户受损、还我血汗钱等。有的事先将内容录制好，在现场通过高音喇叭反复播放。聚众时间多数会在银行上午开业时，直到下午下班。聚众的场所，多数选在债权银行楼前的停车场、人行道上，但有时也会冲进银行营业大厅。极个别的，会有人携带木棒等工具，也会有人威胁要跳楼。聚众的次数，有的是一次后就鸟兽散，但多数是反复聚集。

聚众时，只要聚众人员不进入营业大厅，公安人员一般都是拍照取证、动嘴劝离，不会采取强制措施。

（6）媒体爆料。媒体爆料，是指借款人将债权银行在贷款中的所谓"黑料"，或是聚众时的照片等材料，投给媒体或自行在自媒体上播发。其意图是希望借助媒体的传播、炒作，给债权银行施以舆论压力，从而让债权银行妥协让步，答应其减免债务、脱离担保等要求。

2. 外部风险事件的核心诉求

债务人通过采取外部事件的方式，抵制对抗乃至威胁债权银行，其核心的诉求或目的，主要有以下四个。

（1）不还钱。即否定债权债务关系或担保关系，如根据"谁用谁还"的原则，由实际用款企业承担清偿责任；或因债权银行诱导、保证从而造成合同无效等。这个目的如果达到了，借款人就可以不承担第一还款责任，或担保人不用承担担保责任。

（2）少还钱。如本金打折、利罚息减免、利率降至基准，或将资金归集类贷款批量打折转让等。这个目的如果达到了，债务人的还款责任就减轻了。

（3）迟还钱。即延迟清偿，如将本金延长到3年至5年内清偿等。这个目的如果达到了，债务人就可以将还款义务往后推延，是否归还到时再说。

（4）不欠钱。即恢复征信，债权银行需将借款人的逾期情况，从征信系统中消除。如果这个目的达到了，逾期多时、恶意逃废的债务人又将洗白，征信记录恢复正常。

（四）外部风险事件的发生时间

外部风险事件，多发生在以下时间段。

1. 诉讼过程中的重要节点

在诉讼清收中，对债务人利益会产生直接影响的程序节点，容易发生外部风险事件，如：债权银行起诉时；法院开庭审理时；判决宣判前；债务人财产查封时；抵质押物/查封物拍卖时；执行腾房时。

这些时间节点，都将对债权债务关系和债务人的财产产生直接的影响。为了阻止诉讼执行程序继续推进，债务人容易铤而走险，独自一人或几个人一合计，就会发起外部事件。

2. 债权银行更换一把手时

债务人在获悉债权银行的分行、二级分行/异地支行更换一把手时，为了给新来的一把手一个下马威，并试探该一把手的态度，也会发起聚众性等外部事件。

3. 国庆节等敏感时点

在国庆节、元旦、全国"两会"、党代会等重要节日、敏感时点前，一般不会发生聚众事件，但有可能发生投诉举报事件。

（五）外部风险涉及的各方反应和态度

在发生外部事件时，既有债务人的组织参与、推动实施，也有其他方的关注或介入。各方的反应和态度大致如下。

1. 债务人

（1）借款人。借款人是外部风险事件的最直接发起方。在不同的外部风险事件中，借款人的身份、目的和激烈程度有所差别。①身份的不同。外部风险事件，既有一个借款人实施的，也有多个借款人共同实施的。在一个借款人的外部风险事件中，该人就是组织者和实施者；在多个借款人的外部风险事件中，则有几个借款人是牵头的组织者、策划者，其余大多数人都是参与者。组织策划者，或者是欠款金额大的，或者是社会活动活跃度高的借款人，或者就是实际用款企业的实际控制人。这些人的态度最积极、言辞最恶劣、行动最激烈，在外部风险事件中上蹿下跳、摇旗呐喊，冲在最前、走在最后，组织人马、提出方案、付诸行动、代表其他借款人与债权银行谈判。参与者，就是一般的借款人，这些人多数是被组织策划者所鼓舞、所要求；参与外部风险事件，既是给自己争取逃废债务的机会，也是在给组织策划者排阵势、壮胆子；态度摇摆不定，容易动摇；言辞举止不会太激烈，甚至保持沉默。②目的的不同。不还或少还欠款，是借款人发起外部风险事件的共同目的；但在此目的基础上，不同借款人的具体目的也会有所不同。有的是想减免所有的欠款，由实际用款企业承担还款义务；有的是想减免部分欠款，即自己清偿一部分，实际用款企业也清偿一部分；有的是想减免欠息再降息后重组；有的是想债权银行能继续给予新增支持；有的是想在自行清偿后，债权银行能将逾期征信记录恢复正常；有的是想债权银行能处理经办的客户经理或其他相关人员，给自己出口气。不同的外部风险事件中的借款人，以及同一起外部风险事件中的借款人，其具体目的、诉求都可能会不一样，需要债权银行深入沟通、耐心倾听，了解各借款人的具体诉求。

（2）关联方。在外部风险事件中，关联方多数是资金归集类贷款中的实际用款企业以及其实际控制人，个别情况下也会有担保人在幕后挑事。这类人，根据其对解决欠款问题的真实态度，可以分为愿意解决（可能有能力解决，也可能没有能力解决）和不愿意解决的两类。态度的不同，其行为举止会不同，对债权银行的要求也会不同。在刚出现逾期或外部风险事件时，实际用款人都会信誓旦旦向债权银行表态，由其负责解决；但实际却未必，需要债权银行听其言、观其行，并采取不同的措施。①愿意解决的。这类人都会配合债权银行推进问题的解决。在逾期时，都会给由其归集使用的贷款承担连带保证责任，有资产的，也愿意提供抵质押担保；对少数特别困难的借款人，会筹集资金代其归还。在有借款人组织外部风险事件时，能够主动劝解，并及时告知债权银行；在借款人静坐、聚众时，能够到现场劝解；对债权银行不玩失踪，能随时联系。这类实际用款人，多数是希望由其控制的企业承接全部被其归集使用的贷款，使借款人从债务中脱离出来，不再承担还款义务，并希望债权银行能给了其一定时间，争取能自救脱困；有时，也会向债权银行联络其他企业，希望进行第三方重组，并给予该企业一定的新增授信支持。②不愿意解决的。这类人是典型的两面派，在债权银行面前拍胸脯保证解决问题，在借款人面前则煽风点火，将借款人的怨气、怒气引向债权银行，甚至在幕后组织策划外部风险事件。在贷款逾期时，一般也愿意提供保证担保，但以没有资产为由，不愿提供抵质押类担保。对借款人发起的外部风险事件持支持态度，事先不会与债权银行联系，事中也以种种借口不愿来现场处理，或是姗姗来迟。对逾期并不良的贷款，其解决方案或者是由其名下没有实际经营实力的企业全部承接，或者是希望债权银行低价批量转让给其联络的资产管理公司。在其诉求得不到债权银行同意时，可能会组织策划借款人发起各种外部风险事件，甚至对参与者根据参与程度给予不同奖励。而且，还经常与债权银行玩失踪，时隐时现、飘忽不定。为达到目的，这类实际用款人常常会外聘律师或银行离职人员做参谋，拿捏债权银行的软肋，在背后出谋划策，一步一步都有所指向，多角度、多轮次攻击债权银行，以迫使其妥协让步。

2. 外部机构

（1）监管机构。在出现外部风险事件时，监管机构，特别是银保监局一般都会介入，并视情况进行相应处理。其介入的步骤是：约谈债权银行相关人员，了解情况，要求债权银行妥善处理；到债权银行就投诉举报或聚众事件涉及的业务进行专项检查，或要求债权银行自行检查并上报检查结果；根据检查结果答复投诉举报人；在投诉举报或聚众事件反复发生时，可能会对债权银行进行现场检查，如发现存在违规行为，都会给予相应处罚。

（2）公安法院。在发生聚众、哄抢质押物等事件时，经债权银行报案后，公安都会到现场维持秩序，但只要聚集人不进入债权银行营业大厅，或者双方不发生肢体冲突，公安一般不会采取或示意采取强制措施。在发生投诉举报、法庭静坐、侵占抵押物等事件时，对法院会有一定的影响。法院在多数情况下，或者是延迟宣判，或者是推迟执行；有时也希望双方都能让步，以调解结案。

（3）媒体。目前的媒体大致有三类，各类媒体对商业银行外部风险事件的态度会有所差别。自媒体：播发非常容易，但由于是借款人自行播发，多数情况下把握不住热点和爆点，引不起一般人的兴趣，转发几次就偃旗息鼓了。传统媒体对于这样的事件会比较感兴趣，跃跃欲试想介入报道，但在现有的管理体制下，一般都会不了了之。有些独立性的媒体可能会感兴趣，如确实能挖出对债权银行不利的"黑料"，那将会是一颗爆炸的炸弹。

（六）外部风险的可能后果

外部风险事件如处置不当，可能会对债权银行产生种种不利后果。

1. 声誉风险

外部风险事件，如果被媒体刊载，就会在公众面前"露面"，债权银行会被议论、被质疑、被指责，声誉会受到损伤。其实，即使不被媒体刊载，外部风险事件发生后，会被当地同业、企业等私下传播、议论，债权银行的声誉也会受损。

2. 监管处罚

在发生外部风险事件，特别是被媒体刊载时，监管机构都会进行调查/检查；在调查/检查发现债权银行相关业务存在合规风险、操作风险时，会给予罚款等监管处罚；处罚的种类和轻重，会根据违规行为、操作风险的性质和严重程度，以及声誉风险的影响程度而定。

3. 经济损失

对可能被监管机构处以罚款外，债权银行的债权本身都可能会受到损失。

（1）债权受损。在外部风险事件引起多方介入干预时，债权银行债权的安全性会受到影响。其具体影响又会因为引发外部风险事件的原因不同而有所不同：

在借款人主张债权银行有过错的外部风险事件中，如果债权银行的过错被证实，债权银行可能要承担相应的赔偿责任。

在第三方重组贷款中，债权银行可能要承担扣减所化解的不良资产款项的责任。如：A 银行给 B 公司贷款 1 亿元，B 公司帮助 A 银行消化了 1000 万元不良资产；对于这类业务，法院可能会判处 B 公司只需清偿 A 银行 0.9 亿元本金及其相应利息的责任。

在动产融资业务中，债权银行本来有"质押"的贷款会成为信用贷款，从而受偿可能性大幅降低。其原因是：①法律上的质权消灭。在动产融资中，商业银行不会直接占有质押物，而是委托第三方或直接委托市场管理方（其实就是实际用款企业）监管、保管质押物。这种转移占有的所谓"质押"是否有法律效力，本来就存在争议。在所谓的质押物被借款人或市场管理方转移了存储的位置时，占有解除了，"质押权"就更不成立了。②自然上的质物消失。被监管的、被质押的货物，一旦被借款人或实际用款人哄抢、强抢、转移，等到债权银行追讨或公安、法院介入时，货物早就不知所踪了。在这种情况下，动产融资业务就从有"质押"担保的贷款变成信用贷款，债权银行收回欠款的可能性将大幅降低。

在联保互保类贷款中，除债权银行确实存在误导、欺骗借款人和担保人的情况外，保证担保的法律效力是可以确保的。但在媒体报道、舆论炒作等压力下，债权银行可能不得不接受"谁借谁还，担保脱保"的原则，进行调解。其结果，就是保证贷款变成信用贷款，实际能受偿的可能性又进一步下降。

在资金归集类贷款中，债权受损的最大可能是，法院根据"谁用谁还"的原则，判决由实际用款企业归还欠款，而借款人不承担责任或只承担部分损失赔偿责任。在实际用款企业本来就承担连带保证责任的情况下，变成仅由其承担还款责任，对债权银行的债权来说，是一种严重损失：①清偿能力贬损。贷款逾期不良后，虽然借款人和实际用款企业都可能没有能力还款，但对于债权银行来说，在清偿的法律保障上，借款人承担第一还款责任，实际用款企业承担连带保证责任的清偿方式，比只有实际用款企业承担还款责任或再加上借款人承担部分赔偿责任的清偿方式，其受偿可能性要大。现在若"谁用谁还"，就放弃了对借款人的追偿权利，只能追偿实际用款企业，债权银行的受偿保障将受到大幅贬损。②清偿动力减弱。在借款人承担第一清偿责任时，借款人即会施压债权银行，但也会施压实际用款企业，迫使实际用款企业筹钱还债。根据"谁用谁还"的规则，借款人不用承担还款责任了，也就不会对实际用款企业施压了，实际用款企业的还款压力、还款动力，也会大幅减弱。

（2）执行受阻。在债务人侵占抵押物或引起相关部门关注介入时，考虑到社会稳定或社会影响等因素，法院的执行工作也会放慢节奏。法院会反复斟酌，需要与债权银行反复沟通，执行工作也会一再延迟。

二、外部风险的产生原因

"欠债还钱，天经地义"，有合同约定也有法律规定，即使成了不良，多数情况下，借款人既不会也难以否定借贷关系和还款义务，最多是不配合、消极对待。那么，为什么有些借款人会采取一些非正常措施、制造外部风险事件来抵制清收呢？商业银行发放贷款支持借款人经营发展，为什么最后却招致借款人到处投诉举报、聚众抵制呢？有时，面对借款人的"以怨报德"，商业银行内部人员也是无法想通。这一"天问"，归纳起来主要有以下三个方面的原因。

（一）债权银行有瑕疵

苍蝇不叮无缝的蛋。不是什么类型的贷款或哪笔贷款都会引发外部风险事件。引发外部风险事件的，债权银行或多或少有些瑕疵。

1. 产品设计有缺陷

创新是商业银行的生命力，为了竞争同业、开拓市场，商业银行都会不时推出一些创新产品。但一些金融产品在内部研发时，可能并没有经过充分的论证，就匆匆将一些有内在缺陷的产品投向市场，从而引发后续系列问题。

这方面的例子还是比较多的。例如：信用类小微贷款，就忽视了小微企业的高风险性；互联互保类贷款，就忽视了风险在联保体内部以及联保体之间的传染性，也没有充分考虑到借款人串联一气对抗银行；动产融资，没有充分考虑到监管的有效性，也没有充分论证此类贷款的偿还，是依靠贸易本身偿还还是需要依靠企业综合偿还；纯线上信用类贷款，就忽视了数据作假的普遍性和容易性。

商业银行作为经营风险的企业，内部都有健全的风险管理体系与内控管理体系，为什么还会推出有内在缺陷的产品呢？其原因主要是：①过于相信人性的善良。所有的弱担保类产品，如信用类产品、保证类产品、监管类产品等，都是建立在"人性善"的基础之上的。想必商业银行产品研发人员在研发这类产品时，可能都会认为，我都以信用的方式给你贷款了，你还会不还钱？然而，现实是：对于大多数人来说，人性是恶的；特别是在可能要失去已经得到的东西时（如处置抵质押物），人性是至恶的。商业银行的善良往往都会被现实打脸，不同的是：有的商业银行能牢记几年，有的商业银行是转脸就忘。②外部竞争的压力。目前，商业银行同质化发展严重，相互之间的竞争是激烈乃至惨烈的。许多业务领域、客户群体，一经开拓，很快就从蓝海变成红海。在激烈竞争中，为抢得市场先机，在一些信贷产品尚未经过充分论证时，就不得不匆匆投向市场。③内部追责的缺位。一个或若干个借款人出问题，基本上是经营机构管理不到位的问题；但如果一个产品在多家经营机构或者是全行都出了问题，那还会是经营机构的问题吗？在当前商业银行内部，对一些风险问题的追责，多数都是追究经营机构的责任，尤其是追究客户经理的责任；小小的客户经理承担了不良资产的全部内部责任。负责产品研发的，在产品投放市场带来业绩的增长时，可以获得种种肯定和奖励；在业务出问题时，以一句"经营机构操作不当"就可以轻飘飘地将责任推给了经营机构。转眼间，有可能还会成为下一个产品的研发明星。④侥幸心理。对于一些有缺陷的信贷产品投向市场时，商业银行内部可能有人意识到了产品的缺陷和可能的风险，但出于对经济环境的乐观和对借款人诚信的信任，还是让这些产品投向市场。

在上述因素的综合作用下，一些信贷产品，即使有内在缺陷也被投向市场。但从风险和不良反响来看产品的研发，任何盲目乐观、心存侥幸，最后的结果就是老脸肯定会挨打。

2. 贷款操作有瑕疵

在外部风险事件中，经营机构的贷款操作一般也会有些问题。这些问题，主要表现在以下几个环节：①急功近利的客户营销。业务条线，是资产质量管理的第一道防线，但屁股决定脑袋，这道防线作用有限。例如：向一些没有资金需求的主体营销贷款，或贷款金额超过其实际需求；对明知应是公司的资金需求，却不拒绝或组织拆分成零售借款；为能够获得审批通过，直接或授意借款人伪造材料数据、包装自己；对通过调查等渠道获取到的借款人信息，有选择性地上报审批部门或贷后部门；滥用产品组合（如先贷款，贷款资金转成保证金开立银行承兑汇票，再贴现对外支付），加重借款企业负担。②粗枝大叶的贷款审批。贷款审批，本是资产质量管理最直接的预防预控防线，但在一些分支机构或一些特殊时段，没有有效发挥审查职责，例如：对支行等经营机构报上来的贷款申请资料，仅做形式审查，充当橡皮图章；对明显有瑕疵的、假的数据或资料视而不见，既不否决也不提示。③无能为力的贷后管理。贷后管理，是资产质量预防管理的最后一道防线，如果严肃履职，是能够发现和预防许多问题的。但在一些商业银行内部，贷后管理有职无权，对许多事情也只能无能为力，例如：受托支付，本是能够发现资金归集等风险的最有效环节，但受制于贷款已经发放等压力，对作假痕迹明显的贸易合同，也只能继续对外支付；对连续几年的续贷，借款人都不领取"借款合同"的异常情况，未引起足够的重视，或虽有所警觉，但多一事不如少一事的心理严重；对借款人进行贷后回访，只是走走过场、看看热闹；对第三方监管履职情况，既不督办也不抽查；对在贷后中发现的问题保持沉默。

经营机构的上述问题，有其内在的原因：①业绩压力。经营机构背负着各种业务发展的业绩任务指标。在一些商业银行，这些任务指标的完成情况，不仅直接关系到相关人员的升迁，也会直接关系到个人的薪酬待遇。业务人员，无论是在业务压力下被动作为，还是为了追求高薪高职而主动作为，都会积极拓展业务。作为经营机构，对这些积极作为都是应该给予肯定和鼓励的。但问题是，一些人员在通过正常努力完不成任务指标时，可能会无视风险甚至铤而走险，通过一些不正当的营销方式营销客户，给一些本不应给予贷款的高风险客户发放贷款，甚至默许、授意客户作假，骗取贷款。②管理失控。在业绩的压力下，经营机构都会将发展作为第一要务，各条线、各部门都要支持发展、服务发展。在这种氛围或要求下，风险也往往让位于发展。授信审批、贷款发放、贷后管理、会计运营等，都偏离了本职要求，对业务一路绿灯、对风险选择失明。③奖惩不当。一些商业银行的奖励标准简单、重奖轻罚，从而助长了为发展业务可以不顾风险的认识和氛围。如在奖励方面：为鼓励贷款投放，对实现贷款投放的，按投放金额给予奖励；只根据账面投放、账面收益，就给予奖励，而不考虑业务的风险程度；奖励每季度/每年及时兑现，不考虑风险的递延；等等。在惩罚方面：一俊遮百丑，对业绩好的人员偏袒保护；对确有过错的，也只给予批评教育等不痛不痒的处理；对业绩不好的，则铁面无私、执纪严格。

上述经营机构贷款操作中的种种问题，都会成为贷款中的"地雷"。这些"地雷"，是否引爆、何时引爆，其实在埋下之后，商业银行就已经失去控制力了，最终统统都会成为借款人抵制清收的王牌。

3. 工作人员有问题

在信贷业务中，可能成为借款人发动外部风险事件诱因的，还有工作人员的个人问题。这类问题主要有：①受贿。即在借款人申请、办理贷款的过程中，商业银行工作人员接受了借款人的好处。这里的好处，既可能是收取现金、物品，也可能是底价购买，还可能是获得某个紧俏的资格等。②诱导。即商业银行工作人员没有向借款人、担保人充分解释信贷产品的风险，没有充分说明债务人可能需要承担的后果（如保证担保的责任等），或是将高风险产品宣传成是低风险产品，或是故意漠视风险、夸大产品的好处等，从而促使一些本不愿意贷款，或不愿意提供担保的人借了款、担了保。③过错。即在贷款发放、贷款归还等环节中，商业银行工作人员没有按照制度的要求操作，而存在过错的。如开户时，没有现场核实法定代表人身份证；发生不良后，即可以被认为是总经理或财务总监个人盗用公司名义贷款等。

上述问题，在借款人出现还款困难时，都会成为借款人抵制清收、发起外部风险事件的强力理由。

（二）借款主体无信用

贷款成为不良后，债务人群体的表现会各有不同。有的借款人是竭尽全力，多方筹钱，且一有钱就还；在笔者从事清收工作的几年实践中，零售类（含小微）不良现金回款，平均每次仅3万元多一点，每次几百几千的，并不罕见。有的借款人消极面对，任由债权银行处置；有的借款人则气焰嚣张，不仅自己抵制清收，有些还组织其他借款人共同行动，妄图通过投诉举报、聚众示威等方式逃脱还款义务。同样都是借款人，为什么差别这么大呢？

在不良资产中，有些不良资产确实是因借款人经营失败，借款人尽其所能也无法全部还清欠款；但也有部分不良资产，是借款人/保证人明明还有资产，甚至还有现金资产，但就是拒不归还。如果说前者还情有可原的话，对于后者，就非常无语了：白纸黑字的借款合同/保证合同都签字盖章，银行的贷款资金自己也使用了，但到了该归还贷款时，为什么就有能力归还而不归还呢？甚至有的认为小贷公司的借款需要还，银行的贷款不需要还；有的还理由十足地公然对抗、施压债权银行。这种反常现象，与借款人的诚信意识、对借债还钱的认知紧密关联。

1. 诚信意识空白

只要是正常的成年人，都知道欠债就要还钱，但也有一些人并不把这条"铁律"当回事。有些借款人/实际控制人可能认为：反正贷款资金我已经用了，我不归还，银行又能把我怎么样？有些借款人还认为，银行的钱是国家的，不拿白不拿。在实务中，有这种想法的人并不少见。特别是一些经营困难的借款人，死猪不怕开水烫，对银行的欠款抱着一副无所谓的态度。这些人其实就是能赢不能输，赢时春风得意，输时斯文扫地，以各种想法说服自己、以各种手段维护自己的"既得利益"，而不管自己的形象、自己的诚信，更不会去顾及债权银行的权益。

2. 撒横抵赖意识严重

少部分借款人受一些歪风邪气的影响，认为拳头出真理、嗓门出真知，以为通过发起投诉举报、聚众示威等方式，就可以倒逼债权银行妥协让步，放弃对债权的追讨，从而可以将商业银行的贷款资金据为己有，赖掉自己的还款义务。

3. 跟随意识较重

一些借款人其实没有独立的思考能力，常常是看到周边的人怎么做自己就怎么做。在贷款逾期后，被一些别有用心的人一鼓舞、一诱导，就热血沸腾，忘记了合同也忘记了法律，天真无邪地以为通过采取联名投诉举报、共同聚众示威等措施，就可以赖掉自己的债务，不用归还银行的贷款，从而积极参与这些行动。当然，也有部分人是抱着"能赖就赖，不能赖就还"的心态，随大溜、跟随参与。

（三）社会环境有空间

诚信社会的建立靠自律，更靠他律。但目前的他律建设，虽已成绩斐然但仍任重道远，他律建设的缺失给借款人制造事件、逃废债务提供了空间。

1. 搞事成本太低

在所有的外部风险事件中，借款人需要承担的成本都是极低的，但可能获取的收益却是较大的，基本上就是：搞成了，大收益，没搞成，无损失。这种低投入高收益的状态，刺激着少数借款人各种搞事。例如：在借款人采取投诉举报时，仅需要写一封投诉举报信、支付点儿邮资；在静坐、聚众时，仅需要打打电话、发发微信，联络一些人就可以。而对这些行为，并没有哪个部门负责核实其真假性，即使核实了是假的，也不会去追究其责任。在这种情况下，发动外部事件的成本太低，刺激着部分借款人有动力去发起各种外部事件。

债权银行除依靠自己的努力外，还需要司法机关的支持。但司法机关的行动也是有成本的。例如：在聚众施压时，债权银行不得不报警，但公安的职责任务也非常多，来了一次两次后，可能也希望债权银行妥善处理。在侵占抵押物时，债务人仅需要将一些不值钱的物资堆积在房子内就可以，但执行法官却要考虑对社会的影响，考虑来考虑去，时间就过去了。相反，债务人的这些行为只要不太出格，一般都不会受到司法机关的制裁。这样，一旦遇到重要时间节点，如法院开庭审理、执行腾房等，借款人就会采取发起各种外部事件的行动。

为平息外部事件，有的债权银行可能会做些让步。一旦有债权银行让步，多米诺骨牌效应将凸显。一方面，该债权银行的其他借款人可能也跃跃欲试，试图发起同样的事端，逼迫该债权银行做同样让步。另一方面，这些借款人也可能会在其他商业银行发起事端，在一家商业银行得逞了，就会刺激着他们对其他商业银行也采取相同的举措，企图逼迫其他商业银行也一样地让步。

成本低、收益高，是刺激债务人挑起外部事件，抵制、对抗商业银行清收的重要外在原因。

2. 息事宁人意识较重

可能是各个部门、各个主体的事情太多、责任太重，息事宁人、不要出事的意识在一些人的脑海中比较重。在发生针对银行不良清收的外部事件时，一些人容易产生"银行家大业大，让一让算了"，这种想法不一定直接表示出来，但会在潜意识中影响其认知和行为。而商业银行作为特许行业的企业，需要遵守各种规章制度，有时也不得不低头。这种意识，虽然是一种没有"是非"的观念，但却是一种客观存在。存在即合理，合理就需要落实执行，落实执行就会有影响力。

三、外部风险应对处置的策略

无论是哪种类型的外部事件，也无论债权银行有无自身的问题，在发生外部事件时，债权银行必须面对，妥善处理。

（一）外部风险应对处置的基本准则

面对突如其来或接连而至的外部风险事件，债权银行推无可推、躲无可躲，只能不推卸不躲避，迎难而上。但是一味妥协退让、委曲求全，还是硬碰硬、丝毫不让，不同的商业银行可能有不同的处置风格，但大体上，应遵循以下基本准则。

1. 处置外部风险事件的基本目标

怎样处理外部风险事件？或者说怎样的处理才是成功的处理？总体而言，达到以下要求，或实现以下目标的处理，就是成功的处理。

（1）权益不损失。即债权银行的合法权益不能因外部风险事件而受到损害、损失或丧失。在外部风险事件中，债务人的核心诉求有四个：不还钱、少还钱、迟还钱、不欠钱；债权银行的核心诉求则有两个：债权债务关系的确认、能收尽收的收回欠款，也就是要还钱、多还钱，或称认账还钱。这两方的不同诉求是债务人与债权银行之间争执的焦点，债权银行对债务人的诉求不能轻易答应，对自己的诉求不能轻易放弃。因为一旦让步，就对外显示了该债权银行对外部风险事件的妥协退让态度；而对一个外部风险事件妥协退让，就意味着打开了潘多拉魔盒，其他资金归集类贷款、联保互保类贷款、动产融资类贷款等不良资产的债务人，都有可能效仿。届时债权银行将防不胜防，不良资产清收处置的基础也可能会严重动摇。由此，在处理外部风险事件时，债权银行不仅应始终坚守"权益不损失"，且应将"权益不损失"

作为是否成功应对处置的基本衡量标准。

要做到权益不损失，债权银行需要做到以下几点：①态度不软弱。对有组织、有策划而来的外部风险事件，债权银行要态度鲜明，不怕不躲，来一个处理一个、来一场处理一场。②清收不停止。债权银行的清收工作不能因为有外部风险事件就停止，应该做什么就做什么，该诉讼就诉讼，该执行就执行。③权益不放弃。债权银行可以与债务人谈判，也可以采取一些灵活措施，但对债权债务关系不能否定、不能放弃。

（2）矛盾不激化。债务人发起外部事件，就意味着与债权银行之间的矛盾公开化、激烈化。由于双方诉求的对立性，要完全消除这个矛盾是不可能的。债权银行能够做也应该做的是不进一步激化矛盾，不将事情进一步搞大。

要做到矛盾不激化，债权银行需要做到以下几点：①直面问题。对发生的外部风险事件，债权银行要勇于面对，如安排人员现场维持秩序、劝告离场、沟通谈判等，不回避、不做鸵鸟。②反复沟通。对债务人，尤其是对外部风险事件的组织者、策划者，债权银行要保持联络，不拒绝或主动安排沟通谈判；沟通对话时，债权银行的姿态可以放低、身段也可以柔和；必要时，还可以不厌其烦、反复沟通。③冷眼旁观。对那些多次搞事、反复搞事的债务人，沟通无效时也可以冷处理。对债务人的沟通要求不主动、不拒绝；对债务人的各种搞事，不制止、不提及。在这种冷处理下，债务人上蹿下跳几次后，其热度和力度也就会慢慢下降。

（3）监管不处罚。即债权银行不能因债务人发起的外部风险事件而受到监管机构的处罚。债务人挑起外部事件，目的之一就是希望引起监管机构的重视和介入；而外部风险事件发生后，监管机构一般都会介入，在调查核实发现债权银行的相关业务存在违法违规行为，或认定债权银行处理外部风险事件不当时，监管机构极可能给予债权银行监管处罚。然而，监管处罚即意味着监管机构对债权银行应对处理工作的否定；还可能被债务人利用，作为其继续对抗、施压债权银行的强力理由。因此，债权银行在应对处理外部风险事件时，应将"监管不处罚"作为工作目标之一。

要做到监管不处罚，债权银行就需要努力做到以下几点：①透明主动。就是对外部风险事件涉及的业务情况和应对处理情况，债权银行要对监管机构保持透明。在监管机构收到投诉举报时，债权银行要主动配合监管机构的调查；在发生其他外部风险事件时，要第一时间主动报告监管机构，不要以为藏着、掖着，就可以不被监管机构知道；对涉及的相关业务，在内部核查后，要客观、全面地报告监管机构；对处理外部风险事件的方案、步骤和困难，都要如实向监管机构报告，争取监管机构的理解。②担当负责。债权银行负责处理外部风险事件的人员，要以对银行负责、对监管负责的态度，积极、妥善应对处理；不能认为是监管机构受理的投诉举报就消极应付，也不能认为是前任的事情就一推了之，而是要把这些事情当做自己的事情来处理。这样，无论处理结果怎么样，都要争取监管机构对处理事件态度的肯定。③有效作为。一方面，要与债务人反复沟通，通过在一些非核心诉求上的妥协让步，让投诉举报人主动从监管机构撤回投诉举报。这样，就可以让监管机构终止调查，投诉举报的事情也就可以顺利结案。另一方面，债权银行在与债务人沟通谈判时，或是在配合监管机构调查时，诉讼清收的进程不能停；在可能的情况下，要加快诉讼进程，尽快拿到债权银行胜诉的法院判决书，并将胜诉判决书及时报告监管机构。这样，便于监管机构在对事件涉及的业务情况和外部风险事件性质的认识和判断上，掌握更客观、更权威的依据。

（4）媒体不报道。即对外部风险事件，要做到不被各种媒体报道、刊登。债务人发起外部风险事件的目的，就是希望引起社会的关注和炒作，制造舆论压力。因此，债权银行在应对处理这些事件时，要密切关注媒体的动向，防止被媒体报道；一旦被媒体报道后，要尽量降低影响范围。

要做到媒体不报道，债权银行需要做好以下几点：①应对处理有理有节。债权银行和债务人之间有分歧、有争执，是正常的商业现象，仅仅是投诉举报、聚众施压等行为，可能会引起公众的围观，但不会造成太大影响。但如果双方发生肢体冲突乃至打闹，可能会立即成为热点、爆点，引起媒体的关注、报道和深挖。因此，债权银行在处理外部风险事件时，要做到有理有节：要沟通不拒绝、动嘴不动手、动嘴不动粗，尽量做到拆除炸弹、不制造炸弹，浇灭爆点、不引爆爆点。②媒体采访有理有据。除自媒体和极个别媒体外，绝大多数媒体报道前都会对双方进行采访。债权银行在接受媒体采访时，要冷静客观，将事件摆放在民事纠纷范畴内；全面介绍债权银行对债务人的支持、对事件的处理态度和初步的处理方案，表明与债务人对话的大门始终敞开。通过摆事实、讲道理，化解燃点、不制造热点。③平时联系有来有往。地雷、炸弹等风险隐患比较多的商业银行，平时要注意与当地媒体的沟通，多从正面报道本银行对地方经济发展的支持、履行扶贫攻坚等社会责任，塑造好企业公民的社会形象。

2. 处置外部风险事件的基本原则

要实现上述四个处置目标，债权银行需要把握好以下处置原则。

（1）权益不让步、方式可灵活。即债权银行自己的核心诉求、核心权益是不能让步的，但在处理的方式方法上可以保持一定的灵活度。①保护自己的核心权益。债务人的四个诉求对债权银行的影响各不相同。其中不还钱、少还钱这两点，是对债权债务关系的否定，如果债权银行在这两点上让步，就等于否定了基本的借贷关系/担保关系；所以，对债务人的这两点诉求，债权银行是不能妥协让步的。对于债务人迟还钱的诉求，只要债务人能够按时付息、逐渐还本，延长还款期限则是可以考虑的。对于债务人不欠钱、恢复征信的诉求，可以灵活处理。债权银行一定要记住自己的诉求是要债务人认账还钱，恢不恢复征信记录与自己的诉求关联不大，因此没必要正义感爆棚，一律拒绝。在债务人作出让步、认账还钱时，对其这个诉求是可以考虑同意的。当然，征信记录是由人民银行征信中心管理，债权银行在难以直接改变时，也可以采取单独出具书面说明的方式，制定一个双方都能接受的解决方案。②采取弹性的处理方式。在与债务人沟通谈判时，在推动法院诉讼执行时，做事的方式可以有一定的灵活度，不用总是一味强硬、僵化，将债务人拒之门外。例如：在其刚刚发起外部事件时，可以稍微放缓诉讼执行节奏；在谈判时，对于减免拖欠的利罚息或者降息后债务重组之类非核心的诉求，在获得内部批准后，可以同意。总而言之，债权银行对于自己的核心诉求不能放松，其他的都可以保持一定的灵活度，作出一定的妥协让步。

（2）打扫要干净、自己不陷入。就是在处理外部风险事件，债权银行的工作人员要注意自己的言行，对内对外都不要有违规行为、越权行为、引起矛盾激化的行为。在发生外部风险事件的时候，负责处理这类事件的清收等人员，无疑是要站在现场、冲在前面，与债务人、媒体、监管机构等面对面沟通、处理；都是要想方设法把事态尽快压下去，让静坐或聚众的人员尽快离场，让投诉举报的人尽快撤回投诉举报。这种担当是必须要有的。但是，处理人员也要记得不能有越权行为，不能有违规行为；不能以一个违规行为解决已有的矛盾，从而留下后遗症，甚至可能再次埋下"地雷"。这是对债权银行必要的保护，也是对自己的必要保护。

（二）处置外部风险事件的具体策略

对外部风险事件的应对处置，有短中长三类策略。其中，短期策略属于救急、中期策略属于治标、长期策略属于治本。

1. 短期应对处置策略

短期应对处置策略，也就是对具体外部风险事件的应对处置策略。不同的外部风险事件，需要采取不同的应对处置措施。归纳起来，主要有以下几个步骤及其相应具体措施。

（1）短兵相接。就是债权银行与债务人直接面对面。这是应对处置外部风险事件中必不可少的一环。在这个环节，债权银行最重要的工作目标依次是：不激化矛盾、降低债务人的对抗性、将债务人拉回谈判桌、引导债务人撤回投诉举报等。

要实现上述工作目标，债权银行需要妥善开展以下工作：①报警。对债务人聚众的，或哄抢质押/监管货物的，债权银行应由风险分管副行长带领一定数量的人员立即到现场，并第一时间报警，由公安人员来现场维持秩序。为稳妥起见，也可以适当调配一定数量的内部保安人员到现场配合维持秩序。对债务人拉起横幅、架设高音喇叭的行为，应及时制止或请求公安人员制止。②谈判。无论是哪种外部风险事件，债权银行与债务人之间进行沟通谈判都是必不可少的。其中：对债务人聚众的，债权银行代表应要求债务人派出代表出来沟通谈判，并引导聚集的债务人离开现场，如到就近的酒店会议室沟通谈判等。此时，债权银行的代表一定要主动与债务人或债务人代表沟通、谈判，了解其诉求；也可以开展谈判为条件，要求债务人撤离现场。对债务人投诉举报的，可以要求其先撤回再谈判，或边谈判边撤回。在沟通谈判过程中，要充分了解不同债务人的具体诉求。③消音。对债务人聚众等事件，要安排专门人员录影录像，留好证据；对到现场采访的媒体，要安排专门人员对接并接受采访，并及时与其上级领导、主管部门沟通，争取不报道；对自媒体出现的信息，也要尽量找到信息源，争取删除；对可能出现的追问，可以保持沉默，观察一段时间后，再调整应对。

（2）分化瓦解。债务人并非铁板一块，也是各有各的具体心理和诉求。在了解掌握债务人具体诉求后，可以一些非核心权益的让步，来分化瓦解债务人阵营：对能够讲道理的，先沟通，并争取其为内线，提供一些债务人阵营中的一些信息；对蛮不讲理的，可以先晾一晾；对组织策划者，一边尊重尊敬，一边加快对其的诉讼执行进度。对愿意认账还钱的，可以减免利罚息；对愿意进行债务重组的，可以降息重组；对拒不认账的，加快诉讼执行进程。这一步，是扭转债权银行被动局面的关键，债权银行相关人员一定要做细做实、做稳做准。

（3）相互妥协。在上述工作基础上，双方还是要相互妥协的。相互妥协与权益不损失、权益不让步并不矛盾。不能损失、不能让步的是债权银行的核心权益；妥协的是非核心的权益。白纸黑字、欠债还钱，债务人也是知道的。债务人发起外部风险事件，无非是想尽可能为自己多捞点额外利益，因此，双方妥协是有可能的。当然，对于债权银行来说，只能在一些非核心诉求上妥协，对于认账还钱这个核心诉求则万万不能妥协。

2. 中期应对处置策略

中期应对处置策略，是为有效应对处置可能发生的外部风险事件，而在平时开展的准备、排查、拆雷等工作。

（1）联防联控、内外协同。有效应对处置外部风险事件，需要商业银行（特别是商业银行的分行）成立外部风险事件应对处置工作小组，由分行行长/风险分管副行长任组长，相关职能部门负责人任成员。在商业银行内部，一般是内控合规部门牵头管控内控合规风险和案件风险，并负责与监管机构的沟通对接；资产保全部门、法律事务部负责群体事件的管控，并负责与法院的联络对接；安全保卫部门负责联系公安机关；办公室或法律事务部负责声誉风险管控，并负责与新闻媒体的联系。在一般职能部门分工的基础上，针对外部风险事件的预防预控、现场处置等工作，也要明确各部门的职能分工和合作关系，以在实际应对处置外部风险事件时，避免职责不清、临时抓瞎、协同乏力。

（2）制订预案、时常演练。在明确部门职责分工的基础上，各部门都要针对外部风险事件，制订相应的应急预案，并根据应对处置经验的积累，持续修订完善。负责不良资产清收处置的资产保全部门，要将清收工作中发现的风险苗头，及时书面通报外部风险事件应对处置工作小组；由工作小组组长召集小组成员，分析研判潜在风险，防患于未然，尽量做到苗头早发现、现场强处置、事态不扩大。

（3）定期排查、预防预控。对容易发生外部风险事件的小微资金归集类贷款、联保互保类贷款等，资产保全部门、法律事务部要由专人负责，密切监测债务人动向，提前做好应对方案。同时，逐一约谈，甄别债务人态度，发展认账的、争取观望的、打击逃废的，将矛盾化解在萌芽状态。内控合规部门对容易发生外部风险事件业务，以及容易发生外部风险事件的经营机构，要深入开展检查，及时发现可能的不规范行为，做好整改，尽量消除可能引爆的风险点。声誉风险管理部门要持续监测媒体报道，发现有对本行的不利报道，及时报告工作小组，研究采取应对措施。纪检监察部门要持续强化员工异常行为监控，提前发现、处理异常行为和异常员工。

3. 长期应对处置策略

长期应对处置策略，是商业银行为避免发生外部风险事件，在业务拓展、风险管理等方面开展的预防预控工作。这是针对外部风险事件的治本工作，也是最有效的应对处置工作。其核心要义，是商业银行要真正的"规规矩矩办银行、依法合规做业务"，通过有效的风险管理和内部控制，铲除产生外部风险事件的内部土壤，从而消除产生外部风险事件的内部因素。

第二节　内部风险的应对处置

一、内部风险的内涵

内部风险，是指在不良资产的清收处置过程中发现的或产生的，由内部员工所引发的风险，主要是员工的违规违纪行为。内部风险与外部风险，可能交织发生、相互影响，也可能是独立存在、互不关联。这些违规违纪行为，有的是贷款转为不良的原因之一，有的是产生外部风险事件的原因，有的是不良资产清收处置受人质疑的原因。无论是哪种类型，都会对不良资产清收处置造成一定的负面影响，甚至会给形势大好的清收工作造成逆转，需要妥善处理。

（一）内部风险的事态类型

根据风险点的产生时间，内部风险的事态可以分为两大类，每一类又有不同的具体形态。

1. 存量的内部风险

存量的内部风险，是指在不良资产清收处置过程中发现的，授信业务从客户营销到成为不良期间存在的违规违纪行为。这些风险，与不良资产或债务人存在一定的关联，具体包括以下几种类型。

（1）虚假办理。即在客户营销、资料收集、账户开立、合同签订、抵质押办理、资金回款等环节中，存在重大过失的情形。在授信业务中，商业银行对授信业务办理流程中的所有环节，都有明确的制度性要求；这些要求，基本上都是过去血的教训换来的，在业务办理过程中必须遵守。但在实务中，由于种种原因，这些要求并不能得到一贯遵守。①虚假的情形。在贷款业务中，从头到尾的每个环节，都有可能作假，例如：收集的债务人财务数据等信息是假的；账户开立时，不核实法定代表人的身份；取印核保面签时，不按规定操作，导致假签字、假印鉴；在办理抵质押登记手续时，不按规定送件、取件，结果他项权利证书是假的；对债务人到账的资金不及时扣划，致使资金被财务划走；等等。②虚假的危害。上述虚假行为，都将导致商业银行权益严重受损：借款人签字虚假，使借款合同无效，贷款债权悬空；担保合同签字虚假，或他项权利证书虚假，都将使担保合同无效，或强担保的贷款变成信用贷款；债务人对银行心生恶意等。无论是上述哪种后果，都将严重削弱不良资产收回的可能性。

（2）收受好处。即商业银行工作人员接受借款人给予的好处。这些好处包括现金、现金有价证券、高价值物品、房产类资产打折等。借款人给予商业银行工作人员好处，其目的或者是想让本来难以获得同意的贷款获得同意，或者是降低贷款的成本，或者是加快贷款审批发放的速度。无论是哪种目的，既会导致借款人对该商业银行极其不满，又会在成为不良资产时，接受好处的人员无法硬气清收。

（3）指点或授意债务人违规。这种情形，主要发生在小微资金归集类贷款中。商业银行工作人员指点或授意实际用款企业通过组织员工、合作伙伴分别借款，再归集使用，从而使通过正常的授信渠道难以获得商业银行贷款的项目，通过小微分散贷款得以实现。在实际用款企业没有暴露风险时，商业银行的指点或授意人员必定是实际用款企业的座上宾。但在实际用款企业无法完成项目建设，而使贷款变成不良资产后，借款人会将所有的矛盾都指向商业银行，认为是由于商业银行工作人员的组织才会如此操作。这种行为不仅使不良资产难以收回，且特别容易发生群体性外部风险事件。

（4）账外收费。即在商业银行正常的账务外私设账户（员工个人或受其控制的公司），收受借款人支付的款项。这种情形主要发生在小微贷款、中小企业贷款中，商业银行在与借款人谈妥综合贷款成本后，大部分成本以贷款利息的方式支付给商业银行，小部分成本由借款人支付到商业银行工作人员指定的账户中。账外收费的费率，根据各借款人的不同情况而会有所不同；收取的时间，在每次贷款发放前，即基本上一年一次。所收取的费用，主要用于以下用途：①购买存款。一些基层分支机构，为完成各个时间节点的存款任务，向一些有闲置资金的个人、企业吸收存款，或让一些企业办理全额保证金质押开票业务。这些存款除需要支付正常的存款利息外，都是需要额外支付费用的。②发放福利。在大的节日时，向员工发放福利。③不当开支。处理一些难以通过正常费用项目、会计科目列支的费用。④据为己有。直接将部分费用据为己有，供自己消费。能作出这种决定并长期保持运转的，一般是商业银行基层机构的管理人员。这种行为曝光后，一般不会引发聚众等群体性事件；但在贷款成为不良后，借款人会要求在所欠的本金中扣减自己账外支付的费用。

（5）资金往来。即商业银行工作人员与借款人、担保人之间存在资金往来。往来的原因主要有以下四种：①收取好处，即收取借款人支付的好处费；②民间借贷，向借款人高利贷款，借款人返还的本金和利息；③民间投资，向借款人项目投资，借款人返还的投资收益和返还的投资款；④帮助转账，利用商业银行工作人员免费政策，帮助借款人资金转账。上述情形除第四种外，其余三种使商业银行工作人员与债务人之间存在直接的经济利益，将可能对商业银行带来以下不利影响：①不当授信。可能会影响商业银行相关人员对授信业务的客观认识，可能会对不能授信的给予了授信；本应少量授信的给予了较多授信；本该抵押担保授信的给予了弱担保授信。②恶意不良。少量借款人可能经营正常，或有还款能力，但因存在上述行为，而恶意不归还贷款，致使贷款成为不良。③清收无力。在贷款成为不良后，相关人员无法对债务人采取有力的清收措施，从而使不良清收久收无果。

（6）高价评估。这种行为，主要发生在因申请贷款而对抵质押物进行评估时，不核实评估价值的客观性，直接接受虚高的评估价；或授意抵质押人、评估人员，给出虚高评估价。这种情形，主要发生在以下两种抵质押物的评估：①商铺评估。商铺的价值除成本价外，还有市场、商圈整体经营状况所带来的溢价。溢价有时是成本价的数倍，但这种溢价的主观性非常强，虚高的空间比较大。在不良清收实务中，这类资产的变卖/拍卖价，一般是评估价的1/3左右。②非标准质押物。如玉石珠宝、字画等小众物品，在作质押担保而进行价值评估时，因没有公开市场的价值做参考，完全是由行业内的所谓"专家"评估。而这些专家与质押人本是同行、存在种种瓜葛，评估值往往高得离谱。在不良清收实务中，这类资产的变卖/拍卖价，一般是评估价的1/10左右。虚高的评估价，使得不良资产清收处置时，或者是抵质押物难以处置变现，或者是现金回收率极低。

（7）误导担保人。商业银行工作人员没有将担保业务的可能后果，特别是没有将借款人的经营情况和风险情况，如实、全面地告诉担保人；或者告诉担保人仅是阶段性或象征性担保。在贷款逾期追索担保人时，担保人会以此为由不愿履行担保责任，甚至通过投诉举报等方式抵制清收。

2. 新增的内部风险

新增的内部风险，是在清收处置不良资产过程中，商业银行发生的内部风险。这类风险主要有以下两种情形。

（1）清收人员发生的内部风险。即清收人员在不良资产的清收处置过程中，收取债务人或资产买受人的好处。清收人员能够收取好处的环节主要有以下几个：①低价重组。即在债务重组时，以尽可能低的利率予以重组，或不适当的多减免利罚息。②低价拍卖。在抵质押物/查封物拍卖环节中，或确定较低的底价，或将底价告知意向买受人。③低价转让。在不良资产批量/单笔转让中，确定较低的转让底价，或将转让底价告知意向买受人。清收人员收取好处后，将对不良资产清收处置工作带来一系列不利影响：①放松对债权的追索。清收人员收取债务人好处后，必然会降低清收的力度、放慢清收的节奏；收取资产买受人的好处后，必然在资产处置价格上做些让步。②损害商业银行利益。本来可以收回的欠款不收回，本来可以多收回的欠款少收回，对商业银行都是一种损失。③影响清收工作形象。不良资产的清收处置工作本来就在放大镜之下，对个别清收人员的不当行为，有些人可能会大肆加以利用，质疑乃至否定整个清收处置工作。

（2）其他人员发生的内部风险。即商业银行其他工作人员，将所获悉的不良资产清收处置信息，告知债务人。有动力打听并将清收方案、清收措施等信息告知债务人的，可能是不良资产的原客户经理，或是不良贷款发放时的经营机构负责人，或是与债务人有利害关系的其他人等。这些人的行为，将使债务人提前获知债权银行的清收方案和清收动作，并据此采取相应的抵制措施，从而增加商业银行清收处置的难度。

（二）内部风险的人员类型

内部风险事件涉及的员工类型，主要有以下两类。

1. 清收人员和非清收人员

清收人员，就是从事不良资产清收处置工作的人员。清收人员产生的内部风险直接涉及能否正常、公开、合理、适当地清收处置不良资产，也直接影响到清收队伍的形象，需要严格要求、紧密防范。非清收人员，主要包括办理不良贷款业务中的客户经理、经营机构负责人、授信审批人员、放款人员，或与债务人存在其他利害关系的人员，这些人员或是需要对不良资产的产生承担责任，或是因与债务人有某种关系而向债务人通风报信。

2. 在职人员和离职人员

在职人员，就是还在商业银行工作的人员。离职人员，则是已经离开该商业银行的人员。商业银行的内部管理制度、问责制度主要适用于在职人员，而不适用于离职人员。有些离职人员，对不良资产的产生负有不可推卸的责任，但等到贷款真正成为不良时，这些人员已经离职，商业银行多数只能是"无可奈何人已去、唯恨手臂不够长"了。

二、内部风险的应对处置策略

无论是哪种内部风险事件，都会对不良资产清收处置、商业银行的权益和形象产生直接或间接的负面影响。对这些风险事件，商业银行也要妥善处理。

（一）对事件的应对处置

对存在的内部风险事件，商业银行不能坐视不管、置之不理，而应积极面对、务实处理。

1. 处理内部风险事件的基本原则

处理内部风险事件，需要把握的基本原则是："维护权益、消除影响；个人行为、银行无辜；对客负责、履行社责"。

（1）维护权益、消除影响。无论发生了哪种内部风险事件，在应对处置时，都要以商业银行的权益优先，维护商业银行的权益不受损、不丧失；同时，也要消除这些风险事件对商业银行权益和形象的反面影响。

（2）个人行为、银行无辜。对发生的内部风险事件，能归属于员工个人行为的，都应归属于员工个人行为，同时强调商业银行也是无辜的受害者。员工在办理业务时，与业务相关的行为都是代表商业银行的，理应由商业银行负责。但是，由于下列原因，商业银行需要将一些行为认定是员工个人行为：①行为没有授权。商业银行并没有允许员工违规违纪办理业务，更没有同意员工收受好处、账务收费等行为；相反，商业银行有对业务办理有一系列的业务操作制度和问责制度。②责任无法承担。在一些资金归集类贷款、联保互保类贷款中，部分债务人就是以商业银行工作人员存在误导、策划等行为为由，而主张自己不还钱、少还钱等，并为此而发起外部风险事件。对这样的内部风险，如果承认是商业银行的委托行为、授权行为，将由商业银行承担责任。如果出现这种局面，对商业银行将是灾难性的：债权债务关系被否定，资产损失在所难免，社会形象也会轰然倒塌。

（3）对客负责、履行社责。当发生已被外部知晓的内部风险事件时，商业银行不能因是员工个人行为就完全置之不理，而是要本着对客户负责的态度，从履行社会企业公民责任的角度，积极面对、妥善处理。客户，包括有不良资产的客户，是商业银行的衣食父母，是商业银行的"本"，商业银行必须维护好。对客户负责，就需要对客户的呼声及时回应，对客户的不满尽量解决，对客户的诉求依法解决。履行社会责任，就是自己的问题要自己解决，不能推给政府、法院和监管机构；对发生的问题及时解决，早应对早处理，不能久拖不决，以免酿成更大的矛盾和冲突。

2. 处理内部风险事件的主要措施

对于不良资产形成中发生的，或是在清收处置过程中发生的内部风险事件，商业银行需要做的主要有以下几项。

（1）查清事实。因为涉及内部员工，商业银行对于发现的、听到的内部风险事件，首先要做的是查清事实真相，不能人云亦云；否则容易伤人伤己。调查的方式有公开和非公开两种；调查的主体可以由内控合规部门牵头，也可以由纪检监察室牵头。事实查清楚了，后续问题就好处理了。

（2）按需报告。内部风险事件如经查实，就是商业银行的家丑，没有必要到处宣讲。但对于分支机构而言，也是需要报告的。报告的对象，一是上级行，二是监管机构。对风险事件的报告事项、方式、时限等，上级行和监管机构都有明确的规定，事件发生机构需要根据相应规定，履行报告职责。

（3）严肃处理。贷款已成不良，在办理过程中存在的违规行为，大多数已经无法整改了，只能对不良资产进行清收处置；但对内部风险事件涉及的人员，应严肃处理，不能姑息纵容。

（4）管理舆情。商业银行的内部风险事件，有些是媒体眼中的"劲料"，容易引起挖掘和报道。商业银行的声誉风险管理部门需要外松内紧，管理好舆情风险。

（5）清收不停。无论发生哪种内部风险事件，不良资产清收处置工作应继续推进，不能因发生内部风险事件就停止不前；特别是对于涉及债务人的，可能引起债务人抵制的内部风险事件，清收工作更应加快推进。

（二）对人员的应对处置

对涉及的内部员工的处理，是应对处置内部风险事件的主要内容。在处理内部员工时，需要把握以下原则，采取以下措施。

1. 处理内部员工的基本原则

在因不良资产的形成、清收等原因而处理内部员工时，应遵循的原则有两大类。一是违规问责的基本原则。如"以事实为依据，以规则为准绳""惩前毖后，治病救人"等，这是违规问责的通行原则。二是内部风险事件的特有原则，即对清收队伍来说，在通行原则之外还需要考虑的原则。这些特有原则主要有以下几点。

（1）内外有别、内紧外松。对清收人员的违规违纪行为要严肃处理，对非清收人员的违规违纪行为，重在报告。其原因是：一笔贷款从营销、发放、不良到清收，其中会涉及多个经办人员和管理人员，有些可能已经离职，有的还在职在岗；有的是清收人员，更多的是非清收人员。对于清收人员特别是资产保全部门负责人来说，一定要清楚地认识到自己的职责。其中，对事：核心职责是清收处置不良资产，对违规违纪行为的发现和处理由相应的职能部门负责；对人：重点对清收人员进行管理，对非清收人员也自有相应的部门负责。在处理清收工作中发现的内部风险事件所涉及的内部员工时，防范和处理的重点是内部的清收人员，除平时严肃约束、明确要求外，对清收人员的违规违纪行为，要大力打击、严厉惩处。对在清收工作中发现的非清收人员违规违纪行为，应根据相关管理制度的要求，履行报告职责即可。

（2）抓大放小、抓近放远。对存在主观恶意、重大过失、道德风险的行为，对违规行为的发生时间间距较短的，要严肃查处；对那些非主观恶意或发生时间间距较长的，可以做一般处理。由于以下原因，在处理内部风险事件涉及的员工时，应突出重点、有所区别：①事出有因。资产不良后，会暴露许多问题，问题的性质及其影响程度，也有大有小、有轻有重。这些问题，有的是员工的主观故意；有的是操作过失；有的是个人行为；有的是群体行为。这些情形，固然不能成为免责理由，但追责时，也应做实事求是的考虑。②形势所迫。对内部风险事件应承担责任的人员，有的可能已经离职，有的可能调离了岗位/机构，甚至被提拔使用。在这种情况下，如果一味强调公正处理，有些工作将无法推进。因此，突出重点非常必要。

（3）惩保并举、注重防范。在惩处的同时，也要通过规章制度的完善，防范违规行为的产生，从而保护更多的员工。其原因主要是：①有功有过。违规的员工也是员工，多多少少也为商业银行作过贡献，有些还曾经是业务明星、管理能手，如果都"一刀切"处理，确实有些可惜。②恶从小起。对于违规行为的发生，除极个别是直接故意外，大多数都是在半推半就中产生的，这些员工也可能有过挣扎恐惧、有过担惊受怕。如果管理制度再完善一点、监督管理再到位一点，可能就不会发生这些违规违纪行为，相关的员工也可能成为遵纪守法的良好员工。③成本效益。对于风险事件，处理的成本远远大于防范的成本；有效的制度性防范，可以避免、减少、减轻违规行为的发生及其影响。因此，不管是对员工负责，还是对商业银行负责，在处理完内外部风险事件后，商业银行都应痛定思痛，及时修改完善相关的管理制度、流程和系统，以防止类似事件的再次发生。

2. 处理内部员工的主要措施

对发现的违规违纪行为，经查实后，应根据商业银行内部制度进行处理。主要的处置措施包括调离岗位、批评教训、纪律处分、经济处分、免职等。

3. 离职人员的特殊处理

在处理内部风险事件时，经常会遇到对离职人员的处理。离职人员，因已离开了本商业银行，与商业银行已解除了劳动合同关系。在这种情况下，对其是否追责，以及如何追责，与在职员工存在很大的不同，有其一定的特殊性。

（1）离职人员的类型。基于不同的标准，对离职人员可作不同的分类：①根据离职人员的身份，可以分为普通员工和管理者。普通员工应负责的是其操作行为，管理者应负责的是其管理行为。②根据对不良资产中的违规违纪行为是否已经承担了责任，可分为已承担责任的和未承担责任的。已经承担责任的，不能重复担责；这里讲的，是没有承担责任的。③根据离职原因与不良的关系程度，可以分为先知先觉的、担责离开的，和与不良资产无关的离职。其中，先知先觉的，是指非常熟悉自己的业务，敏锐地感知到自己的业务将要出现风险，而在风险爆发前主动离职；担责离开的，是指业务风险爆发成为不良，并因此承担责任后离开的；与不良资产无关的，则是指与不良资产没有关系，是其他原因而离职的。先知先觉的，一般都是业务的第一手经办人员、管理人员。这些人员，曾因业绩获得过种种好处，可谓是名利双收；对自己的业务以及自己在其中的角色和作用都非常清楚，知道风险迟早会爆发，一旦爆发自己就会责任难逃，因而主动提早离职，逃避担责。

（2）追究离职人员责任的困难。①历时已久，责任难清。对不良资产中违规违纪行为的调查，一般发生在员工离职时、不良资产核销责任认定时、专项审计/检查时。这样，违规违纪行为的发生时间和发现时间/确认时间，会存在一段较长的间隔。从贷款发放到资产不良，时间短则一年半载，长则五年八年；其间还可能更换了若干个客户经理；甚至业务归属的支行等落地经营机构都发生了变化。对已经离职的员工，又无法进行直接调查，仅能根据书面档案和现任相关人员的陈述。在这种情况下，不良资产的责任和不良资产中的违规违纪行为都可能难以界定。前人与后人会相互推脱；贷前、贷中、贷后会相互推脱；操作者与管理者也会相互推脱。因此，要清楚地界定谁应对不良资产承担责任，以及谁有违规违纪行为、有什么样的违规违纪行为，都不是一件容易的事情。②合同已解，责任难落。首先，商业银行无法根据劳动合同追究离职员工的责任。商业银行与员工是一种雇佣关系、劳动合同关系；商业银行的问责制度等管理制度仅对有劳动合同关系的员工适用。员工已经离职，劳动合同就已经解除，内部管理制度对其就无法适用了。此时，对于员工离职前的行为，一般情况下，商业银行能做的只有一件事情：即对于认为有违法犯罪嫌疑的，向公安机关报案，由公安机关侦查处理。而向公安机关报案，是杀敌一千、自损八百的行为，除非确有必要，商业银行多数是不会这样做的。也就是说，从法理上，商业银行不能根据内部制度进行问责。其次，商业银行也难以将责任落到实处。对于作为企业的商业银行来说，让员工真正承担责任的，主要有三种措施：一是由本人直接承受，如降职免职等；二是将处分结果放入被处分员工的档案中；三是将处分结果报送银保监局，纳入银行从业人员问责情况记录库。这些措施，对已经离职的员工，基本上都难以发挥实质性作用，其原因是：离职后，本人直接承受无从谈起；档案已转走，无法将处分结果放入档案；可能不在银行业工作，也可能不在原省市工作，进入银保监局记录库也没有实质性作用。正是由于对离职人员无法追责也难以追责，一些离职人员对原工作的商业银行所开展的问责调查工作，非常嚣张、不屑一顾，不仅不配合调查，有的还动辄在自媒体上散发信息，引起不明真相的人群围观、议论，抵制调查。为消除影响，商业银行又不得不动用人力，处理这些连锁反应。

（3）追究离职人员责任的必要。既难界定责任，又难落实责任，对于离职人员所应承担的责任，是不是就一放了之呢？也不尽然，在一些情况下，还是有追究责任的必要。其原因是：①不追责，难言公平。那些需要承担责任却没有离职的员工，无论其是出于什么原因没有离职，他们和商业银行还在一起共患难，部分人员还在自己的岗位积极作为、默默付出。同样都需要承担责任，如果不追究那些好处占尽，却"聪明"地逃脱责任的离职人员的责任，反而追究这些还在职、还在努力工作的在职员工的责任，于情于理都是说不过去的。无论如何，都是对在职员工的极其不公。如果说对一个离职人员不追责还情有可原，对所有的或主要的离职人员不追责，带来的后果基本上是表面风平浪静、底下议论纷纷；不服气、不平静的气氛在员工队伍中弥漫。②不追责，难得"翻页"。贷款不良后，特别是大面积不良后，对商业银行分支机构的影响是非常巨大的，有些机构可能几年都难以翻身。面对这种惨痛的局面，首先需要进行内部整肃，刹住歪风邪气，扭转悲观涣散的行风纪。如果对不良的发生，仅以员工已经离职就轻轻放过，在职的员工都会看在眼里、记在心上。其结果，必然是员工队伍一盘散沙，谁都不会对自己的行为负责；整顿管理秩序，重振发展士气，跨越痛苦记忆，这些也就无从谈起了。③不追责，难以发展。昨天已经过去，今天终究要过去，重要的是明天；但今天的状况决定了明天的可能。在痛苦一段时间后，商业银行的不良资产都会得以解决，也会重回正常的发展轨道。今后的发展，能否走得稳一点，走得好一点，不重蹈覆辙，与能否吸取教训息息相关。如果对离职人员都不追究责任，就相当于告诉以后的员工，只要能聪明地早点走，就可以急功近利、先捞一把。在这种潜意识下，必然是几年一个来回，快速发展几年后，极可能又掉入不良资产的泥潭。

（4）追究离职人员责任的措施。鉴于离职人员的特殊性，在遵循一般违规问责要求的基础上，追究离职人员的责任，应把握以下几点：①问题查实、责任分清。无论是否追责，商业银行应先把事实、问题调查清楚，把责任划分清楚。由于时间久远、离职人员又不配合，要完全把事实调查清楚，还有相当大的难度。对此，商业银行也不必过于担心。在司法机构追究被告的法律责任时，遵循的是"做到法律真实，不强求事实真实"的原则，即根据法律规定的程序，收集法律认可的证据就可以了。商业银行在追究离职员工责任而调查取证时，也可以适用上述原则，即在根据规定的调查程序，收集能收集的证据，进而就可以认定事实；并在认定事实的基础，分清相关人员的责任。②行为为主、结果为辅。对内部人员的问责，存在两种问责对象：一是违规违纪行为；二是不良资产之结果。由于已离职人员可能会以不良资产的形成原因是多方面的而抵制问责，为稳妥起见，对于离职人员应主要追究其违规违纪行为的责任，以避免可能发生的节外生枝。③有追有放、不发红文。事实调查清楚了、责任也划分清楚了，也不一定要追究所有离职员工的责任，"抓大放小"原则对离职人员同样适用。对那些恶意违规、组织策划、收受好处的普通员工，以及带坏风气、全军覆没的条线管理者、机构管理者，要重点追究；对那些没有明显道德风险、随大流的人员，可以不予追究。在追究的方式上也要适当注意，最现实的措施是："定责不发文"，也就是在确定应承担的责任和应给予的处分措施后，将处分决定记入问责委员会书面决议，内部通报，但不发红头文件，以免引起离职人员的反弹。④内存档案、外报监管。对涉及离职人员违规违纪行为的调查报告、问责决定等书面材料，应由纪检监察室作为内部保存；同时，将处理决定报告当地监管机构。由于对离职人员的问责处理，没有与当事人直接核实（可能是离职人员不配合，也可能是商业银行没有联络到离职人员），所调查出来的事实仅是根据业务档案和其他人员的陈述；而且，对离职人员的问责决定也没有发红头文件，因此，商业银行在将对离职人员处理事项报告监管机构时，应不同于在职员工的问责报告。在将对离职人员处分决定报告监管机构时，应根据"讲清事实，留有余地"的原则，注重报告调查过程、调查所发现的事实、责任归属、责任认定、初步处理意见和落实处理意见的难处。这样，既可以达到惩处违纪、严肃纪律的目的，又留有余地，避免事实没有完全查清可能带来的尴尬。

第五章 资产质量管理的重点问题

行文至此，不良资产的清收处置已经介绍完了。但每每想到一单单不良资产的巨额损失、一个个机构的痛苦挣扎，就情不自禁地追问：为什么不良资产持续多年还阴魂不散？为什么商业银行业的不良率，有的高、有的低？怎样才能避免塌方式不良？随着对这一追问的展开，引起了对资产质量管理的众多思考。当然，资产质量管理是一个宏大课题，本书无意也无力对资产质量管理进行全面而深入的探讨，仅对不良资产清收处置以外的，直接关系到资产质量表现，且在实务中感觉带有普遍性的几个问题，进行尝试性探讨。

第一节 资产质量管理的原则与思路

一、资产质量管理的基本原则

资产质量，既是资产质量主管部门的事情，也是商业银行全行的事情。在一个商业银行内部，如果仅仅靠资产质量主管部门的作为，是管理不好资产质量的；只有全行共同努力和资产质量主管部门有效作为有机组合，才能真正管理好资产质量。由此，资产质量管理的基本原则，有宏观、中观、微观三个层次。

（一）宏观原则

商业银行的发展理念，是激进还是稳健、是追求发展速度还是追求发展质量，决定了该商业银行资产质量的变化趋势。为了商业银行的基业长青、百年老店目标，管控好发展质量也就是资产质量，是商业银行各业务条线、各经营机构、各管理部门的共同责任。这就要求这些机构在开展业务、管理风险时，都应遵循资产质量管理的通常原则和基本要求。由于这些原则是全行性的，可以称之为宏观原则，具体有以下几项。

1. 风险为本、稳健发展原则

在过去一段时间，一些商业银行为提高市场地位、提升生存能力，采取了追赶大行、快速扩张发展策略，迅速将规模做大。但在经济新常态下，这种发展策略已经难以为继。其原因主要是：①外部形势所迫。银行业传统的"垒大户""扩规模""同质化"的经营模式已经很难再成为制胜法宝，银行业面临着"资产负债表不能再快速扩张""传统融资模式不能再快速增加""银行业高盈利短期内不能再现"三大瓶颈。在这种情况下，转型发展已是大势所趋、不得不为、必须早为。②内部受伤较重。一些商业银行，在大干快上几年后，规模是做大，但在经济进入新常态后，资产质量问题也逐步暴露出来。过去几年，一些发展快的商业银行、业务板块，其资产质量/不良资产都成为一个不得不面对的问题。

商业银行从事的本来就是高风险行业，在充分竞争的市场环境下，商业银行就像刀尖上的舞者，面对风险来不得半点马虎。审慎经营、行稳致远，本来就是商业银行应有的发展理念；而在经受这几年资产质量下行趋势的血与火考验后，更应成为商业银行的组织基因。由此，商业银行必须尽快摆脱"速度情结"，扭转过去重速度、重规模而相对忽视风险、忽视品种的发展策略，沉下心来在转型发展路径、经营管理模式、业务操作流程、风险防范机制等方面精耕细作，由做大做强向做强做优的方向转变。

当然，稳健发展并不是不需要追求或保持一定的发展速度。作为市场经济的主体，发展是第一要务，发展是永恒的主题和导向，包括资产质量在内的问题都要在发展中予以解决。对一家有作为的商业银行来说，保持一定的发展速度是非常有必要的，只是发展速度应与自身的发展阶段相适应；与自身的风险管理能力相适应；与整体的经济金融环境相适应。具体来说，小型微型规模的商业银行，发展可以适度快些；大中型规模的商业银行，发展速度则需要考虑适度。适度的标准，可以参考以下三个因素来考虑和确定：国家当年 GDP 增长率；行业或同类型银行发展的平均速度；自己的同期发展速度。综合这三个速度参考值，确定自己的年度发展速度，则是比较理性的。

2. 风险适度、资本约束原则

资本是商业银行的本钱，有多少本钱就做多大的生意。商业银行在业务经营和风险管理中，必须坚持"资本覆盖风险、资本要求回报"的基本理念，将风险适度、资本约束作为经营发展的基本原则之一。这一原则具体包含三层含义：①风险不可避免。商业银行是经营风险的特殊企业，商业银行在开展业务中必须承担风险，通过承担风险来获取收益，零风险不仅不可能，也不是商业银行应有的经营理念。②风险与资本对等。商业银行开展资产类业务，需要计量和消耗资本，应根据自己的资本金多少和风险管理能力，来决定承担多大的风险。资本金多、风险管理能力强的，可以相对承受多一些风险；资本金少、风险管理弱的，承受的风险自然不能过大。商业银行的这一特性，决定了它只能走"适度风险、适度回报"的发展道路。③风险可以管理。商业银行可以并且应该运用资本管理工具，如经济资本、风险调整后的资本回报率、在险价值等，对不同业务条线、不同经营机构的风险状况，进行资本配置和绩效考核，促进各业务条线、经营机构接受、重视和落实资本约束理念。

3. 风险底线、人人有责原则

在商业银行经营发展中，特别是在资产类业务中，风险无处不在。这就要求商业银行的所有员工都应具有风险的意识和自觉，都能自觉将"知敬畏、守底线""业务发展、风险先行"作为开展业务时的基本准则。如果一家商业银行不能形成全员的风险管理文化和资产质量管理意识，不能形成风险管理和资产质量管理的全程性关口，而认为风险是风险管理部门的事情，资产质量管理是资产质量主管部门的事情，那么其风险管理和资产质量管理都是片面依赖、孤军奋战式的，结果自然是无法有效管理的。坚守底线，重点包括三个方面：①坚守信用风险底线。商业银行开展资产类业务，就必须承担信用风险；但信用风险的承担也不是任意承担的，而是与收益、风险承担能力成正比的。在任何资产类业务中，都要按照规则计量好风险、收益和承担能力；在风险与收益适配，且有能力承担相应风险时才能开展，而不能"傻大胆"式做业务。②坚守合规风险底线。法律法规、监管政策、行内制度的有关规定，是必须遵守执行而不能随意违反的。在制度和规矩面前，规规矩矩办事情是基本准则，既不能违规做坏事，也不能违规做好事。③坚守道德风险底线。在开展业务时，不能为了自己的私利而损害商业银行的利益。头顶三尺有神灵。在任何时候，商业银行员工都需要慎独慎微，自觉以商业银行利益最大化为行事原则，而不能假公为私、损公为私。

（二）中观原则

中观原则，是风险管理部门在管理授信业务风险时应遵循的基本原则，主要有以下几项。

1. 风险中性、经营风险原则

从本质上来说，商业银行就是经营风险的金融机构，以承担风险获取收益、以经营风险获取盈利。商业银行基于自身的风险偏好来选择其可以承担的风险范围，并通过适当的风险管理策略以有效控制和管理所承担的风险，确保商业银行稳健运行，实现经营目标，并持续提高竞争力，就是在经营风险。对于承担管理风险职能的相关风险管理部门，风险是中性的，无所谓好坏，也无所谓喜好或厌恶，应以一种客观、理性、冷静的眼光来看待、评估和管理风险。

商业银行的风险管理策略，主要包括风险分散、风险对冲、风险转移、风险规避和风险补偿五种。在这五种风险管理策略中，前三种是积极的，也是经常被运用的；但对于第四种，在实际应用中，需要辩证理解。

风险规避，是指商业银行拒绝或退出某一业务或某个市场，以避免承担该业务或市场风险的管控策略，简单地说就是：不做业务，不承担风险。在实务中，风险规避有两种实施途径：①资本配置限制。即通过对一些业务或市场设置苛刻的资本配置规则，来规避一些业务或市场。具体做法是：商业银行首先将所有业务面临的风险进行量化，然后依据本行所确定的风险战略和风险偏好来确定经济资本分配，最终表现为授信额度和交易限额等各种限制条件。对于那些不擅长或不愿意承担风险的业务或市场，对其配置较少的经济资本，并设立较低的风险容忍度，迫使条线部门或经营机构降低这些业务的风险暴露，甚至完全退出该业务领域。②业务审批否决。即对于那些不擅长或不愿意承担风险的业务或市场，或者在授信政策中归为限制支持类或禁止进入类，或者在单笔业务审批时直接否决。

采取风险规避的原因，是超过自身的风险承受能力，而不愿、不敢、不能承担风险，从而实行风险规避。但问题是，所谓超过自身的风险承受能力，实际上包括两种可能：超过商业银行的风险承受能力，和超过决策者、审批者个人的风险承受能力。如果是前者，是情有可原；如果是后者，则话有两说。因为商业银行本质也是一个企业，在依法合规范围内，开拓市场、做成业务是其自然属性和应有的追求。不做业务就没有风险，但没有风险也就没有收益；如果仅因个人原因而规避风险，失去了一些可能并不是不能承受的风险的业务机会，也是不利于商业银行的。因此，风险规避不宜成为商业银行风险管理的主导策略，在实际运用时需要审慎。

2. 风险计量、数据化管理原则

风险计量，是商业银行根据不同的业务性质、规模和复杂程度，对不同类别的风险选择适当的计量方法和工具，对可能要承担的风险进行定量化计算，以明确某一风险发生的概率以及可能带来的损失大小。风险计量，是商业银行管理信用风险、进行风险控制的基础。在决定是否进入某个业务领域、某个市场、或某笔业务时，需要在风险识别的基础上，通过风险计量，并体现为直观的、冷静的数据，而不是含含糊糊、模棱两可的定性描述，商业银行才能够比较客观、准确地掌握自己的风险状况，确定各种风险对商业银行的影响大小；并以此为依据，判断商业银行对这些风险的承受能力，从而选取适当的风险管控措施，以达到有效管理风险的目的。

在风险计量管理中，有两个问题，与风险计量能否有效发挥作用息息相关。

（1）数据管理。风险计量输出的是数据，输入的也是数据；风险计量的准确与否、有效与否，关键是所输入数据是否真实、准确、全面、及时。在当前的信用环境下，商业银行的内部与外部，都或多或少地存在选择性数据报送问题。一些申请贷款的企业或个人提供给商业银行的数据，可能会根据为了审批通过而被加以美化；经营机构上报的数据，有时也是选择后的数据。这势必会影响风险计量的结果。选择性数据报送，是商业银行在管理数据、计量风险时，必须考虑的问题，也是风险计量管理的重点。

（2）风险定价。风险定价就是根据计量出来的风险大小，对资产业务进行定价。价格与风险大小成正比，风险大的，定价高；风险小的，定价低。风险定价，是风险计量的应有之义，也是信贷业务管理的要义。但在现有的贷款定价实务中，真正运行的有两种定价模式，这两种模式都与风险定价没有多少关联：①随行就市。即商业银行对借款人，特别是对中大型企业借款人，以其现有贷款的利率作为借款人的贷款市场利率，来确定本行的贷款利率。如果是在贷款利率完全市场化时，"随行就市"还具有客观性；但在贷款利率并没有完全市场化时，"随行就市"只能是各说各话，没有客观意义。最终的定价，事实上由借款人和经营机构主导与确定，存在一定的寻租空间。②价高者得。即通过借款人之间的竞价来确定贷款定价，就是优先满足出价高的借款人，并从高到低依次满足。这种定价方式主要针对的是小型、微型企业借款人。价高者得的竞价方式，如果是在风险计量确定底价的基础上，由借款人竞价，价高者获得贷款，是有利于商业银行的；但如果没有根据风险计量确定贷款底价，而是完全由借款人竞价，价高者获得贷款，出现的结果就会是风险程度高的借款人获得贷款，风险程度低的借款人得不到贷款，而收益能否覆盖风险，价格的高低是否与风险程度相匹配则不得而知了。最后的结果，极可能是风险高的客户留下来了，而收益又无法覆盖风险，利息收入弥补不了减值准备，最后就是不良高发、亏损严重。这两种定价方式，与风险定价都没有关系，事实上也难以平衡风险与收益的关系，最后只能通过加水和面的方式来解决前序业务的后遗症，亟须商业银行基于风险计量和风险定价来有效解决。

3. 风险分散、组合管理原则

风险分散，是指商业银行通过多样化的信贷资产来分散和降低风险的策略性选择，也就是俗称的"不要将鸡蛋放在同一个篮子里"。风险分散策略，并不能消除或降低各单笔信贷资产中的风险；但如果信贷资产足够分散，可以消除或降低信贷资产组合的非系统性风险。

根据风险分散的原理，商业银行的信贷业务应是全面的，而不应集中于同一业务领域、同一性质借款人甚至是同一个借款人。这对于商业银行的全行来说不是一个问题，但对于分支机构来说，就是一个问题。在过去一段时间，一些商业银行强调特色、强调专业，设置了一些专业支行等专业化的经营机构，专门从事某些细分行业、某个微观市场的开发经营，意欲通过专业化的服务，做深做透某个行业或某个市场。在经济上升期，这个发展策略是有效的，经一段时间培育后，通过"懂你"的专业服务，可以获得行业内或市场内主体的信任，从而得以实现快速发展；而且，这些机构的行业贷款，在全行的行业占比中可能是微不足道、足够分散的。但在经济调整期，这个策略的弊端则立即凸显，行业或市场的一荣俱荣、一损俱损给这些专业经营机构带来的是灾难性的：不良高企、亏损连年。

基于惨痛的教训，商业银行在进行组合管理时，有必要持续精细化，将组合管理的要求，在机构维度逐步从全行，深入到分行，再深入到支行层面。如此，才能将风险分散、组合管理的要求落到实处。

4. 风险识别、审慎创新原则

创新是商业银行的生命力，要竞争获胜必须创新求变。商业银行的创新，包括理论创新、理念创新、机制创新、技术创新和产品创新，和资产质量有直接关系的是产品创新。近几年来，各商业银行都持续推出了一系列的新产品、新服务，在满足大众多样化需求同时，也为商业银行带来了客群和收益。但从不良资产的清收处置实务来说，有些创新的产品，其风险并没有得到有效管理，结果就是不良连连；严重点的，极个别创新就是一个笑话，是商业银行在做慈善。

出现这种局面的核心原因是：在还没有完全搞清楚创新产品的所潜藏的风险之前，就急于推向市场。这种情况有两个原因：一是创新的产品复杂，在产品研发时，难以搞清楚其潜藏的全部风险；二是在创新产品推向市场前，没有经过风险论证，或风险部门的意见未被采纳。如果说第一种情况是可以理解的话，第二种情况则是不应该出现的。

对创新产品经过审慎的风险论证和管理规范，是"业务创新、风险先行"的具体体现。商业银行的风险管理部门应紧密跟踪区域经济一体化、人民币国际化、利率市场化等经济金融发展态势，主动研究相关政策及业务需求，在风险可控的前提下，引导和支持业务条线开展产品创新，及时捕捉商机，着力提升创新业务的风险管理效能；同时，要比业务条线更为客观冷静地看待产品创新，在进行充分的风险识别、评估的基础上，分门别类处理：①否决。对借创新之名、行违规之实的，打监管"擦边球"的创新，或者是风险无法识别、无法计量的创新，要直接否决。②完善。对符合监管政策，产品风险也能够识别、能够计量，但发行管控措施有些薄弱的，与业务条线一起完善后再予放行。③放行。对既合法合规，又有可行的风险管控措施的创新产品，同意投向市场。

（三）微观原则

微观原则，是资产质量主管部门在管理资产质量时应遵循的基本原则，主要有以下几项。

1. 提前预防、关口前移原则

事前的有效预防，胜于事后的有效处置。不良资产的清收处置是商业银行资产质量管理的末端，是不得不为又作为有限。因此，有效的资产质量管理，要像一等良医那样，资产质量在恶化之前即进行有效的预防，以防止可能变成现实。要做到对风险的准确预防，需要将资产质量管理工作适当前移，做好预防性管控措施。

（1）统筹资产质量管理。以信用风险为重点，明确各项业务的风险容忍度，通过风险偏好设定风险资产限额监控，坚持底线思维，确保信贷资产质量处于良性循环之中。包括：①持续开展存量资产类客户结构调整。在对存量客户深入分析的基础上，持续进行结构优化调整，通过终止合作、转让信贷资产等方式，及时压缩和退出经营困难、行业疲软、去产能去杠杆等风险显现的客户，充分盘活沉淀在低效领域的信贷资源。②持续完善预警指标体系。完善资产质量管理的统筹平台和监督反馈机制，及时发现风险、准确判断风险、有效控制风险，并通过风险缓释和风险退出，不断优化商业银行的信贷资产结构。

（2）实行前瞻性风险管理。资产质量管理要从"被动跟随型"转变为"主动前瞻型"，通过加强宏观经济及微观行业调研，研究市场、研究同业，做实贷前指引和资产组合，督促和协助业务条线、经营机构支持重点行业，做好信贷资产结构调整，有计划、有步骤地退出高风险的行业、区域和客户。

（3）实施贷后评价机制。除在传统的逾期额逾期率、不良额不良率等考核指标的基础上，增加引导经营机构将信贷资产投向符合国家产业政策、符合资产质量管理要求的考核指标和评价考核制度的需求，提高经营机构主动采取预防性策略提升资产质量的积极性。例如：①授信政策落实情况考核。通过建立可量化的考核指标制度，评价各业务条线、各经营机构贯彻落实总行授信政策情况，引导和激励各经营机构主动调整资产结构，加大对符合国家发展战略的产业、企业等实体经济的投放力度，确保新投放授信风险可控。②资本使用效率考核。加大 RAROC、EVA 等资本管理指标考核权重，并逐步深入每笔贷款业务的计算，促进经营机构在开展业务时，除了算好账面收入外，还要算好资本占用账、风险收益账，从而主动调整客户对象和产品运用，以既提高经济资本的收益，又降低业务风险。

2. 提前预警、提前应对原则

不良资产的爆发，既有偶发性的单笔不良，也有必然性的成片不良。如果能提前发现、提前预警，就能提早采取措施退出，避免出现被动性的大面积不良。为此，资产质量主管部门，要在做实单笔信贷资产的风险预警外，加强对信贷资产质量的整体性研究，提前预测、预判在行业、区域、产品等板块的信贷资产质量的变化趋势，从而为提前采取措施奠定基础。提前预警、提前应对，具体包括以下内容。

（1）准确把握不良资产的暴露节奏。一早百早，提前把握趋势，才能提前采取措施。这是资产质量主管部门最有技术含量的工作。为此，资产质量主管部门需要做到以下几点：①具备对经济形势预判和宏观政策的研判能力。聚焦实体经济，更好地做好对国家产业政策、市场和客户的实际生产经营状况，以及同业授信政策调整的跟踪研究，强化对不同行业、不同区域、不同产品的风险预测预警。②准确把握资产质量变化趋势。根据对宏观经济金融形势、本行授信客户结构的研究，准确把握这些变化对本行各类授信客户的影响、影响的范围和影响的程度，以及对这些授信客户的资产质量影响。在充分论证后，应及时将研判结论反馈给风险政策制定、授信审批等部门，作为调整授信政策、审批标准的参考依据。

（2）准确预警高风险客户。以"不发生预期外的逾期"为目标，提高对高风险客户的预警准确率。为此，资产质量主管部门需要做到：①加强对重点领域和潜在风险客户的管理。根据日常工作积累的信息，对授信客户进行高中低风险分类；对其中的高风险客户，重点监控、按月排查，逐户制定授信策略和管控意见，并将潜在风险客户和预警信息反馈给授信审批部门，用于审批决策。②持续完善预警系统建设。以风险管理为导向，而不是以工作流程为导向，持续推进风险预警系统建设，实现全产品、全口径、多维度覆盖，实现风险信息的智能化收集、抓取、分析和展示，以有效提升风险管控效果。

3. 提前处置、快速处置原则

不良资产的演变有两个特点：墨菲定律和冰棒效应。前者是指如果资产质量有变坏的可能，不管这种可能性有多小，它总会发生；后者是指在不良资产处置过程中，尽管个别资产在长期持有后价值会回升，但多数情况下，拖的时间越长，回收价值越小。不良资产的这两个特点，决定了在资产质量管控中，一定要快。快为天下先，在资产质量管控中同样适用。要实现提前、快速处置目标，资产质量主管部门需要做到以下几点。

（1）时常沟通。资产质量主管部门应持开放态度，与相关部门沟通，掌握信息，获得支持。包括：①业务发展的沟通。通过风险与业务沟通例会制、大项目预审和重点项目现场对接制等机制，资产质量主管部门提前介入，了解全行授信业务的发展变化和具体业务中的重点难点问题。②风险化解的沟通。资产质量主管部门应主动组织对存量与潜在问题资产风险化解方案讨论，集合各方智慧，制订更有效的化解处置方案。

（2）快速保全。有资产才有清偿。对已既成事实的不良资产，要快速行动、果断查封保全债务人资产，以获得可靠的清偿保障。为此，需要做到：①早动手。早起诉、早立案、早查封，掌握清收主动。充分利用法院网络执行查控系统，多方查找债务人财产。②勤沟通。与法院保持必要的沟通联系，提高审理、执行和处置各环节的效率，并争取最有利的处置结果。③主动参与。对债务人资产被其他债权人查封、债务人重组、司法重整、破产清算等情况，要主动参与、了解情况、提出意见，尽可能获得对自己有利的处置方案。④多创新。以"有利于完成管理指标、有利于减少损失、有利于压降余额"为标准，在做好传统清收方式的基础上，对市场化债转股、不良资产证券化、资产转让等新型清收处置方式，都可积极探讨，并争取创新处置方式的有效落地。

二、资产质量管理的主要思路

不同的商业银行，其资产质量所面临和所要解决的问题是一样的：将资产质量指标控制在计划目标之内。但是，由于不同商业银行的发展理念、组织体系、资产结构和管理者风格不同等原因，具体的资产质量管理思路会有所差异。广义的资产质量管理思路，包括不良资产清收处置的思路，也包括防范资产质量恶化的思路、资产质量五级分类思路等不良资产清收处置以外的管理思路；狭义的，则仅指不良资产清收处置以外的管理思路。此处所讲的，是个人对狭义的资产质量管理思路的构想，仅供参考。

（一）回归资产质量管理的本源

资产质量必须从源头开始管理，业务部门/经营机构是资产质量管理的第一道防线，对资产质量管理承担第一职责；商业银行，尤其是资产质量主管部门，应通过管理制度、管理机制和管理手段，将业务部门/经营机构对资产质量管理承担第一职责落到实处。这一思路主要包括以下几个方面的内容。

1. 客户经理对资产质量承担第一管控职责

客户经理是授信业务中第一个与客户沟通的人，是业务办理的全程经办者，也是业务收益的直接获利者，理应由其对业务风险承担第一管控职责。

（1）全程担责。客户经理对资产类业务承担全流程、全类别管理职责。对资产类（表内、表外、表表外）业务承担授信调查、授信条件落实、贷后管理、贷款回收、不良资产处置的全流程职责；对业务涉及的信用风险、市场风险、操作风险、合规风险等风险均承担管理职责。风险经理仅承担协助与督办职责。

（2）终身担责。客户经理对业务承担终身管理职责。在资产业务未完全清偿前，客户经理均承担管理职责，不因其岗位变动或不良资产处置而免除责任。客户经理在变换岗位后，及时对其办理的资产业务进行责任认定；在离职时，须做完离任审计才能办理离职手续。

（3）负责收回。客户经理对资产业务承担收回职责。在逾期贷款余额超过一定金额（如公司 3000 万元、小微 1000 万元、消费贷 500 万元等）时，该客户经理即不能再做新增业务，仅负责存量业务的维护与逾期贷款的清收；在逾期贷款收回后，才可以办理新增业务。

（4）责任分清。在有所关联的不同客户经理之间，要进行明确的责任划分，不能权责不清，以致相互推诿：①主协办责任划分。主办客户经理、协办客户经理按事先明确规定的比率（如 7:3 或 6:4 等）分担责任。②前后手责任划分。信贷资产业务的经办客户经理发生变更时，须先进行责任认定，再发生变更。

2. 经营机构负责人对本机构业务风险承担第一管理职责

（1）机构一把手承担所有义务的第一管理职责。分支行等经营机构的负责人，对本机构所有业务的所有风险，如公司、零售、资产、负债等业务，信用、市场、操作、合规等风险，都承担第一管理职责。具体包括：①自己的业务自己全责。经营机构负责人对自己主办的业务按客户经理承担相应风险管理责任。②下属的业务自己分责。对本机构的单笔业务、具体业务发生信用风险时，机构负责人与客户经理按照事先明确规定的比率（如 7:3 或 6:4 等）分担责任。③机构的风险自己担责。机构负责人对自己担任负责人期间的机构所有业务都承担管理职责，对所发生的所有不良资产，都需承担第一位的管理职责，都有责任和义务按照要求做好贷后管理、清收处置好不良资产。

（2）机构副职对分管业务承担第一管理职责。经营机构的副职，应对自己分管的业务板块承担第一位的管理职责。具体的职责内容与机构一把手的职责内容相同，此处不再赘述。

3. 经营机构对逾期贷款承担催收职责

对出现信用风险的贷款，包括问题贷款、逾期贷款和不良贷款，是由经营机构负责清收处置，还是由专业的资产保全部门负责，在不同的商业银行有不同的模式和做法。但无论哪种模式，经营机构都不能置之不理。至少对已经出现问题的贷款，特别是逾期贷款，经营机构不能将这些问题资产/逾期贷款都推给资产质量管理部门/资产保全部门，自己做甩手掌柜、一推了之，而应承担催收职责。例如：逾期后 2 个月内的，由经营机构负责催收；逾期 2 个月后，属于问题资产的，配合资产质量管理部门处理；属于不良资产的，移交资产保全部门，配合落实执行不良资产处置方案。

（二）强化管理职责制度建设

无规矩不成方圆。与资产质量管理相关的所有事项，都应通过相应的制度建设予以制度化、规范化。在资产质量管理事项中，与客户经理和经营机构履职直接相关的制度建设，主要有以下一些内容。其中有些制度，资产质量主管部门可以直接制定，有些制度需要资产质量主管部门推动其他主管部门制定或完善。

1. 加大资产质量管理考核评价权重

在商业银行的考核制度（如平衡计分卡）中，资产质量管理的权重要占有一定的比重（如30%），并实行累进制；发生大额信用风险的（如超过5亿元或10亿元的），对机构负责人实行一票否决制；对不良资产余额大的、增长快的经营机构、相关员工，在年度考核中不能评先评优。这样高权重的管理考核，才能打到经营机构、客户经理的痛处，促进其自觉履行、主动履行资产质量管理职责。

2. 建立递延支付管理制度

递延支付，是指将业务奖励延期兑现。在实务中，商业银行为提高客户经理、经营机构的积极性，对成功办理的业务，一般根据规模或收入等维度，给予一定的奖励。这种奖励，有的是一次性发放，有的是分次发放。不管是一次性发放，还是分次发放，都会早于风险可能暴露的时间。为此，有必要通过递延支付予以一定程度的调节。具体可以规定为：对客户经理、经营机构因资产（表内、表外、表表外）业务产生的业绩薪资、营销费用等激励，在业务办理后、本金及利息清偿后两个时点，视种类按90∶10或85∶15等比率兑付。没正常收回的，未兑付部分不予兑付；已兑付部分，应予以退还。

3. 强化风险退出制度

对发生不良资产总额超过一定金额（如客户经理超过1亿元、经营机构超过3亿元等）或一定比率（如超过50%）的客户经理、经营机构，取消其办理资产类业务的资格，强制性退出办理资产类业务序列。客户经理转岗从事其他岗位，经营机构只能办理负债类业务。在不良资产清收处置基本完毕，且客户经理的风险意识、经营机构的风险管理能力达标后，经申请审查，才能再次恢复资产类业务办理资格。

4. 严格落实责任追究制度

对发生的不良资产的客户经理、机构负责人，都要及时追责、严格问责，不能归为历史原因、体制问题、前手离职等原因而放弃或从轻问责。

第二节　资产质量管理的几个重点

一、贷款集中度管理

为分散风险，对授信业务涉及的行业、单一客户等，监管机构都有明确的限额管理要求；在此基础上，商业银行一般也会结合实际情况，制定贷款集中度管理政策和办法。这对商业银行防止风险过于集中，发挥了重要作用。在不良资产清收实务中，贷款集中度管理尚有进一步探讨和优化的空间。

（一）贷款集中度管理存在的主要问题

1. 行业集中度管理存在的主要问题

对贷款的行业集中度问题，监管机构没有明确的政策要求，但根据风险分散原则，商业银行的贷款不能过于集中到一两个行业上。全国性商业银行的全部贷款，广泛分布在各行各业，很难仅集中在少数行业；但对于全国性商业银行的特定分支机构来说，就有可能集中于一两个行业上。

对分支机构的贷款行业集中度问题，有人认为不必考虑。其理由是：①区域经济结构决定。在一些地区，主体经济就集中在少数几个行业，在当地的分支机构贷款的自然就主要是这几个行业。实体经济的行业集中程度，决定了分支机构贷款的行业集中度程度。②全行贷款稀释。贷款行业集中度，需要从分支机构和全国两个角度考虑。从分支机构看，可能贷款的行业集中度很高；但从全行角度看，行业的集中度就不高。

这种认识确实有一定的道理。但在不良资产清收处置实务中常常可以看到，一些商业银行的分行、二级分行、支行，由于贷款集中在一两个行业上，在不良爆发后，整个支行、二级分行甚至分行都深受其害，深陷不良的泥潭之中，几年都难以翻身。这种结果，应该与上述认识存在一定的关系。

2. 单一客户集中度管理存在的主要问题

对于单一客户集中度问题，监管机构有明确的规定，主要有：单一客户的贷款集中度，不得超过银行资本净额的10%；单一集团客户授信的集中度，不得超过银行资本净额的15%；最大十家客户的授信总额，不得超过银行资本净额的50%等。这些限额要求，全国性的商业银行一般都不会突破。但在实务中，单一客户的贷款集中度，存在两个细分问题：①单一客户贷款集中度，即单一客户在分支机构的贷款，占该分支机构贷款总额的比率问题。一些分支机构的授信客户，虽然数量众多，但其中一两个客户的贷款金额较大，远超其他客户，且占比也较高。②单一银行贷款集中度问题，即单一银行给一个客户的贷款，占该客户贷款总额的比率问题。大中型企业，一般都有多个合作商业银行，但因银企关系等原因，一个商业银行的贷款金额，遥遥领先于其他单一金融机构的贷款金额；该商业银行贷款在该企业贷款总额中的占比，也远高于其他金融机构的占比。

一些地区的分支机构，由于区域经济相对落后，贷款"垒大户"情况突出，不仅单一客户在商业银行的贷款集中度高，商业银行在单一客户的贷款集中度也非常高。这些客户在商业银行分支机构客户群体中的地位举足轻重，其进进出出、好好坏坏，都对该分支机构带来巨大的影响。在经济形势好、企业生产经营正常时，通过垒大户，有利于商业银行的分支机构实现快速发展，是分支机构规模增长的倍增器；但在经济形势发生变化、企业生产经营恶化时，这些贷款就成为分支机构的沉重包袱，将分支机构拖入不良高企、经营亏损的深渊；个别的，还可能给分支机构带来灭顶之灾，分支机构需要通过几年的漫长熬煎或借助总行的帮助，才能够摆脱这些巨额问题资产/不良资产的冲击。

（二）贷款集中度管理的优化

1. 优化贷款集中度管理的必要性

商业银行由各个分支机构组成，在一个或几个分支机构陷入困境后，或多或少都会给全行造成负面影响。无论是从分支机构经营结果角度，还是从分散风险角度，都需要反思分支机构的贷款行业集中度问题。分支机构作为经营机构，在发展业务的压力下，可能不会也难以考虑贷款的集中度问题。

因此，需要商业银行通盘考虑，细化对贷款集中度的管理。

2. 贷款集中度管理优化的重点

商业银行贷款集中度管理，需要重点优化以下三个方面。

（1）管理指标的细化。为防止分支机构将贷款集中在少数几个行业、客户身上，造成风险过于集中，商业银行的总行有必要对分支机构的行业集中度问题，明确以下三个管理指标：①行业贷款集中度限额。对不同分支机构不同行业贷款的占比，制定不同的限额指标。具体的指标与不同商业银行的风险偏好和客户定位有关，但一定要有明确的定量指标，如一个行业的贷款集中度不得高于30%等。当然，对当地实体经济本身就集中于少数几个行业的分支机构，可以有差异化的限额要求。这种差异也不能过于明显，在照顾到地区经济实际情况的基础上，以分散风险为第一要务。②单一客户贷款集中度限额。为防止分支机构出现一客独大，结果"成也萧何、败也萧何"，对单一客户的贷款占比，也需要有明确的限额要求。具体是10%科学还是20%更科学，可以探讨，但限额不仅要有，而且一定是定量的指标要求。③单一银行贷款中集中度限额。同样是为防止贷款过于集中于少数企业，对单一银行贷款在客户贷款总额中的占比，也要自我约束，设定定量化的指标限额。

（2）适用主体的明确化。商业银行的总行、分行、二级分行、支行，都会涉及上述三个指标，但在具体适用时，应以分行为适用主体。其原因主要是：①区域经济的成片性。在我国，各省市之间的经济结构，以及同一省市内部不同地区之间的经济结构，都会有所差异；但管理既要考虑微观上的差异性，也要考虑中观、宏观上的相同性。以省市为单位考虑风险管理问题，是相对适当的。②业务营销的便利。如果以支行为适用主体，将会使支行在业务营销时，自我设限、自缚手脚，失去一些业务机会。③管理的成本效益。如果以支行为适用主体，就需要将管控的限额指标层层分解，并层层监督，将极大地增加管理成本。

（3）管理力度的强化。在商业银行管理实务中，有时会出现制度要求严、实际落实软的现象。对于贷款集中度的管理，同样也存在管理力度的强弱问题。由于贷款集中度直接关系到商业银行分行风险的集中与分散问题，直接关系到其贷款结构和资产结构问题，也直接关系到其未来的资产质量问题，因此，应加大力度来管理贷款的集中度要求。具体执行中，可以将贷款集中度的限额指标设置在授信审批系统中，超过限额的，系统将自动终止。如此，将可以有效解决执行中的变通问题，保证贷款集中度管理得以贯彻落实。

二、授信审批管理

（一）授信审批管理涉及的主要问题

授信审批，是资产质量管理的第一道闸口。有效的授信审批就像是一等良医，凭借敏锐的洞察力和判断力，通过审查审批的"事前控制"，帮助商业银行防患于未然。所有的商业银行都特别重视授信审批的体制机制建设。由于不同的发展战略和管理风格，在不同的商业银行，授信审批管理体制是不一样的。但无论是哪种授信审批管理体制，授信审批管理都会涉及以下三个问题。

1. 授信审批部门与业务部门的分与合

也就是授信审批部门是由风险分管副行长统一管理；还是由风险分管副行长总体管理、业务分管副行长具体管理。前者，可以称为"独立式"，后者可以称为"嵌入式"。这种分合，主要解决的是风险管理的独立性与业务发展的效率之间的关系。

在独立式评审体制中，授信审批部门不会直接感受到发展的压力，从而可以相对更加独立的视角看待业务和风险，也能相对更为独立、更为客观地作出自己的审批判断。但由于审批人员的风险偏好会不由自主地倾向于风险厌恶，从而在把握审批标准时容易从严、从紧，这种评审体制更有利于把控风险，但同时会丧失一些业务机会；在审批效率上，也难以获得业务部门的满意。

在嵌入式评审体制中，授信审批部门会直接感受到发展的压力，可能更容易理解业务部门的需求，在看待业务和风险时，有可能受到业务发展的影响，从而在把握评审标准时出现从宽、从松的倾向。这种评审体制更有利于把握业务机会和提高评审效率，但可能放松对一些风险的把控。

独立与嵌入，所针对的其实就是：偏重于风险管控还是偏重于业务发展。偏重于风险管控的，多数实行独立性审批；偏重于业务发展的，多数实行嵌入式审批。两者存在的问题分别是：在独立式模式下，授信审批人员如何平衡好业务发展的需要；在嵌入式模式下，业务分管副行长如何平衡好风险管控的需要。

从目前的情况看，多数商业银行的公司类、金融市场类贷款，实行的是独立式授信审批管理模式，零售类、信用卡类贷款实行的是嵌入式授信审批管理模式；有些商业银行的公司类、金融市场类、零售类贷款实行的是独立式授信审批管理模式，信用卡类贷款实行的是嵌入式授信审批管理模式。

2. 总行与分行之间授信审批权限的集与分

在总行与分行之间，商业银行实行的都是总行授权管理模式。但不同的商业银行，对分行的授权会存在一些差异。这些差异主要体现在以下两个方面。

（1）授权的逻辑。有的商业银行，是根据分行规模的大小进行授权。规模大的分行，授权分量大；规模小的分行，授权分量小。有的商业银行，是根据分行风险管理能力的大小进行授权。风险管理能力强的分行，授权分量大；风险管理能力弱的分行，授权分量小。风险管理能力的强弱与规模的大小没有必然的关联。规模大的分行，风险管理能力可能弱；规模小的分行，风险管理能力也可能强。

（2）授权的分量。授权的内容，包括授权的业务品种，也包括授权金额的大小。授权分量大的，授权的品种多，既包括传统的授信业务品种，也包括创新类、债务重组类业务品种；授权的额度也大。授权分量小的，则反之。在实务中，授权的额度更有实质意义，授权的分量通称为授权的大小。

总行对分行授权小的，可称为"集权式"管理模式；总行对分行授权大的，可称为"分权式"管理模式。当然，大小也是相对的，更多的是在同一个省市，不同商业银行分行之间的相互比较。在集权式授信审批模式下，分行的大多数业务都要上报总行审批，总行的风险把控力度一般会大于分行，这样有利于风险管控，但可能丧失一些业务机会；同时，业务流程长、效率也会低一些。为提高审批效率，一些商业银行在总行授信审批部门之下，设立 4～5 个区域审批中心，这些区域审批中心根据授权，审批区域内各分行的授信业务。分权式授信审批模式，其利弊则与集权式授信审批模式大致相反。集权与分权的设置与调整，要解决的也是风险管理独立性与业务发展效率之间的问题。

集权与分权之间，所面临的其实是：如何平衡好风险管控与调动分行积极性、提高分行竞争能力之间的关系。两者存在的问题分别是：在集权式管理模式下，总行授信审批人员如何把握好各分行之间的区域经济及其企业主体的差异性，提高或不削弱分行的竞争能力；在分权式管理模式下，分行行长如何平衡好风险管控的需要。

根据对各商业银行授权情况的了解，零售类业务，除一些实行"信贷工厂"审批的业务外，基本上都是授权给分行，或者是给分行的授权基本能满足分行的业务需要。因此，对分行更为有意义的，也是一些分行希望有所改变的，是公司类、金融市场类，总行对分行授权的大小。

3. 授信审批部门的团队管理

授信审批部门的团队管理，主要包括以下内容：①团队设置的原则，即是根据业务领域设置相应的专业团队，还是根据业务区域设置团队。多数都是根据业务领域设置团队，以保证和提高团队的专业能力。②审批人员的来源，即主要是来源于学校毕业生，还是主要来源于业务条线，有无从事相关业务的实际经验。③审批人员的薪酬待遇和晋升通道。

4. 模式孰优孰劣的判断标准

上述授信审批的不同管理模式，都有各自的业务背景和管理逻辑，很难笼统地评价为优与劣、利与弊。实务中，有人会以某种授信审批管理模式防范了多少的风险，来证明这种模式的先进性或科学性。其实，这种说法是没有实际意义的。在列举防范了多少风险的同时，还要考虑丧失了多少业务机会，以及其他的模式可能防范更多的风险。

那么，根据什么标准来比较各种授信审批管理模式？授信审批体制事关商业银行的业务发展和风险管理，与商业银行的经营表现息息相关。因此，从一个相对较长的时间段（如5年、10年等）内，各商业银行在发展速度和资产质量方面的表现，具体包括规模增长率、收入增长率和逾期率、不良率等，是可以反映不同审批模式的表现的。

通过对公开数据的梳理，在2010—2019年，各主要商业银行不良率情况如表5-1所示。从该表中大致可以看出各商业银行授信审批管理模式孰优孰劣。

表 5 – 1　　　　　　2010—2019 年各主要商业银行不良率一览　　　　单位：%

年份\银行	2010	2011	2012	2013	2014	2015	2016	2017	2018	2019	均值
农行	2.03	1.55	1.33	1.22	1.54	2.39	2.37	1.81	1.59	1.40	1.72
华夏	1.18	0.92	0.88	0.90	1.09	1.52	1.67	1.76	1.85	1.83	1.36
建行	1.14	1.09	0.99	0.99	1.19	1.58	1.52	1.49	1.46	1.42	1.29
交行	1.12	0.86	0.92	1.05	1.25	1.51	1.52	1.46	1.49	1.47	1.27
工行	1.08	0.94	0.85	0.94	1.13	1.50	1.62	1.55	1.52	1.43	1.26
中信	0.67	0.60	0.74	1.03	1.30	1.43	1.69	1.68	1.77	1.65	1.26
浦发	0.51	0.44	0.58	0.74	1.06	1.56	1.89	2.14	1.92	1.65	1.25
民生	0.69	0.63	0.76	0.85	1.17	1.60	1.68	1.71	1.76	1.56	1.24
中行	1.10	1.00	0.95	0.96	1.18	1.43	1.46	1.45	1.42	1.37	1.23
平安	0.58	0.53	0.95	0.89	1.02	1.45	1.74	1.70	1.75	1.65	1.23
光大	0.75	0.64	0.74	0.86	1.19	1.61	1.60	1.59	1.59	1.56	1.21
招行	0.68	0.56	0.61	0.83	1.11	1.68	1.87	1.61	1.36	1.16	1.15
兴业	0.42	0.38	0.43	0.76	1.10	1.46	1.65	1.59	1.57	1.54	1.09
均值	0.92	0.78	0.83	0.93	1.18	1.59	1.72	1.66	1.62	1.51	1.27

数据来源：根据公开数据整理。

（二）授信审批管理模式的优化

任何授信审批管理模式，只有在一个时期内，该商业银行的发展速度和资产质量都优于同行，才是更加科学、更有价值的管理模式。基于这一标准，独立式、相对分权式的授信审批管理模式，应是较为理想的管理模式。

1. 独立式比嵌入式更能平衡好业务发展与风险管理的关系

由于下述原因，嵌入式授信审批模式很难把控好业务风险：①业绩的当期压力。商业银行都是注重当期业绩的：短则一个月，长则一年，奖惩都是按月度、季度、年度兑现的。在这种急促的业绩压力下，业务分管副行长首先考虑的是如何完成业绩任务指标。②风险的滞后暴露。一笔贷款发放后，有成为不良和不会成为不良的两种可能，且大概率是不会成为不良的；即使成为不良，也可能需要几年时间。在这几年的时间里，又会有诸如借款人提前清偿、业务分管副行长调离等多种可能性。因此，多数业务分管副行长，对业务风险或多或少地会持有乐观态度，其风险偏好会倾向于激进。嵌入式审批模式存在的这些问题，与业务分管行长的个人品德、其对风险的认知没有直接的关系，而是管理体制使然。这个问题在嵌入式审批模式下，很难得到较好的解决。

而独立式授信审批管理模式存在的效率低、偏好紧等问题，则可以通过以下措施得到较好解决：①捆绑考核。就是将授信审批人员的薪酬待遇，与业务发展的状况直接关联。其考核指标结构中，规模、收入、利润等业务发展指标，要至少占50%的权重。②相互评价。授信审批人员与客户经理相互进行履职评价，即考核时相互打分，且客户经理对授信审批人员的分值要占一定的权重。这两个措施的核心点，就是增加业务部门、业务人员对授信审批部门、授信审批人员绩效考核的话语权；同时，也保障授信审批人员能更直接地享受到业务发展的好处。由此，以促进授信审批人员能更好地换位思考业务发展的需要，较好地实现授信审批部门与业务部门、授信审批人员与业务人员"共商、共管、共担、共享"的良好局面。

2. 相对分权式比集权式更能适应地区竞争的需要

集权式授信审批模式最大的问题是：①全国统一的标准、眼光与区域特色的平衡问题。企业生产经营状况的好坏，是相对的；企业之间的竞争市场，有些是全国性的，有些是区域性的。在这种情况下，评价企业生产经营状况好坏的标准，既有全国性的通用标准，也应有区域性的个性标准。在集权式授信审批模式下，授信审批人员看到的是全国性的企业，容易以优质企业的状况为标准来看待其他企业。在这种标准和眼光下，一个行业内的好企业也就那么几家；一些带有区域特色的企业可能比较难以获得认可。而分支机构都是在当地选择企业，都是与当地企业开展业务，并以与当地企业的合作关系与同业竞争。在适用同一审批标准的基础上，平衡好高眼光与低现实之间的落差，对总行的授信审批人员来说，也是一个需要动态把握的要求。②审批效率问题。集中到总行审批，需要经过两级或三级审批（分行、区域审批中心、总行），必然流程长、沟通不方便；且总行的授信审批人员数量有限，事多人少，效率低点也是很正常的。这两个问题，与审批人员的个人品行、职业素养没有直接的关系，而是集权式授信审批模式所带来的固然影响。

分权式授信审批模式存在的问题，与嵌入式授信审批模式基本类似，这里不再赘述。

　　两种模式各有利弊，到底适用哪种模式，关键还是要看哪种更能平衡好业务发展和资产质量管控之间的关系。从表 5-1 可以看出，分权式授信审批模式应更胜一筹。

　　当然，在当前新常态的经济金融环境下，分权式不是绝对分权，并非总行将全部权限都授予分行，而是相对分权，即根据各分行风险管理能力的大小，逐步扩大分行的授信审批权限，以能满足其在当地与同类型商业银行（如国有商业银行与国有商业银行、股份制商业银行与股份制商业银行等）竞争的需要为准。

　　在相对分权式授信审批模式下，总行并不是一授了之、一授不管，而是转变工作的重点与工作的方式。需要总行重点把控的，有以下几个方面：①制定授信审批的政策、标准和管理系统。②客户评级。授信客户的信用等级评定，由总行终审。③后督。包括对一定金额以上单笔授信业务的后督，和一个分行年度业务的总体后督。④特殊业务审批。对超过分行权限的、创新业务、债务重组业务，应由总行终审。

　　为了保证这一模式有效有序运转，还需要建立授信审批责任终身制（在该商业银行工作期间）。总分行的有权人员，都应对授信业务的风险，特别是信用风险，承担终身责任。通过这种只要还在该商业银行，就应对自己曾审批过的业务承担责任的制度，督促各级审批人、有权人，在审查审批授信业务时审慎履职。

三、贷后管理

　　"三分贷、七分管"，是对贷后（含投后，下同）管理的通行认识，足见贷后管理在资产质量管理中的重要性。有效的贷后管理就像二等良医，通过迅速、果断、干练的"事中控制"，帮助商业银行免受重大资产质量恶化的折磨。但由于一些固有的问题，贷后管理在资产质量管理中，难以发挥其应有的或所期望的作用和效能，亟须进行持续优化。

　　（一）贷后管理的职责分工和作用

　　1. 贷后管理的职责分工

　　目前的商业银行，对贷后管理基本上采取"贷后管理主管部门＋经营机构"的管理模式。其中：贷后管理主管部门承担贷后管理的管理职责，是贷后管理的第二道防线；经营机构则承担贷后管理的第一职责，是贷后管理的第一道防线，具体承担对授信客户直接开展贷后管理，并及时报告贷后管理情况。

无论是经营机构的贷后管理，还是贷后管理主管部门的贷后管理，其主要职责都是通过现场访谈、检查等方式，及时监控、发现借款人和担保人在授信业务放款后，生产经营状况的变化，或是抵质押物价值的变化，判断这些变化对资产质量的影响，并提出相应的管理措施。由此可见，贷后管理的效果，直接关系到能否及时、准确发现授信业务资产质量和抵质押物价值的变化趋势，以及能否采取有效的应对处理措施。

贷后检查后的管理措施主要有两种：一是对于生产经营状况没有恶化的借款人，继续维持合作；二是对于生产经营恶化的借款人，采取退出或增加抵质押物等管理措施。继续维持合作，是贷后管理的常态性结论；而退出或增加抵质押物，是贷后管理的非常态性结论，是贷后管理的难点，但直接关系到资产质量的管控效果。这里重点介绍的贷后管理，就是指这种贷后管理。

2. 贷后管理的作用要求

借款人生产经营状况由好变差，多数情况下都是一个渐进的过程，都需要一定的时间；由此，决定了授信业务的资产质量恶化也是一个渐进的过程。在这个由量变到质变的过程中，其清偿能力是逐渐减弱的。抵质押物价值的变化，除上市公司股票可能大幅波动外，其他资产的价值变化也是一个渐进的过程。由此，如果能在借款人生产经营状况发生变化的临界点附近，或抵质押物价值贬值的临界点附近，就能发现其恶化趋势，特别是比同业能更早发现其恶化趋势，并且基于这种恶化趋势采取果断的管理措施，商业银行就可以得到最大限度的保全；或者由借款人清偿，商业银行得以退出，实现全身而退；或者增加有效的抵质押物担保，减少借款人生产经营恶化、贷款不良后商业银行的损失。

（二）贷后管理作用效能的判断标准

判断贷后管理工作是否有效，贷后管理的作用有没有发挥的标准，主要有以下三个目标和两个指标。

1. 贷后管理的三个目标

（1）早发现。早发现就是能够及早发现风险隐患信号。主要是三个"早"：①比借款人早。借款人对自己的状况应该是最清楚的，但有时由于盲目乐观，有时为了不引起债权银行的警觉，借款人不到万不得已，不会承认自己的生产经营出了问题。商业银行的贷后管理，就是要比借款人更早发现其生产经营的恶化趋势。②比同业早。由于不同的风险偏好、贷后人员工作水平的高低和工作状态的到位与否，不同的商业银行对借款人生产经营状况变化的认识，特别是早期变化的认识，经常是不一样的，有的乐观、有的悲观。前瞻性的贷后管理，就是要比同业更早发现借款人生产经营状况的临界点和恶化趋势。③比经营机构早。经营机构因存在利益关系，往往对借款人抱乐观态度，且有时即使发现了借款人经营在恶化，也会自欺欺人地表达乐观。这就要求贷后管理主管部门有清醒的独立性认识，不被经营机构的认识和判断所影响，要比经营机构更早发现借款人生产经营状况的恶化趋势。

（2）早预警。早预警就是在发现风险信号的基础上，能更早提出风险警示，并提出相应的应对措施。早预警，主要是体现在比同业早和比经营机构早两个方面。如果能做到早发现，早预警也相对容易。但要做到有实质意义的早预警，需要满足以下两个要求：①风险判断的准确性。预警，是属于前瞻性的风险判断。有风险隐患信号，不一定会变成现实风险；而且一旦预警，就需要采取相应的措施；因此预警时，对借款人的风险判断一定要客观、准确。只有准确地判断风险，才能得到经营机构等相关部门/人员的认可，才有可能落实相应的管理措施。要做到风险判断的准确性，需要贷后管理人员非常熟悉借款人的生产经营情况、市场变化和借款人竞争能力变化情况，大致能判断借款人风险信号对授信业务风险的影响程度。这是一个对风险管理能力要求较高的工作，是贷后管理的难点，也是贷后管理的价值所在。②应对措施的针对性。由于贷后预警毕竟是预测，要考虑客户关系的维护，因此，贷后预警并不是借款人一有问题就全额退出，而是根据借款人的具体情况提出不同的应对措施，如增加抵质押物、压缩授信额度、缩短授信期限、不再续授信、清偿部分贷款、全部清偿贷款等，都是贷后管理措施的可选择项。这需要在风险预警时，根据借款人的具体情况，提出有针对性的、能大致被各方接受的应对措施。

（3）早退出。就是及早让借款人清偿借款，从而实现退出。是否早退出，主要体现在以下两点：①比借款人早。就是在借款人还有清偿能力之前或没有完全丧失清偿能力之前，实现一次性或分次退出。②比同业早。就是在同业采取退出措施之前就采取退出措施，在同业得以退出之前就实现退出。要实现早退出，需要同时满足以下三个条件：①动作早。主要是要比同业动手早，在同业还在增加授信，或至少同业还没有采取退出措施之前，就采取退出措施，则有很大可能得以退出；等到同业也反应过来再争相退出，大概率是难以退出了。②借款人有钱还。借款人有经营、有资产，但没有现金、没有流动性的情况，是非常常见的。借款人如果没有现金、没有流动性，退出也是不可能的。因此，要在借款人有现金资产的时候退出，否则就来不及了。③经营机构也同意。在借款人还没有完全恶化时就退出，经营机构极可能不愿意、不舍得，也可能提出多个反对理由，导致难以决策。此时，一是需要贷后管理退出的意见有理有据；二是经营机构与贷后管理部门对风险偏好能有共识。如此，才能顺利地实现退出。

上述三个目标中，早发现是基础，是后期风险预警、风险退出的前提；早预警是桥梁，是实现风险退出的中介步骤；早退出是目标，是贷后管理的核心要义和终极目标。没有实现早退出，再早的发现和预警也没有实质意义。这三个目标依次递进，既需整体把握，又要突出"早退出"的关键要求。

2. 贷后管理的两个具体指标

上面所讲的"早发现""早预警""早退出"，都是主观性的定性化标准，在执行过程中难免会有一些弹性。有效的贷后管理，还有两个更为客观、相对定量化的指标要求。

（1）不发生预期外的逾期。就是对所发生的逾期贷款，事先都已经掌握，没有发生事先不知道的逾期。由于零售类贷款笔数多，这个要求难以实现，因此，该要求主要适用于公司类贷款和大额的零售类贷款。再好的贷后管理都有可能发生贷款逾期，同时，商业银行本来就是经营风险的，因此发生逾期并不可怕，可怕的是不能准确掌握贷款的归还情况，从而发生不知道的、预期外的逾期。

（2）实现逾期前的退出。就是在贷款出现风险信号，但还没有逾期前，借款人归还了全部贷款，贷款银行得以实现全身而退。逾期前的退出，具体有两种情况：①终止合作。就是在贷款到期时，借款人归还了全部借款后，商业银行不再对其进行继续授信，从而终止双方的合作。②提前还款。就是贷款还没有到期，但商业银行要求或借款人自己主动，提前归还了全部借款。

对于商业银行的贷后管理来说，不发生预期外的逾期是基本要求，是贷后管理人员能够独立做到的；实现逾期前的退出，需要同时满足有实足的理由、借款人有钱归还贷款和经营机构同意三个条件，对贷后管理人员来说，也是一个很高的要求和挑战，但也是贷后管理的价值所在。

上述三个标准和两个具体指标，是理想状态下商业银行贷后管理的应有状态。标准高、要求高，在实务中可能难以时时做到、事事做到，商业银行的贷后管理工作应以此为标准，努力作为、尽力实现。

（三）贷后管理存在的主要问题与原因

1. 贷后管理存在的主要问题

对照上述贷后管理的目的、作用与绩效标准就可以发现，在实务中，贷后管理对资产质量管理往往有心无力，难以发挥其对资产质量预警和退出等应有的作用，其问题主要表现在以下几个方面。

（1）早发现难。对借款人风险隐患信号的发现，很难都做到"三早"。有时是借款人生产经营状况恶化成为既成事实时才发现；有时是借款人生产经营状况发生劣变成为公开信息时才发现；且对这些情况，经营机构与贷后管理主管部门的意见和看法还常常会有所分歧。多数经营机构会认为是借款人资金安排没有衔接好，无须大惊小怪；但等到真的成为不良而回头看时，这些看法都是自我安慰。做不到及早发现借款人的风险隐患信号，会对后续的资产质量管理造成种种被动。

（2）意外常有。客户经理和贷后人员，或者是不掌握借款人的实际情况，或者是对借款人的承诺过于相信，致使预期之外、意料之外的逾期时有发生。按照商业银行一般要求，借款人都是在贷款到期日或付息日前 1～3 天，存入用于还本付息的款项。大多数借款人，特别是公司类借款人会如此办理，但一些借款人无法做到并有种种理由。对这种情况和这些理由，有人会及时上报，并反复核实、督促筹款，在到期日时往往有惊无险；有人会信以为真并麻痹大意，在到期日时常常成为逾期。

（3）退出更难。要求那些风险隐患信号还没有成为事实的借款人，提前还款或不再给予续授信，对经营机构和借款人都是一件极其困难的事情。对经营机构来说，是减少一个授信客户、减少一块收入，也将增加其在当地维护客户关系的难度；对借款人来说，是对其的一种不信任。在这种反复沟通、反复考虑的过程中，部分借款人的生产经营恶化趋势成为现实。此时，即使坚决要求退出，借款人也没有能力还款；至少，顺利的退出也已经不可能了。

2. 贷后管理存在问题的主要原因

贷后管理出现上述问题，除借款人等外在因素外，更主要的还是商业银行贷后管理存在的一些内在问题。

（1）在思想认识上，是重要而非重视。在商业银行，从事信贷工作的员工都知道"三分贷、七分管"的说法，但有些人仅仅是把它作为一种制度上的、上级行的要求，而并不一定在内心上认可。在这种潜意识下，贷后管理工作往往在口头上、在制度上被再三强调，摆在一个非常高的位置上，但在资源配置、考核评价等实质性管理体系中，往往让位于规模扩大和收入增长等业务发展。

（2）在管理体系上，是自律而非他律。目前的贷后管理，一般采取的是"贷后主管部门＋经营机构"的管理模式。在这种模式下，经营机构承担的是第一责任；贷后主管部门承担的是第二责任，即管理性责任，除对部分授信客户直接开展贷后管理工作外，更多的是对经营机构履行贷后管理职责的监督和督办。由此，贷后管理的实际效果，在很大程度上取决于经营机构的履职情况，也就是经营机构自己监督自己的情况。出于利益的考虑，经营机构难以深入贷后，也难以客观、及时上报。"贷后管理内容/意见复制粘贴""贷后管理流于形式"，就是这种管理模式下的常态。

（3）在贷后重点上，是回顾而非展望。贷后管理的要义，是基于对借款人过去生产经营状况的研判，预测未来的变化方向及其可能性。因此，有效的贷后管理应是基于回顾，重在展望。但展望是有难度的，由此，在实务中，贷后管理主要有两种表现：或者是借款人过去一段时间内生产经营数据的汇集；或者是业务操作行为合规性检查结论。这些信息的确重要，但不是贷后检查、贷后管理的重点。既然多是回顾，自然就难以研判、预测借款人生产经营状况的未来变化。

（4）在结果运用上，是建议而非必须。根据目前的贷后管理流程，经营机构的贷后管理意见报送贷后主管部门，贷后主管部门的贷后管理意见报送分支机构分管副行长、行长；由分管副行长或行长决定下一步应采取的措施。在这个流程中，或者是因为发展压力高于风险管理压力，或者是贷后管理意见本身的说服力有限，贷后管理意见往往变成一种建议性意见，是否被采用，需要分支机构行长来决定。行长要考虑的就不仅仅是风险而是综合各方面的因素；在这综合考虑的过程中，时间和机会，错过了就不会再来了。另外，贷后主管部门对经营机构流于形式的贷后管理工作，也只能作出"贷后管理流于形式"的评价，并不能采取有力的管理措施。由此，"贷后管理流于形式"，就由评价逐渐变成牢骚，由牢骚变成废话，根本起不到什么有效的作用。

（5）在人员待遇上，是低职而非高薪。由于贷后管理难以直接产生经济效益，有时还被认为是一惊一乍、阻碍业务发展，贷后管理人员一般难以获得相应的重视和尊重。最直观的体现就是贷后管理人员的待遇呈现两个基本特征：薪酬级别低、职业晋升通道窄。因此，贷后管理岗位的吸引力、贷后管理人员工作的积极性和敬业度，都很难尽如人意；其工作的实际效果，也是可以想象的。

（四）贷后管理的改进优化

贷后管理的固有属性使其不可能被改造成强势的业务审批性部门；但鉴于在资产质量管理体系中，贷后管理是非常重要的一环，也是可以有所作为的一环，还是需要对其进行持续的改进优化。考虑到商业银行的业绩导向，贷后管理也要在有效发挥作用中得到重视和提升，主要有以下几个方面。

1. 智能化、分层化

（1）智能化。就是通过科技手段来完成主要的贷后管理工作。商业银行的授信客户，特别是零售类授信客户，一般都是数量众多，如果都通过传统的人工方式进行贷后管理，其结果就是：或者成本高得难以承受，或者贷后管理流于形式。因此，商业银行需要加大对贷后管理的科技投入，将大部分贷后管理工作智能化。

理想的贷后管理系统，应具备两大类功能：①贷后管理工作线上化。这个功能相对容易实现。②数据收集、分析智能化。这个功能要求非常高，实现起来比较困难，但应该是贷后管理系统的努力方向。目前，商业银行都在通过加大科技投入加速贷后管理的智能化；但实际效果有好有差。其原因主要有：①投入有限。一分钱要办两分钱的事，系统的功能必然受限。②人员不行。这样的系统，一般都是由商业银行的总行负责开发；具体实施时，总行多数是组织分行人员研究系统开发需求，有时还会聘请外部咨询公司帮助设计。而分行派出的人员，多数情况下是一般员工或新员工，这些员工都是希望借机到总行学习的，部分员工对贷后管理工作都还没有搞清楚；咨询公司的人员，多数只是大道理懂得多，具体操作知之甚少。由这些人员设计开发出来的系统，其功能也难以卓越。③急于求成。科技系统的迭代是正常的，但如果对需求没有研究透彻就匆匆上马，靠以后在实际运行中再逐步完善，其功效必然受限。

要完善贷后管理系统，重点在于：①舍得投入：包括人、财、物的投入，都要舍得。②重在智能。一是要智能化收集数据，尽可能多地与工商、证券、地产、税务、海关、水电、法院等系统对接，收集企业的公共信息。对财务等非公开信息数据，也要由贷后部门定期录入。二是智能化整理数据，对收集的数据不能仅供查询，而应通过网络爬虫等技术，将数据智能化抓取、整理，以将数据格式化，为贷后人员分析提供便捷。三是智能化管理数据。收集、整理的数据，以及贷后人员分析的结论，不能仅停留在系统中，而是能供客户经理、评审人员等相关人员共同使用。

（2）分层化。就是根据借款人情况，实行分类分层贷后，以提高贷后管理的投入产出和性价比。在智能化贷后的基础上，可以实现分层化贷后。分层化的主要含义是：①客户分类。就是将借款人根据不同的标准作不同的分类。在贷后管理的客户分类中，除通常的行业、规模等分类标准外，重要的是借款人风险等级分类。这一分类标准要尽量精细，这样才能给借款人进行准确的风险等级画像。②贷后分层。即根据不同的客户风险等级，采取不同的、有区别的贷后管理措施和要求。这样，才可以提高贷后管理的性价比。③科学决策。根据数据化的、分类分层的贷后结论所作出的贷后意见，如继续维持合作、扩大或压缩授信额度、一次性退出、分次退出等，会相对客观。

2. 直接化、专业化

直接化、专业化，是指将贷后管理直接由贷后主管部门负责，经营机构仅负责配合。在实现智能化和分层化后，贷后管理的工作量会大幅下降，可以考虑由贷后主管部门承担直接贷后的职能。这样调整有以下三个好处：①经营机构可以将更多的时间精力投入到客户拓展等业务营销工作上。②贷后人员职责更加清晰，且在智能化系统的帮助下，贷后工作将更加专业。③贷后管理工作将更加独立、客观，贷后意见更有权威性。

3. 强制化、绩效化

强制化，就是贷后管理意见不仅仅是建议性的，而应是强制性的，经营机构应予执行。当然，为保证贷后意见的客观、准确，降低经营机构的抵触程度，可以成立贷后管理委员会或贷后小组，由贷后部门、授信审批部门、业务主管部门的人员组成，集体研究，投票决定。在作出决定并经有权人审批同意后，交由经营机构和授信审批部门等机构执行。

绩效化，就是对贷后主管部门、贷后人员的考核，应以工作绩效，也就是与贷后工作成效直接相关的资产质量，特别是预警准确率，逾期贷款的余额、逾期率、增减率等指标，作为考核的重点内容。考核结果，作为贷后人员薪酬调整和提级提干的直接依据。

通过上述三个步骤，贷后管理便能够做到"三早"，不发生预期外的逾期，并实现逾期前的退出。

参考文献

［1］郑万春．金融不良资产处置关键技术探索［M］．北京：中国金融出版社，2008．

［2］侯建杭．金融不良资产管理处置典型案例解析［M］．北京：法律出版社，2011．

［3］胡建忠．不良资产经营处置方法探究［M］．北京：中国金融出版社，2011．

［4］刘畅，张学明，郭敏．我国商业银行中小企业贷款信用风险预警体系［M］．成都：西南财经大学出版社，2013．

［5］李国强．尽职调查：不良资产处置实务详解［M］．北京：法律出版社，2016．

［6］黄茉莉．中国商业银行不良资产处置问题研究［M］．北京：社会科学文献出版社，2016．

［7］谭水梅，张定法．中国式不良资产年度报告（2017）［M］．北京：中国社会科学出版社，2017．

［8］蔡春雷．掘金之旅——金融不良资产处置十八般武艺［M］．北京：法律出版社，2017．

［9］秦丽萍，张跃超．不良资产处置诉讼实务与案例剖析［M］．北京：中国法制出版社，2017．

［10］徐晓肆．商业银行信用风险管理［M］．北京：经济科学出版社，2017．

［11］国务院发展研究中心金融所课题组．不良资产处置与金融风险防控

［M］．北京：中国发展出版社，2018．

　　［12］黄敏．ANT 视角下应对突发群体虚拟组织构建及预警机制研究［M］．北京：知识产权出版社，2018．

　　［13］陈磊．不良资产处置与资产管理公司实务精要［M］．北京：法律出版社，2019．

　　［14］王凤玲，王东浩，唐跃，等．不良资产处置方式及影响因素分析［J］．数理统计与管理，2011（2）：279－290．

　　［15］齐悦．论商业银行不良资产现状与治理［J］．科技致富向导，2013（6）：125，313．

　　［16］刘玲．浅析商业银行不良资产形成及防范措施［J］．时代金融，2013（6）：142．

　　［17］张惠．转型发展中的商业银行资产质量管理策略研究［J］．南方金融，2014（1）：28－32，44．

　　［18］李雪梅．新常态下银行资产质量管理的难点及对策［J］．现代商业银行导刊，2015（2）：28－30．

　　［19］娄翼俊．银行不良资产构成研究及解决对策［J］．经营管理者，2013（15）：170．

　　［20］曾锐．浅析商业银行不良资产的处置［J］．今日湖北，2014（11）：77．

　　［21］刘畅．新形势下国有商业银行不良资产管理模式探析［J］．现代商业银行导刊，2015（1）．

　　［22］喻心怡．商业银行不良资产处置方法创新研究［J］．金融经济（理论版），2015（2）：10－13．

　　［23］蒋照辉．我国银行业不良资产证券化若干理论与实践问题再探讨［J］．上海金融，2015（11）：55－58．

　　［24］陈暮紫，刘小芳，杨晓光．不良资产零回收和非零回收影响因素研究［J］．管理评论，2015（12）：27－38．

　　［25］朱辉，陈云辉．新常态下银行资产质量管控策略研究［J］．现代商业银行导刊，2016（4）：37－40．

［26］侯亚景．当前中国金融业不良资产处置方法研究［J］．新金融，2016（12）：53－57．

［27］杨春颜．新形势下商业银行不良资产处置问题的思考［J］．经济视野，2016（19）：112．

［28］刘斌．银行不良资产管理方式探析［J］．经济研究导刊，2016（26）：104－105．

［29］银通智略．不良处置案例：超日太阳"壳"价值的经典案例［EB/OL］．［2017－04－10］．http：//www．sohu．com/a/133000557－481495．

［30］李博．商业银行不良资产处置对策研究［J］．现代经济信息，2017（34）：128－129．

［31］旷涵潇．和萃2016年第一期不良资产证券化信托案例述评［J］．金融法苑，2017（2）：195－203．

［32］孙玉湖．提高基层商业银行信贷资产质量的思考［J］．吉林金融研究，2018（3）：39－41．

［33］张睿君，梁涛．2017年银行间债券市场不良资产证券化市场运行报告［R/OL］．［2018－04－25］．http：//finance．sina．com．cn/money/bond/research/2018－04－25/doc－ifzqvvsc2963309．shtml．

［34］廖志明，林瑾璐．银行债转股怎么搞［R/OL］．［2018－07－06］https：//mp．weixin．qq．com．

［35］刘晓瑞，杨凡．经济波动、信贷投放与信贷资产质量的关系分析［J］．现代管理科学，2018（12）：91－93．

［36］郭清霞．论如何加强银行信贷资产安全控制［J］．现代国企研究，2018（16）．

［37］金成峰．东北特钢重整案：债转股在破产重整程序中的运用［R/OL］．［2018－12－13］．http：//m．zichanjie．com/Article/searchInderNew？searchValue＝东北特钢．

［38］李文举．某钢铁公司市场化债转股案［R/OL］．［2019－08－21］．http：//mp．weixin．qq．com．

［39］整点金融．盘点2019年不良ABS——不良资产证券化专题［J］．

中债资信，2020（1）.

［40］唐宝玲. 浅谈当前经济形势下如何做好银行资产质量管理［J］. 时代金融，2012（2）：48.

［41］苏小晓. 论我国商业银行不良资产处置的问题［J］. 北极光，2016（4）：90.

［42］华斌好，黄华. 浅析国有商业银行不良资产的现状及解决对策［J］. 商，2016（20）：190.

［43］朱丽平，朱敏. 我国商业银行不良资产问题研究［J］. 时代金融，2016（7）：77 – 78.

［44］王一任，李长福. 浅析商业银行不良资产界定及处理方法［J］. 商场现代化，2017（7）：219 – 220.

［45］最高人民法院. 中国企业破产重组的 20 个典型案例［J］. 管理学季刊，2019（4）.

［46］蔡宏宇. 商业银行不良资产管理模式分析［J］. 现代经济信息，2017（12）：256.

［47］陈鑫鑫. 论我国商业银行不良资产的原因及其化解途径［J］. 商情，2011（27）：29.

［48］吴俊. 国外银行不良资产处置模式对我国的启示［J］. 科技经济市场，2011（8）：39 – 40.

［49］章凌. 大数据背景下商业银行不良资产管控创新研究［J］. 时代金融，2018（4）：79 – 80.

［50］韩翼驰. 复盘一个失败的不良资产处置案例［R/OL］.［2020 – 02 – 27］. http：//zhuanlan. zhihu. com/p/10947952.